ISRAEL E A IGREJA

AMIR TSARFATI

ISRAEL E A IGREJA

UM ISRAELITA EXAMINA OS PLANOS DE DEUS PARA SEUS POVOS ESCOLHIDOS

São Paulo, 2022

Israel e a Igreja – Um israelita examina os planos de Deus para seus povos escolhidos
Israel and the Church – An Israeli examines God's unfolding plans for his chosen peoples
Copyright © 2021 by Amir Tsarfati
Copyright © 2022 by Editora Ágape Ltda.

EDITOR: Luiz Vasconcelos
COORDENAÇÃO EDITORIAL: Stéfano Stella
TRADUÇÃO: Edmilson Ribeiro
PREPARAÇÃO: Rafael Costa
REVISÃO: Marco Galhardi / Mauro Nogueira
CAPA: Marcela Lois
DIAGRAMAÇÃO: Manoela Dourado

Texto de acordo com as normas do Novo Acordo Ortográfico da Língua Portuguesa (1990), em vigor desde 1º de janeiro de 2009.

Dados Internacionais de Catalogação na Publicação (CIP)
Angélica Ilacqua CRB-8/7057

Tsarfati, Amir
Israel e a Igreja: um israelita examina os planos de Deus para seus povos escolhidos / Amir Tsarfati; tradução de Edmilson Ribeiro.
Barueri, SP: Editora Ágape, 2022.

256p.

Título original: Israel and the Church: An Israeli examines God's unfolding plans for his chosen peoples

1. Bíblia - Profecias 2. Bíblia - Estudo e ensino 3. Israel (Teologia cristã) I. Título.

II. Ribeiro, Edmilson

22-1170   CDD- 236.9

Índice para catálogo sistemático:
1. Bíblia - Profecias

EDITORA ÁGAPE LTDA.
Alameda Araguaia, 2190 – Bloco A – 11º andar – Conjunto 1112
CEP 06455-000 – Alphaville Industrial, Barueri – SP – Brasil
Tel.: (11) 3699-7107
www.editoraagape.com.br | atendimento@agape.com.br

Eu dediquei meus dois primeiros livros à minha família. No entanto, a família também pode se estender para além daqueles com quem você tem parentesco.
Quero dedicar este livro à equipe da Behold Israel, parceiros de ministério e amigos chegados. Como Arão e Hur, vocês mantiveram os meus braços erguidos em bons e maus momentos. Eu os amo e sou muito grato por Deus ter me abençoado com vocês.

Agradecimentos

Em primeiro lugar e acima de tudo, quero agradecer ao Senhor por sua fidelidade ao longo da minha vida. Mesmo antes de nascer, ele me amava profundamente e tinha um plano para minha vida. Que benção é servir meu Salvador em todo e qualquer dia.

Steve Yohn, quero agradecê-lo por sua ajuda em escrever este livro. Quando parecia que perderíamos você durante o processo de escrita, orações foram levantadas ao redor do mundo – e Deus respondeu! Steve, agradeço a Deus por sua vida e por tudo o que Ele tem feito em você e através de você nesses últimos meses.

Quero agradecer à minha esposa, Miriam, aos meus quatro filhos e à minha nova nora. O seu amor e apoio nunca diminuiu, mesmo que por muitas vezes o Senhor me tenha conduzido para longe de casa. Um marido e pai não poderia ser mais abençoado do que eu tenho sido.

Quero agradecer à minha equipe na Behold Israel por seu amor, apoio e dedicação: Mike, H.T. e Tara, Gale e Florene, Donalee, Joanne, Nick e Tina, Jason, Abigail, Jeff e Kayo. Além disso, agradeço aos seus respectivos cônjuges e filhos, que muitas vezes sacrificam seu tempo em família para promover a disseminação da Palavra de Deus.

Agradecimentos especiais aos muitos tradutores que têm tornado minhas mensagens no YouTube disponíveis em mais de 20 idiomas diferentes. Além disso, agradeço imensamente aos muitos coordenadores de ministérios ao redor do mundo, que garantem o melhor andamento possível dos trabalhos em nossas conferências.

Obrigado, Shane, por seu ótimo trabalho em nossos gráficos e mídias sociais. Obrigado, Jon, pelo nosso excelente aplicativo e website. Obrigado, Don, por seu excelente trabalho na Veni Graphics. Além disso, obrigado à equipe da Tenfold BPO por tudo o que vocês fazem.

Obrigado a Barry Stagner, Jan Markell e Rick Yohn por sua sabedoria e sua rica compreensão acerca da Palavra de Deus. Também agradeço ao pastor Jack Hibbs e ao pastor Steve Berger, e às suas maravilhosas famílias.

Obrigado aos nossos muitos amigos do ministério, incluindo Andy e Gail, Wayne e Cindy, e Amanda e Ian. A sua sabedoria, mentoria e ajuda prática são inestimáveis. Isso não poderia ser feito sem vocês!

Uma saudação especial para o nosso Grupo de Discipulado para Jovens Adultos – tem sido maravilhoso ver vocês da próxima geração crescerem em sua dedicação a Cristo. E para os três jovens casais que se conheceram durante uma de nossas turnês e vieram a se unir em matrimônio – *mazel tov*!

Obrigado a Bob Hawkins e Steve Miller, e à maravilhosa equipe da Harvest House, por todo o seu trabalho duro em fazer este livro acontecer.

Finalmente, muito obrigado às centenas de milhares de seguidores, parceiros de oração e apoiadores do ministério da Behold Israel. Este ministério não existiria sem vocês.

Sumário

PARTE 1: DOIS POVOS ESCOLHIDOS

CAPÍTULO 1.
Não temas 13

CAPÍTULO 2.
Duas trombetas são melhores do que uma 29

CAPÍTULO 3.
Enxergando o quadro completo 47

PARTE 2: DOIS PLANOS DISTINTOS

CAPÍTULO 4.
Uma esposa e uma noiva 67

CAPÍTULO 5.
O severo amor de Deus 87

CAPÍTULO 6.
Os tempos determinados por Deus 103

PARTE 3: DOIS CAMINHOS EM APOCALIPSE

CAPÍTULO 7.
O começo do fim 125

CAPÍTULO 8.
A Igreja em Apocalipse 139

CAPÍTULO 9.
Israel em Apocalipse – Parte 1 161

CAPÍTULO 10.
Israel em Apocalipse – Parte 2 179

PARTE 4: DOIS POVOS, UMA FAMÍLIA

CAPÍTULO 11.
Quem vai para onde? 201

CAPÍTULO 12.
Uma sinistra estratégia 223

CAPÍTULO 13.
As bênçãos dos abençoadores 241

PARTE 1:
DOIS POVOS ESCOLHIDOS

CAPÍTULO 1

Não temas

Um Deus Imutável em um Mundo em Constante Mudança

É Natal de 2019. Todos os doze lugares ao redor da mesa de jantar estão preenchidos – duas gerações reunidas. Na sala de estar há algumas mesas menores cercadas de crianças, a segunda mesa foi adicionada este ano porque a família se expandiu e agora inclui uma terceira geração. Cada pequena mão e cada pequeno rosto parece ter em si algum tipo de comida – batatas, molho, manteiga e até milho encontraram uma forma de grudarem em bochechas de vários rostos. Duas das mães pedem licença da mesa principal para iniciar o processo de limpeza das crianças e recolhimento dos pratos.

De volta à mesa principal, todos afastam um pouco os pratos para não cair na tentação de comer até as sobras. É quando o tio Barney fala – e todos reviram os olhos. Barney sempre foi um teórico da conspiração e, sempre que lhe é dada a oportunidade, está pronto para compartilhar suas opiniões sobre o assassinato de Kennedy, os pousos na Lua, e onde Jimmy Hoffa[1] está enterrado. Antes que minha mãe possa resgatar a todos com a oferta de torta, Barney se lança em sua mais recente teoria.

---

1 Líder sindical americano desaparecido em 1975 e dado como morto em 1982.

"Você tem assistido as notícias?", começa ele, usando sua tradicional introdução de cinco palavras. "Não as rádios ou o lixo da TV a cabo, mas as notícias reais. Eu vi outro dia que há pessoas na China adoecendo por causa de algum vírus novo. As pessoas estão dizendo que isso tem o potencial de explodir em todo o mundo. Pode até atingir o status de pandemia. Se isso acontecer, é possível que tenhamos que fechar toda a economia americana. Pode haver quarentenas em massa e ordens de permanência em casa. Apenas empresas essenciais teriam permissão para permanecer abertas. Pastores poderão até ser presos apenas por manter os cultos das igrejas".

"Ok, Barney", papai interrompe, "isso está ficando ridículo. A ideia de toda a economia nacional fechar já é tola o suficiente, mas pastores não poderem realizar os cultos? Qual é, nós ainda temos uma Constituição".

Isso leva a um debate entre Barney, o maluco com sua estranha teoria pandêmica; e papai, o realista, cuja fé está no estado de direito estabelecido. O volume de suas brincadeiras de provocação sobe à medida que o nível de tensão aumenta. Finalmente, quando parece que o bate-boca está prestes a explodir, minha mãe se apressa em trazer uma torta de cereja em uma mão e uma torta de maçã na outra. Ela pergunta ao papai: "Querido, você pode ir à cozinha? Parece que eu esqueci a faca que uso para servir".

Crise evitada – mais um ano que minha mãe salva o dia.

Se você estivesse naquela mesa de jantar, de que lado você estaria? Eu definitivamente estaria do lado "Vamos comer uma torta". Em vez de torta, no entanto, papai teria que engolir o próprio orgulho quando, alguns meses depois, tornou-se evidente que, pela primeira vez, uma teoria maluca articulada por Barney acabou sendo verdade. O que parecia um absurdo há apenas alguns meses, é agora uma realidade bizarra.

Enquanto escrevo isto, a pandemia do coronavírus tem varrido o mundo. Estou há várias semanas em uma quarentena nacional, e, agora que as pessoas estão começando a falar sobre como podemos começar a abrir o país novamente, em um ponto indeterminado no futuro. Este é um tempo diferente de qualquer outro que este mundo já viu, onde, globalmente, bilhões de pessoas se recolheram a suas casas por determinações governamentais. Até agora, mais de 200 países estão sendo afetados, e o número continua a crescer.

No momento em que você estiver lendo isto, eu espero que a minha nação, Israel, e o resto do mundo estejam bem, a caminho da abertura. No entanto, do meu ponto de vista, a questão do nosso futuro global ainda está no ar.

Ao contrário de incidentes passados de conflito mundial, esse inimigo não escolheu nenhuma ideologia com a qual se alinhar. Não reuniu uma coalizão de nações ao seu lado. Não está buscando conquistar novos territórios ou escravizar grupos de outras pessoas. Esse é um inimigo solitário com um objetivo em mente: a morte. Não há como argumentar com ele. Não há uma capital para onde se poderia enviar um emissário pedindo paz. Esse inimigo não tem mente, é irracional e muito poderoso. Ele também é microscópico, invisível a olho nu, o que dificulta muito o desenvolvimento de uma estratégia de defesa.

Essa não é uma batalha que irá causar a extinção humana. Não haverá um massacre genocida de grupos de pessoas. As massas não serão forçadas a deixar suas casas para serem vendidas em uma terra estrangeira. Quando muito, esse vírus está fazendo com que as pessoas fiquem trancadas dentro de suas casas. Acredito que, futuramente, iremos ao encalço deste inimigo, derrotando-o. Encontraremos uma maneira de tratamento e vacina contra ele. Vamos superá-lo, como superamos tantos inimigos no passado. Mas será uma longa batalha. Novamente, enquanto você lê isso neste momento, espero que o mundo esteja progredindo na tarefa de derrotar esse inimigo.

No entanto, em abril de 2020, enquanto escrevo este capítulo, a guerra está sendo travada. O medo varreu as nações e os grupos de pessoas. Mesmo na igreja, há preocupação com a doença e a morte, bem como ansiedade em torno das preocupações mais temporais, tais como o risco de colapso das economias e as suspensões do direito de reunião, determinadas por governos, em vigência. "Onde está Deus nisso?", as pessoas fazem esta pergunta enquanto oram por um pai ou cônjuge doente de COVID, o qual elas sequer podem visitar.

Não temas

Vamos viajar de volta a um tempo na história em que o povo de Israel estava em grave perigo. Um inimigo estava chegando – um que não era microscópico e não invadia o corpo de uma pessoa. Pelo contrário, este exército era bem visível, enquanto marchava sobre uma nação após outra, causando morte e destruição com suas espadas, lanças e outras perigosas armas de guerra. Uma vez que essa grande máquina de guerra fixasse os olhos em uma presa, aquela cidade certamente cairia. Agora, o olhar dessa nação havia se fixado em Jerusalém.

Os profetas há muito diziam que do norte viria o mal. Esse particular mal do norte tinha um nome: Assíria. Décadas antes, esse mesmo império havia aniquilado o reino de Israel – as dez tribos que, sob o rei Jeroboão, haviam se separado do reino do sul, Judá, gerações antes. Em 722 a.C., o rei assírio Salmaneser V invadiu o território de seus vassalos rebeldes e subjugou a nação. A população derrotada que sobreviveu ao ataque sangrento foi realocada para uma terra distante. Agora a Assíria estava de volta, dessa vez sob o comando do rei Senaqueribe, e planejava destruir Judá.

Naquela época, Isaías era um profeta e, como tal, estava agindo como porta-voz de Deus para o Seu povo escolhido. Ele era casado com uma profetisa e juntos tiveram dois filhos – ambos com nomes bem incomuns. O mais velho se chamava *Shear-Jashub,* que significa "um remanescente deverá retornar". Encontramos o segundo filho em Isaías 8.3-4, quando o profeta relata: "Fui ter com a profetisa; ela concebeu e deu à luz um filho. Então, me disse o Senhor: 'Põe-lhe o nome de Maher-Shalal-Hash-Baz. Porque antes que o menino saiba dizer meu pai ou minha mãe, serão levadas as riquezas de Damasco e os despojos de Samaria, diante do rei da Assíria'". O nome longo e complicado desse garoto significa "Rápido-Despojo-Presa-Segura".

Embora se possa discutir se há um nome capaz de atrair mais provocação sobre uma criança na escola, esse nome longo, ou seu significado, na verdade, é uma alcunha especial para se possuir.

Esses descendentes de profetas carregam nomes proféticos que falam do passado e do futuro de Israel. *Maher-Shalal-Hash-Baz* aponta para o passado em que Israel foi saqueado e roubado por um inimigo vindo de fora. *Shear-Jashub*, no entanto, carrega em seu nome uma bela promessa – o remanescente voltará à terra de Israel.

É verdade que estou tendo que escrever isto durante um *lockdown* determinado pelo governo – muito provavelmente um isolamento com o qual você está familiarizado. O que é incrível no meu caso é que estou passando por isso na terra de Israel. 2.000 anos depois que esse longo e estreito trecho de montanhas, terras cultiváveis, riachos e desertos foi dado a Abraão e a seus descendentes; eu sou a prova viva de que as promessas de Deus nunca falham. Eu faço parte do remanescente – um filho da tribo de Judá – vivendo na exuberante beleza do Vale do Armagedom. Eu e todos os meus irmãos judeus em Israel somos a personificação de *Shear-Jashub*. Quão grande é o nosso Deus!

O exército assírio estava vindo para Judá a partir do norte. As pessoas estavam assustadas e procurando esperança. Isaías se posicionou em frente da multidão temerosa. Ele serviria como canal de Deus para dar conforto aos ouvintes e lembrá-los das divinas promessas de um grande futuro.

Isaías começou com uma introdução à fonte definitiva das palavras que ele estava prestes a dizer: "Assim diz o Senhor, que te criou, ó Jacó, e que te formou, ó Israel" (Is 43.1). Desde o início, as palavras de Isaías foram encorajadoras: "O Deus que fez você agora está falando com você". Relembrando as palavras de Davi no Salmo 139.13-16, a mensagem dele dizia: "Deus conhece você. Ele formou você. Todos os seus dias já estavam escritos nos livros do Senhor antes que você fosse formado. Você não é apenas uma nação qualquer. Deus não está falando com uma ralé anônima. Ele está estendendo a mão para sua amada criação".

Isaías, agora, falava as palavras de Deus para os ouvintes:

> Não temas, porque eu te remi;
> chamei-te pelo teu nome,

> tu és meu.
> Quando passares pelas águas, eu serei contigo;
> quando, pelos rios, eles não te submergirão;
> quando passares pelo fogo, não te queimarás,
> nem a chama arderá em ti.
> Porque eu sou o Senhor, teu Deus,
> o Santo de Israel, o teu Salvador (Is 43.1-3).

Leia essas palavras novamente. Tente compreendê-las totalmente. Como elas fazem você se sentir? Esse é o caráter de Deus. Essas palavras são quem Ele é. E essa mensagem não é tão somente para o povo de Israel, mas para todos que a Ele pertencem. Ele está dizendo: "Eu sou Deus. Eu sou o Criador dos céus e da terra. Sim, Eu sou o Deus da minha amada nação, Israel, a qual Eu separei, mas Eu também sou o Salvador do povo da igreja".

Não sei onde ou em que situação você se encontra neste exato momento. Eu só sei que você precisa acreditar no Criador do mundo. Embora Seu nome seja o Deus de Israel, Ele é o seu Salvador pessoal. Por que tenho tanta paz em meio à insanidade da COVID-19? O Deus que disse a Israel para não se preocupar com o exército assírio é o mesmo Deus que me conforta hoje com seu amor e poder. O mesmo Deus que pode destruir uma grande superpotência pode, certamente, erradicar um vírus.

O Senhor continua:

> Dei o Egito por teu resgate
> e a Etiópia e Sebá, por ti.
> Visto que foste precioso aos Meus olhos,
> digno de honra,
> e eu te amei,
> darei homens por ti
> e os povos, pela tua vida.
> Não temas, pois, porque sou contigo;
> trarei a tua descendência desde o Oriente
> e a ajuntarei desde o Ocidente.

> Direi ao Norte: entrega!
> E ao Sul: não retenhas!
> Trazei Meus filhos de longe e Minhas filhas,
> das extremidades da Terra,
> a todos os que são chamados pelo Meu nome,
> e os que criei para Minha glória,
> e que formei, e fiz (Is 43.3-7).

Nesses primeiros sete belos versos de Isaías 43 estão o passado, o presente e o futuro de Israel. E eles contêm a mensagem de esperança divina para "todos os que são chamados pelo meu nome", incluindo-se a igreja. As palavras Dele são para todos aqueles que Ele "criou para [Sua] glória". Nisso incluem-se tanto os judeus, que são sua nação escolhida, como todos os que acreditam Nele e que são Seus filhos amados. A mensagem para todos os que a Ele darão ouvidos é esta: "Quando você se sentir sozinho, você não está. Quando estiver com medo, lembre-se que estou junto o tempo todo. Mesmo em meio às piores situações, Eu estou presente".

Devemos entender a verdade da presença de Deus em meio a tempos imperfeitos. Deus não criou o imperfeito. Deus não causa o imperfeito. Deus, no entanto, trabalha através do imperfeito. Assim Ele é. Ele é um Deus perfeito que realiza Sua vontade perfeita em pessoas imperfeitas que vivem em um mundo imperfeito. Quando Deus criou este universo, tudo era perfeito. O perfeito Deus estabeleceu sua perfeita criação por meio de Sua perfeita palavra. Posteriormente, a humanidade expressou o livre arbítrio com que o Senhor a havia presenteado e, então, tudo se desfez. O pecado entrou no mundo e, com o pecado, veio a morte. A criação foi separada do Criador.

Deus não criou o imperfeito.
Deus não causa o imperfeito.
Mas Deus trabalha através do imperfeito.

Uma necessidade de esperança

Imagine Adão e Eva saindo do Jardim do Éden. Dentro do Jardim, tudo era lindo. A comida era abundante e os arredores eram exuberantes. Porém, o mais extraordinário de tudo, é que Deus estava lá. A comunhão com o Criador estava prontamente disponível, que caminhava com eles no frescor do dia. No entanto, quando eles saíram, toda aquela "perfeição" foi deixada para trás. Que vazio e trágico momento.

Não foi apenas a raça humana que sofreu naquele ato inaugural de rebelião pecaminosa da humanidade. A natureza também experimentou seus espasmos de morte. No morder da fruta, toda a criação foi amaldiçoada com a morte. À humanidade foi transmitida a morte espiritual e física. Como a natureza não tem espírito, ela só enfrentou esta última. Todas as criaturas que já existiram no reino animal – do mosquito ao mamute, do micróbio ao suricato – têm uma data de validade. Para cada uma, a vida começa. Para cada uma, a vida termina.

No entanto, não apenas o que é orgânico que enfrenta a morte física. O inorgânico, também, está morrendo. As montanhas, os rios e os vales foram criados de forma perfeita. Todos os sistemas naturais, padrões climáticos e ciclos de colheita foram estabelecidos exatamente como deveriam ser. Então veio o pecado e, com ele, a morte – e o mundo natural tem experimentado o declínio desde então. Inundações, tornados, terremotos e, sim, vírus, são parte da deterioração da perfeita criação de Deus.

Não há esperança para o mundo natural. É como se ele estivesse num hospício, e nós apenas aguardássemos sua morte final. Não importa quantos protocolos de mudança climática sejam estabelecidos e quantos navios pesqueiros sejam importunados pelo Greenpeace, a decadência e o colapso deste mundo não serão interrompidos. Isso não significa que devamos deixar de cuidar muito bem da nossa bela terra como mordomos da criação de Deus. Não é sem motivo, contudo, que Deus irá estabelecer novos céus e uma nova terra, quando o fim dos tempos chegar.

Entretanto, no que diz respeito à humanidade, há esperança. O mundo natural será destruído. Nas palavras do faraó do épico de Cecil B. DeMille, *Os Dez Mandamentos:* "Que assim se escreva, que assim se faça". A destruição para você e para mim, no entanto, não está decretada e selada. Deus nos deu a oportunidade de remover a sentença de morte do pecado. A única solução eficaz para o nosso problema pecaminoso é a fé em Jesus Cristo. Ele pagou a nossa pena - Ele morreu a nossa morte, na cruz.

Quando a morte é removida, o que resta? Vida. Jesus disse: "Eu sou o caminho, e a verdade, e a vida; ninguém vem ao Pai senão por mim" (Jo 14.6). Outra maneira de olhar para esse versículo é dizer que Jesus é o caminho para a verdade que nos dá a vida. Ao acreditar Nele como nosso Salvador e nos comprometermos, tendo-o como nosso Senhor, somos, de certa forma, readmitidos no Jardim – aquele lugar glorioso onde podemos, mais uma vez, ter paz e comunhão com nosso Deus criador.

A longânima graça de Deus

Voltemos às maravilhosas palavras de Isaías 43. A tribulação estava vindo para a nação de Judá. Com a tribulação, todavia, veio a esperança. Deus não irá julgar ou afligir o seu povo sem dizer, também, como sair do caos por ele causado. Como acabamos de ver acerca do plano Dele de remover o pecado e nos reconciliar com Ele, enfrentaremos situações que estão além de nossa capacidade de lidar. Deus, no entanto, não nos deixará à mercê, impotentes. Há sempre esperança quando olhamos para Ele. E onde encontramos esperança, é ali onde encontramos a verdadeira paz.

Israel, como nação, estava longe de ser perfeita. O povo tinha uma forte propensão à rebelião, à idolatria e à ignorância quanto à lei de Deus. Há muitos cristãos hoje em dia que dirão que devido à imperfeição da nação, Deus os descartou. Jesus Cristo veio para os judeus, mas eles nada quiseram com Ele. "Veio para o que era seu, e os seus não o receberam" (Jo 1.11). Os judeus O rejeitaram;

portanto, Ele agora os rejeita. É isso, caso encerrado, os judeus têm sido descartados em favor da igreja.

Imagine se esses cristãos aplicassem a mesma lógica a si mesmos. Qualquer pecado é rebelião contra Deus. Quantos atos de rebelião e rejeição do senhorio de Deus são precisos para ser expulso de Sua família? No Jardim, foi preciso apenas um pecado para nos separar de Deus. Sei que tenho muito mais do que um pecado em meu desfavor desde que recebi Cristo como meu Salvador. Se o pecado pode fazer com que o Pai rejeite permanentemente seus filhos, qual porcentagem da igreja poderia estar diante de Deus hoje?

Todavia, não é assim que Ele trabalha, não é mesmo? Um pai amoroso não expulsa seus filhos de sua família. Ele os fará passar por tempos difíceis para discipliná-los. Ele permitirá que a dor coloque o seu povo na linha. Entretanto, o Senhor que disse que devemos perdoar não apenas sete vezes, mas "setenta vezes sete" (Mt 18.22), não coloca um limitador em sua misericórdia. Em vez de ver a rebelião de Israel como um motivo para a rejeição por Deus, devemos vê-la como cenário para testemunharmos Sua gloriosa misericórdia. No fato de Deus não rejeitar um povo tão merecedor de rejeição como Israel, encontramos esperança de que Deus nunca rejeitará um povo tão merecedor de rejeição como nós, a sua igreja. E é nesta constância do amor e do compromisso Dele conosco que podemos encontrar paz em meio a uma crise de coronavírus ou qualquer outra provação que enfrentemos.

A nossa segurança "a qualquer custo" na família de Deus significa que o pecado na verdade não importa? Temos nós agora um passe livre para viver da maneira que quisermos? Deus prometeu aos israelitas através de Isaías que, por causa de seus corações hipócritas e de sua adoração vazia, faria recair dor sobre eles. No entanto, seria a dor da disciplina, e não a destruição que acompanha o julgamento. A graça longânime e a paciência de Deus são retratadas em belas cores quando, em Isaías 1, após uma acusação de infidelidade e uma declaração do sofrimento disciplinar prometido, o Senhor diz: "Restituir-te-ei os teus juízes, como eram antigamente, os teus conselheiros, como no princípio; depois, te chamarão cidade de justiça, cidade fiel" (versículo 26). Por causa do amor de Deus, ele nunca lançará fora os que são Seus. A mão que disciplina é a mesma mão que restaura. Há momentos em que Deus nos permitirá passar pela tempestade, mas Ele sempre faz isso por uma razão e apenas por um período de tempo.

A poderosa presença de Deus

A disciplinadora e restauradora mão é também a protetora mão. Voltemos para Isaías 43 onde é abordada a vinda dos assírios. Ali, Deus falou a uma nação assustada que estava prestes a ser atacada pela mais terrível superpotência da época. Ele os lembrou: "Quando passares pelas águas, eu serei contigo; quando, pelos rios, eles não te submergirão" (Is 43.2).

"Amir, espere, esse não é um exército atacando por terra? Por que Deus está falando de águas?" O Senhor estava lembrando ao povo de Israel o que havia acontecido em Êxodo 14, quando eles caminharam através das águas do Mar Vermelho. O enorme e superpotente exército daqueles dias, os egípcios, estava atrás dos israelitas com carros de guerra, encurralando as pessoas indefesas entre a morte pela espada ou por afogamento. No entanto, Deus fez uma obra miraculosa, e os hebreus desfrutaram de uma caminhada com pés secos até o outro lado.

A propósito, há uma ponte subaquática de terra entre os dois lados do Mar Vermelho ligando o Egito e a Arábia Saudita, uma característica geográfica que ninguém é capaz de explicar. Na costa de ambos os lados da ponte existem lugares onde já houve colunas – da época do rei Salomão – que marcaram o local da travessia do Mar Vermelho. Então, quando os filhos de Israel passaram, não precisaram caminhar até o fundo de um oceano profundo para depois subir de volta. Eles atravessaram uma ponte de terra que era muito mais alta do que todo o terreno subaquático ao seu redor. Mesmo antes dos israelitas saberem que tinham um problema, Deus os levou ao lugar exato onde Ele resolveria tal problema.

Quando a situação dos hebreus que fugiam do Egito atravessava seu pior momento, Deus estava lá. "O Anjo de Deus, que ia adiante do exército de Israel, se retirou e passou para trás deles; também a coluna de nuvem se retirou de diante deles, e se pôs atrás deles, e ia entre o campo dos egípcios e o campo de Israel" (Ex 14.19-20). Esse "Anjo de Deus" era uma Cristofania – uma revelação de Cristo no Antigo Testamento. Em um tempo de tribulação, o Jesus pré-encarnado estava lá protegendo Seu povo. É assim que Deus opera, e Ele tem provado sistematicamente Seu cuidado para com o Seu povo.

Quando Israel estava prestes a enfrentar os muros inexpugnáveis de Jericó, o Senhor apareceu novamente – dessa vez diante de Josué.

> Chegou-se Josué a ele e disse-lhe: "És tu dos nossos ou dos nossos adversários?" Respondeu ele: "Não; sou príncipe do exército do Senhor e acabo de chegar". Então, Josué se prostrou com o rosto em terra, e o adorou, e disse-lhe: "Que diz meu Senhor ao seu servo?" Respondeu o príncipe do exército do Senhor a Josué: "Descalça as sandálias dos pés, porque o lugar em que estás é santo". E fez Josué assim (Js 5.13-15).

Assim como ocorreu com Moisés e a sarça ardente, o chão era sagrado porque Deus estava lá. A presença de um anjo não torna um local sagrado. É a presença de Deus que santifica um lugar.

Quando os três amigos de Daniel, Sadraque, Mesaque e Abede-Nego foram lançados na fornalha ardente, Cristo estava presente com eles:

> Então, o rei Nabucodonosor se espantou, e se levantou depressa, e disse aos seus conselheiros: "Não lançamos nós três homens atados dentro do fogo?" Responderam ao rei: "É verdade, ó rei". Tornou ele e disse: "Eu, porém, vejo quatro homens soltos, que andam passeando dentro do fogo, sem nenhum dano; e o aspecto do quarto é semelhante a um filho dos deuses" (Dn 3.24-25).

Jesus estava no fogo com aqueles três jovens corajosos. Ele estava lá quando os israelitas atravessaram o rio e vieram para Jericó. Ele estava lá quando o acampamento cruzou o Mar Vermelho. Ele estava lá! Esse é o mesmo Jesus que, há mais de 2,5 mil anos, ordenou que Israel voltasse à sua terra e que segue aplainando o caminho hoje, à medida que eles continuam a chegar.

Esse é o mesmo Jesus que agora está ordenando a você, onde quer que viva: "Não tema, pois sou contigo". Essa é a promessa do Salmo 23.4: "Ainda que eu ande pelo vale da sombra da morte, não temerei mal nenhum, porque tu estás comigo; o teu bordão e o teu cajado me consolam". Essa é esperança encontrada em Isaías 35.4: "Dizei aos desalentados de coração: Sede fortes, não temais. Eis o vosso Deus. A vingança vem, a retribuição de Deus; Ele vem e vos salvará". Deus é com você. Ele está guardando seu povo – tanto Israel quanto a igreja.

Não há razão para temermos o que vemos acontecer ao nosso redor. Paulo escreveu: "Deus não nos tem dado espírito de covardia, mas de poder, de amor e de moderação" (2Tm 1.7). Esses três – poder, amor e moderação – devem se unir para que tenhamos a verdadeira paz. Não podemos superar o medo sem o poder de Deus. No entanto, se não estamos expressando o amor Dele aos outros, Ele pode reter seu poder como disciplina. Se não tivermos moderação, uma mente sã, e duvidarmos da verdade e do caráter de Deus, então provavelmente não recorreremos a Ele em nossos tempos de tribulação. Todas essas três características devem estar presentes em nossas vidas, para que vivamos com um destemor dado por Deus.

Uma fidelidade comprovada

Estou no meio de Israel, e está tudo em paz aqui. Todavia, Israel é um dos países mais ameaçados do planeta Terra. Não há outra nação cujos vizinhos tão abertamente prometem extingui-la. Surpreendentemente, o resto do mundo não vê problema nisso.

Mesmo do palanque do Conselho Geral da ONU, líderes mundiais pedem a destruição de Israel. Ainda assim, aqui estou eu, não só pessoalmente experimentando a paz de Deus, mas olhando para evidências desta mesma paz ao meu redor. O que é o coronavírus para Deus? Nada. Se você escolher temer ao invés de confiar naquele que diz: "Não temas", então onde está a sua fé?

Deus é fiel – uma qualidade de caráter que Ele tem demonstrado através desta bela terra e das pessoas que Ele trouxe para casa. A Sua fidelidade comprovada não é algo sobre o qual eu possa silenciar-me. É por isso que a Behold Israel nasceu. Behold Israel – "Olhe para a Sua terra" – é a prova de que Deus existe. Essa é a prova de que Ele é fiel a todas as suas promessas. A razão pela qual Deus deixou Israel permanecer, mesmo depois de sua história de fracasso e rebelião, é servir como um testemunho para você não temer. O mesmo Deus que tem sido fiel a esta nação sitiada também é fiel a você que faz parte da igreja.

Deus disse que a partir de Jacó criaria uma nação. Então, enquanto Ele trabalhava através dos descendentes de Jacó, disse: "Eu vou separá-los. Eu vou trabalhar através deles. Através dessas pessoas rebeldes Eu demonstrarei meu amor; revelarei minha palavra ao mundo e trarei meu Filho, o Messias, para toda a humanidade. E através desta pequena nação provarei que se você se humilhar e orar e se afastar de seus maus caminhos, Eu vou perdoá-lo. Eu vou abraçá-lo. Eu vou chamá-lo de povo que me pertence".

O objetivo de Deus não é a destruição e a punição. As pessoas trazem essas aflições sobre si mesmas. Em 2 Tessalonicenses 2.10-11, Paulo disse que só depois de as pessoas terem rejeitado o amor à verdade que pode salvá-las é que Deus lhes mandou a operação do erro. Ele não lhes mandou a operação do erro para que elas rejeitassem a Palavra de Deus; Ele lhes proporcionou isso porque elas rejeitaram a Sua palavra.

O dia da salvação

Deus enviou Seu filho unigênito para trazer salvação ao mundo. Esse é o outro lado da moeda "povo escolhido por Deus". A crença comum entre os judeus era que Deus trabalhava apenas com Israel. Mas então Jesus veio ao mundo. Quando chegou a hora, o Messias foi até o rio Jordão. Quando Ele chegou, encontrou um sacerdote judeu chamado Johonon – "Deus terá misericórdia". Esse Johonon, ou João, viu Jesus e declarou: "Eis o Cordeiro de Deus, que tira o pecado do mundo!" (Jo 1.29). Ele não disse, tira o pecado "de Israel", mas "do mundo".

Esse cordeiro sacrificial de Deus é para você em Wuhan, na China. É para você em Seul. É para você em Cingapura e Manila, em Teerã e Bagdá, em Ancara e Istambul. Jesus morreu por você que está em Beirute e Damasco e Berlim e Frankfurt. Ele derramou Seu sangue por você que está em Paris, Londres, Barcelona e Madri – para você em Milão e Roma e Zagreb e Bucareste, em Budapeste e Bruxelas, Amsterdã e Copenhague. A salvação está disponível para você como um presente gratuito nos Estados Unidos, de Nova York a Los Angeles, ao sul da Cidade do México assim como em São Paulo e no Rio de Janeiro. Jesus está lhe abrindo Seus braços em Auckland e Sydney e Melbourne e Perth, em Nairóbi e Kampala, Lagos e Joanesburgo.

Quando abrir seu coração para o amor e perdão de Jesus Cristo, Ele fará de você uma nova pessoa. Ele acenderá uma luz em você – uma luz de uma nova vida, uma luz de eternidade. Então Ele usará em você essa luz para iluminar a Sua verdade para o mundo. Jesus disse no Sermão da Montanha:

> Vós sois a luz do mundo. Não se pode esconder a cidade edificada sobre um monte; nem se acende uma candeia para colocá-la debaixo do alqueire, mas no velador, e alumia a todos os que se encontram na casa. Assim brilhe também a vossa luz diante dos homens, para que vejam as

vossas boas obras e glorifiquem a vosso Pai que está nos céus (Mt 5.14-16).

É através de sua paz durante a crise que aqueles ao seu redor podem descobrir a paz de Deus. É por sua falta de medo que seus amigos e familiares serão capazes de ver que, com Deus, não há por que temer.

A luz de Deus entrou em sua vida, e então você pode ser a luz do mundo? Você tem o Espírito Santo – o óleo em sua lâmpada – para que possa refletir a esperança Dele? E se você nasceu de novo para a vida eterna, está deixando sua luz brilhar?

Antes de sua crucificação, Jesus encorajou seus discípulos com estas palavras: "No mundo, passais por aflições; mas tende bom ânimo; eu venci o mundo" (Jo 16.33). Esse coronavírus é apenas uma aflição do mundo, assim como todas as provações que recaem sobre você. Não tenha medo. Em vez disso, tenha bom ânimo, porque Jesus venceu o mundo.

No final, tudo se resume a nosso Salvador. "Deus nos deu a vida eterna; e esta vida está no seu Filho. Aquele que tem o Filho tem a vida; aquele que não tem o Filho de Deus não tem a vida" (1Jo 5.11-12)

Você tem o Filho? Você fez de Jesus o seu Salvador e Senhor? Se não o fez, hoje é o dia da salvação. Por que passar outro dia com dúvidas enchendo sua vida? Se você tem o Filho, então regozije-se. Não importa o que esteja acontecendo ao seu redor – não importa quais vírus possam estar em seu caminho – Deus está com você. E como Ele tem feito desde o início dos tempos, continuará a cuidar dos que são Dele – seja do povo de Israel ou da igreja, ou, como eu, de ambos.

CAPÍTULO 2

Duas trombetas são melhores do que uma

O Propósito Compartilhado entre Israel e a Igreja

O ar estava mais fresco agora que a estação havia começado a mudar, mas isso não impediu que o suor escorresse do filho do homem que se sentava sobre os ombros dele. Ele havia levantado o menino para evitar que o mesmo fosse arrastado pela multidão de pessoas. Era também sobre os ombros do pai a única maneira provável de seu filho ser capaz de ver qualquer coisa. Esta era a primeira vez que o garoto tinha idade suficiente para fazer a viagem de uma semana até Jerusalém, para o festival. Seria uma pena se sua visão do evento fosse limitada aos mantos empoeirados e às sandálias sujas que o cercavam.

O pátio do Templo continuava a encher, e os corpos cada vez mais se apertavam. Um murmúrio correu pela multidão e os olhos do pai, do filho e dos milhares de outros voltaram-se para o muro ao redor. Dois levitas, vestidos de forma impecável com seus trajes cerimoniais, haviam subido sobre o muro a partir de extremidades opostas, e marcharam em direção a um ponto de encontro no centro. Presa sob o braço direito de cada um estava uma longa trombeta de prata. A cada passo, o brilho do sol contra o metal brilhante refletia através da multidão, ofuscando o olhar de centenas de pessoas.

Quando os dois trombeteiros se encontraram, eles deram as costas para o Templo e se voltaram para a cidade ao redor e a terra além. Como se fossem um, lentamente levaram os instrumentos até os lábios, inalaram profundamente e, em seguida, sopraram. A nota de cada trombeta fundiu-se com sua contraparte, em um clangor retumbante. Mesmo ao fundo, o som era perfurante e o homem sentiu as mãos de seu filho se levantarem para cobrir suas pequenas orelhas. Os levitas pararam, e o som ecoou de volta do Monte das Oliveiras para o leste. Veio então um segundo toque, depois um terceiro. Após o sétimo toque, os levitas baixaram seus instrumentos e começaram a marchar de volta na direção de onde haviam começado. Enquanto o faziam, as pessoas na multidão abaixaram a cabeça em oração.

Em seu ouvido, o homem ouviu seu filho sussurrar:

– E agora, pai?

– Agora há um sacrifício.

– E depois o quê?

– Depois vamos para casa.

– Espere, disse o garoto, parecendo confuso e desapontado. Você quer dizer que é isso?

– Bem, provavelmente haverá um pouco de canto e dança. Mas, sim, é isso.

Houve silêncio por um minuto enquanto o homem preparava seu coração para o sacrifício que estava prestes a ser oferecido no grande altar de bronze. Porém, ele podia sentir seu filho tentando processar a informação que lhe fora dada, e não podia deixar de antecipar a próxima pergunta que sabia que viria. Como era de se esperar, o garoto perguntou: "Se isso é tudo o que há, então por que viemos? Não parece valer a pena".

– Nós viemos, respondeu o homem, porque Deus disse para vir. Agora, silêncio para a oferta.

Instrumentos com um propósito

Na Bíblia, o instrumento sobre o qual mais se lê é a trombeta. Você pode encontrar uma harpa ou uma lira aqui, talvez um címbalo ou um tamborim acolá; no entanto, se você fosse um músico procurando segurança no trabalho, teria desejado imediatamente começar essas aulas de trombeta. Hoje, quando as pessoas pensam em trombetas, imaginam uma série de tubos de latão com três válvulas, com um bocal em uma extremidade e uma boca de sino na outra. Mas a maioria das trombetas encontradas na Bíblia são de natureza mais orgânica. Tipicamente, a trombeta do Antigo Testamento refere-se a um *shofar*, que é um chifre de carneiro oco. A ponta do chifre é cortada objetivando criar um pequeno buraco para que alguém, como a grande atriz Lauren Bacall disse a Humphrey Bogart, "coloque os lábios e sopre".

Um dos momentos mais embaraçosos que eu costumo experimentar quando estou conduzindo passeios por Israel é quando as pessoas descobrem as *shofarot*[2] que estão à venda em muitas das lojas de presentes. Eu fico assistindo enquanto um grupo se reúne. Um homem (geralmente são os homens que fazem isso) pega um chifre de carneiro, leva-o aos lábios, em seguida o sopra. O som que sai geralmente lembra o último som que o carneiro provavelmente fez, antes de perder seus chifres.

Mas essa não é a parte embaraçosa. Tendo falhado em sua tentativa de convocar o exército com o *shofar*, aquele primeiro homem passará o chifre para que o próximo tenha sua chance de glória em grupo. O chifre então será passado para a próximo, depois para o próximo. Assim, quando todos que querem fazer uma tentativa tiverem feito, eles colocarão o chifre de volta. Lá ele ficará por um minuto ou dois até que o próximo grupo chegue, pegue o *shofar*, e comece a passá-lo de um par de lábios para o próximo. Estou ficando um pouco enjoado só de pensar nisso. Imagino que vender *shofarot* será muito diferente em um mundo pós-COVID-19.

---

2 Plural de shofar, segundo: https://estudodohebraico.com/o-que-e-o-shofar/

Embora o *shofar* seja o que normalmente se tem em mente com a palavra "trombeta" na Bíblia, há outro tipo de chifre mencionado, que é produzido a partir de um material muito diferente. Em Números 10, o povo de Israel está acampado no deserto do Sinai. Deus dera a lei a Moisés, e as pessoas estavam ficando ansiosas para seguir em frente. No entanto, para mover tantas pessoas, o Senhor sabia que precisaria haver alguma organização. Então, para ajudar com o controle da multidão, Ele deu a Moisés uma tarefa:

> Disse mais o Senhor a Moisés: "Faze duas trombetas de prata; de obra batida as farás; servir-te-ão para convocares a congregação e para a partida dos arraiais. Quando tocarem, toda a congregação se ajuntará a ti à porta da tenda da congregação. Mas, quando tocar uma só, a ti se ajuntarão os príncipes, os cabeças dos milhares de Israel. Quando as tocardes a rebate[3], partirão os arraiais que se acham acampados do lado oriental. Mas, quando a segunda vez as tocardes a rebate, então, partirão os arraiais que se acham acampados do lado sul; a rebate, as tocarão para as suas partidas. Mas, se se houver de ajuntar a congregação, tocá-las-eis, porém não a rebate. Os filhos de Arão, sacerdotes, tocarão as trombetas; e a vós outros será isto por estatuto perpétuo nas vossas gerações".
> "Quando, na vossa terra, sairdes a pelejar contra os opressores que vos apertam, também tocareis as trombetas a rebate, e perante o Senhor, vosso Deus, haverá lembrança de vós, e sereis salvos de vossos inimigos. Da mesma sorte, no dia da vossa alegria, e nas vossas solenidades, e nos princípios dos vossos meses, também tocareis as vossas trombetas sobre os vossos holocaustos e sobre os vossos sacrifícios pacíficos, e vos serão por lembrança perante vosso Deus. Eu sou o Senhor, vosso Deus" (Nm 10.1-10).

---

3 Toque de alarme como utilizado pela NAA.

Duas trombetas deviam ser feitas de prata pura. Em vez de se parecerem com o que você pode encontrar atualmente em uma banda marcial escolar, essas mais se assemelhariam a trombetas aristocráticas. Elas eram provavelmente longas e retas, com uma abertura gradual no final. Imagine um rei medieval voltando para o seu reino. Os trombeteiros posicionavam-se em cima das muralhas do castelo e tocavam o som da chegada de seu soberano em suas trombetas longas e brilhantemente polidas. Esse é o tipo de trombetas que Deus ordenou que Moisés fizesse. Não as usadas para tocar uma música, mas as que servem a um propósito mais prático.

As razões imediatas para a criação desses instrumentos estão explicitadas em Números 10.2: "Servir-te-ão para convocares a congregação e para a partida dos arraiais". A depender se tratava-se do som de uma trombeta ou de duas, ou se os trombeteiros tocavam em uníssono ou em uma harmonia, ou se tocavam uma nota longa ou uma determinada série de notas; as pessoas conseguiam discernir se Deus estava convocando uma reunião ou dizendo-lhes que era hora de começar a percorrer a estrada. Havia também uma cadência específica que servia como um alarme, permitindo que os israelitas soubessem que um inimigo estava se aproximando. Essas eram trombetas reais, servindo um propósito real para o povo de Deus. No entanto, isso não impede que elas também sejam algo além.

Uma sombra de algo maior

Ocasionalmente, Deus introduz na Bíblia uma pessoa, evento ou item que mais tarde descobriremos possuir maior significado do que originalmente prevíamos. Esses, às vezes, são chamados de tipos ou representações ou sombras. No meu livro anterior, *O Dia se Aproxima,* apresentei as festas do Antigo Testamento como celebrações sombras, representando eventos futuros maiores. A Páscoa encontrou sua realização na crucificação de Cristo. A Festa dos Pães Ázimos foi satisfeita na vida perfeita e sem pecado do Pão da

Vida, Jesus Cristo. A Festa das Primícias foi uma sombra da ressurreição de nosso Senhor, a quem Paulo descreve como "as primícias dos que dormem" (1Co 15.20), indicando que nós também um dia nos ergueremos da mesma forma do túmulo. A Festa das Semanas, lembrada como Pentecostes, foi expressa quando o Espírito Santo foi derramado sobre a igreja. A Festa das Trombetas atualmente se cumpre nos sinais ao nosso redor, anunciando a vinda em breve de nosso Senhor. O Dia da Expiação e a Festa dos Tabernáculos ou das Barracas ainda estão esperando suas realizações, quando, respectivamente, todo o Israel virá a Cristo e quando a igreja e todos aqueles que seguem o Senhor habitarão junto a Ele, no reino milenar. Para cada um desses eventos é estabelecido algo menor, que encontrará sua maior contrapartida futuramente.

Há casos nas Escrituras onde as pessoas são tipos ou representações de algo por vir. O profeta Malaquias registrou as palavras do Senhor dos exércitos:

> Eis que eu vos enviarei o profeta Elias,
> antes que venha o grande e terrível
> Dia do Senhor;
> ele converterá
> o coração dos pais aos filhos
> e o coração dos filhos a seus pais,
> para que eu não venha e fira a Terra com uma maldição (Ml 4.5-6).

Antes que o Messias seja revelado e o dia do Senhor chegue, Elias voltará. Por causa dessa promessa de Deus, uma cadeira representativa é separada para o profeta em cada refeição *Seder*. Os judeus dirão que é impossível que Jesus seja o Messias prometido porque essa cadeira ainda está vazia – Elias ainda não veio. Sem Elias, sem Messias.

Mas Elias *sim* voltou – e o povo judeu perdeu a volta dele. Quando os discípulos estavam questionando Jesus sobre esse mesmo assunto, Jesus respondeu:

> "De fato, Elias virá e restaurará todas as coisas. Eu, porém, vos declaro que Elias já veio, e não o reconheceram; antes, fizeram com ele tudo quanto quiseram. Assim também o Filho do Homem há de padecer nas mãos deles". Então, os discípulos entenderam que lhes falara a respeito de João Batista (Mt 17.11-13).

Jesus diz aos discípulos que o Elias que os judeus deveriam estar esperando não era um Elias literal, mas um tipo – uma representação. Enquanto o Elias do Antigo Testamento proclamou a vinda de Deus para executar julgamento, o Elias do Novo Testamento – João Batista – proclamou a vinda de Deus para a salvação.

Há também momentos em que Deus usará coisas como sombras ou tipos. Esse é o caso das duas trombetas de prata. Sim, elas eram trombetas de verdade que serviam a um propósito prático. No entanto, elas também representavam algo muito maior. Para descobrir essa identidade alternativa, vamos primeiro olhar para o propósito delas.

Um toque de trombeta soava principalmente para direcionar a atenção das pessoas. Se ouvissem o som de uma trombeta ecoando pela cidade, elas parariam o que estavam fazendo e ouviriam. Elas sabiam que trombetas não soavam sem motivo. Se alguém estava tocando uma ou mais trombetas, deveria haver uma razão.

Segundo, as trombetas soavam para convocar um ajuntamento do povo. Em Números 10.3, o Senhor diz: "Quando tocarem, toda a congregação se ajuntará a ti à porta da tenda da congregação". Quando as trombetas soavam uma cadência específica, as pessoas deixavam o que estavam fazendo e se dirigiam ao tabernáculo.

Terceiro, essas trombetas poderiam ser tocadas para anunciar a chegada de um dignitário – repito, como os arautos de outrora.

Finalmente, as trombetas podem ser tocadas para direcionar o povo tanto em uma guerra quanto durante uma viagem. Uma determinada série de notas significava ataque, outra significava mudança para a direita, outra significava retirada para lugar seguro.

Um chamado à atenção, para se reunir, para anunciar a vinda de alguém, ou para direcionar as pessoas – cada um desses propósitos pode estar ligado a eventos futuros. O som de trombetas no arrebatamento, quando Jesus retorna para reunir sua igreja e levá-la para estar com Ele, e a segunda vinda, aquele dia notável em que Cristo pisa novamente no Monte das Oliveiras com a igreja a reboque, a fim de estabelecer Seu reino na Terra, contém elementos de todos os quatro propósitos das trombetas. Entretanto, dois dos propósitos acima declarados são mais evidentes nesses eventos do que os demais.

Paulo escreveu à igreja em Tessalônica sobre aquele momento maravilhoso em que seremos levados para encontrar Jesus nas nuvens: "O Senhor mesmo, dada a sua palavra de ordem, ouvida a voz do arcanjo, e ressoada a trombeta de Deus, descerá dos céus, e os mortos em Cristo ressuscitarão primeiro; depois, nós, os vivos, os que ficarmos, seremos arrebatados juntamente com eles, entre nuvens, para o encontro do Senhor nos ares, e, assim, estaremos para sempre com o Senhor" (1Ts 4.16-17). No arrebatamento, Jesus irá descer, o arcanjo irá bradar, e uma trombeta ecoará pelos céus.

Quando Jesus retornar uma segunda vez – sendo essa jornada completa, até o nível do solo – a trombeta será mais uma vez ouvida, só que dessa vez soará por toda a Terra. Jesus disse:

> Logo em seguida à tribulação daqueles dias, o sol escurecerá, a lua não dará a sua claridade, as estrelas cairão do firmamento, e os poderes dos céus serão abalados. Então, aparecerá no céu o sinal do Filho do Homem; todos os povos da terra se lamentarão e verão o Filho do Homem vindo sobre as nuvens do céu, com poder e muita glória. E ele enviará os seus anjos, com grande clangor de trombeta, os quais reunirão os seus escolhidos, dos quatro ventos, de uma a outra extremidade dos céus (Mt 24.29-31).

As trombetas celestiais soarão para anunciar a vinda de nosso Senhor no arrebatamento e na segunda vinda. Também indicarão a união do povo Dele – primeiro, a igreja no arrebatamento se reunirá com Cristo, então os judeus salvos e quaisquer outros que tenham vindo a Cristo durante a tribulação se reunirão enquanto Jesus retorna à Terra uma segunda vez com Sua noiva, a igreja. Anúncio e reunião, esses são os dois propósitos fundamentais das trombetas. Mas e quanto às funções de chamar a atenção e de direção? É nesses dois papéis que eu vejo a tipificação específica das duas trombetas de prata.

Um chamado à atenção

Vivemos em um mundo muito distraído e capaz de distrair. Trabalho, família, entretenimento – há tantas vozes que estão pedindo nossa atenção. Mas isso não é novidade. As pessoas sempre encontraram razões para se concentrar no dia a dia da vida e ignorar o quadro geral. Essa é uma das grandes ferramentas de Satanás contra nós. Enquanto estivermos olhando para nós mesmos e nosso próprio trabalho, nossos olhos não estão em Deus.

De vez em quando, surgem notícias da Califórnia sobre um acidente de trânsito envolvendo dezenas de veículos. A causa não é neve ou gelo. Esses incidentes ocorrem nos dias em que a neblina tule do Central Valley está mais espessa. O tule, do qual essa neblina deriva seu nome, é um junco do pântano que é predominante naquela região. Sob certas condições, uma umidade espessa, opaca e aérea sobe a partir desses pântanos e se instala – uma alegria para os fruticultores, mas um pesadelo para os motoristas. A maioria dos motoristas sabe diminuir a velocidade em dias nebulosos. No entanto, sempre parece haver aqueles que sentem que têm visão de raio-X que lhes permite ver através do manto branco. Basta que um desses guerreiros imprudentes da estrada colida com a traseira de um carro que, de repente, aparece na nuvem à sua frente, para que se inicie um acidente de reação em cadeia. Os motoristas atrás deles não esperam que os carros estejam parados na estrada, então eles vão se chocar violentamente contra a traseira do mau piloto.

Em seguida, o próximo carro irá bater, depois o próximo, depois o próximo. Infelizmente, não há como alertar os carros e caminhões que se aproximam sobre o perigo que está logo à frente.

O trabalho das trombetas é avisar – soar o sinal, chamar a atenção daqueles que não podem ver ou que estão muito distraídos para notar o perigo que está logo ali na estrada. É acordá-los de sua ignorância e apatia. Deus criou suas trombetas para dizer ao mundo: "Pare! Acorde e dê meia volta antes que seja tarde demais!".

Contudo, você deve estar se perguntando, como identificar essas trombetas hoje? Como é possível reconhecê-las ou ouvir seu som? Para compreender isso, há algo que você deve perceber primeiramente: Essas trombetas não são um *quê,* mas um *quem.*

A Primeira Trombeta de Deus: Israel

Há duas testemunhas que Deus convocou para chamar a atenção da população mundial e dirigir todos para si mesmo. O primeiro desses testificadores é Israel. "'Vós sois as minhas testemunhas', diz o Senhor, 'o meu servo a quem escolhi; para que o saibais, e me creiais, e entendais que sou eu mesmo, e que antes de mim deus nenhum se formou, e depois de mim nenhum haverá'" (Is 43.10). O Senhor olhou para todos os tempos e todos os povos, e decidiu que essa única nação seria distinguida de todas as demais. Deus não os escolheu porque Ele estava sentindo-se solitário e querendo companhia. Também não era Seu desejo criar uma nação espiritualmente de elite que pudesse impor a relação deles com Deus sobre todos os outros. Em vez disso, a decisão Dele de fazer de Israel o Seu povo escolhido foi muito mais direcionada para beneficiar o restante do mundo do que àquela única nação. Quando Deus faz sua aliança com Abraão, vemos Sua bênção dirigida tanto para dentro de Israel quanto para fora:

> Ora, disse o Senhor a Abrão:
> "Sai da tua terra,
> da tua parentela
> e da casa de teu pai

> e vai para a terra que te mostrarei;
> de ti farei uma grande nação,
> e te abençoarei,
> e te engrandecerei o nome.
> Sê tu uma bênção!
> Abençoarei os que te abençoarem
> e amaldiçoarei os que te amaldiçoarem;
> em ti serão benditas todas as famílias da Terra" (Gn 12.1-3).

A promessa de Deus foi que os descendentes de Abraão, Israel, seriam por Ele abençoados e que Ele, por sua vez, abençoaria o resto do mundo através de Israel. Como era essa bênção? Primeiro, é a partir de Israel que viria a salvação para a humanidade. "Ouvi-me vós, os que sois de obstinado coração, que estais longe da justiça. Faço chegar a minha justiça, e não está longe; a minha salvação não tardará; mas estabelecerei em Sião o livramento e em Israel, a minha glória" (Is 46.12-13). Quando o Salvador finalmente entrou em cena, Ele veio de Israel. Jesus era um judeu que lidou principalmente com outros judeus durante Seus três anos de ministério. E foi em Jerusalém que Ele foi crucificado, pagando o preço por nossos pecados e abrindo a porta para nossa salvação. Se você está procurando o povo e o lugar da salvação, ambos se encontram na nação de Israel.

É também através de Israel que Deus primeiramente ofereceu Sua palavra escrita. Desde os relatos históricos detalhados, passando pela beleza dos livros poéticos e as verdades práticas das coleções de sabedoria, até a esperança e as advertências encontradas dentro dos profetas; a humanidade tem uma dívida de gratidão com o povo judeu, por serem os comunicadores da mensagem de Deus à Sua criação.

Israel recebeu a responsabilidade de ser testemunha de Deus – para dirigir este mundo ao Pai. Através de seu estilo de vida, de adoração, de obediência e de amor, seriam eles os representantes vivos do Criador nesta terra. Todavia, em vez de incorporar esse maravilhoso propósito, Israel de forma infame fracassou fragorosamente. O povo pecou, rebelou-se e fugiu de seu Senhor que os havia tão maravilhosamente abençoado.

*Israel e a igreja são os únicos dois
grupos de pessoas os quais Deus
chama de suas testemunhas.*

A Segunda Trombeta de Deus: A Igreja

Entra a segunda trombeta de Deus – a igreja. Pouco antes de Jesus ascender ao céu, disse aos discípulos: "Recebereis poder, ao descer sobre vós o Espírito Santo, e sereis minhas testemunhas tanto em Jerusalém como em toda a Judeia e Samaria e até aos confins da terra" (At 1.8). Da mesma forma que Israel deveria ser testemunha de Deus para o mundo, Ele então passou esse papel à igreja. Portanto, é a partir da igreja que agora o mundo ouve sobre a verdade da salvação através de Jesus Cristo, e, além disso, é proveniente da igreja que a segunda coleção de escritos, o Novo Testamento, foi adicionada à Palavra de Deus.

Israel e a igreja são os dois únicos grupos de pessoas os quais Deus chama de Suas testemunhas. Embora ambos fossem chamados para ser trombetas do Senhor, a forma como cada um soa tem sido diferente. Israel teve muito mais um testemunho passivo. O povo demonstrava Deus simplesmente pelo jeito de ser. Conforme eles viviam, geração após geração, Deus era capaz de relevar quem Ele era – Seu amor, poder, perdão, graça, misericórdia e julgamento. Todo o Seu caráter e todos os Seus atributos foram demonstrados, em algum momento, em Suas interações com a nação. Certamente houve determinadas ocasiões em que foi ordenado a Israel que pregasse a mensagem de Deus para as nações – como o apelo de Deus para que Jonas avisasse Nínive, uma vez que o julgamento do Senhor estaria por vir. Jonas tinha outros planos e tomou um navio em direção oposta. Uma tempestade e um grande peixe-Uber depois, Jonas estava andando pela capital assíria, cheirando a velhos frutos do mar e alertando os cidadãos para que se arrependessem. Na maior parte, entretanto, Israel foi chamado a ser um testemunho vivo de Deus.

Basta voltar ao mandato que Jesus deu aos discípulos antes de Sua ascensão para perceber o quão diferente era o chamado da igreja. Esse grupo de cristãos novatos deveria servir como testemunhas até os confins da Terra. Tal encargo é claramente declarado no relato de Mateus sobre essa Grande Comissão, onde Jesus disse aos discípulos: "Ide, portanto, fazei discípulos de todas as nações, batizando-os em nome do Pai, e do Filho, e do Espírito Santo; ensinando-os a guardar todas as coisas que vos tenho ordenado. E eis que estou convosco todos os dias até à consumação do século" (Mt 28.19-20). Enquanto Israel foi chamado para *ser*, a igreja foi instruída a *ir*.

Não só as metodologias das testemunhas são diferentes, como também o são as mensagens fundamentais de Israel e da igreja. Israel anunciou a existência de Deus. A nação deu oportunidades para Deus demonstrar Seu caráter. É através de Israel que vemos que Deus é fiel, onisciente, onipotente e onipresente. A mensagem da igreja é mais: "Muito bem, agora que vocês sabem quem é esse Deus, eis aqui a advertência de que Ele está a caminho". Tais mensagens não são mutuamente excludentes. Há muito de "Deus está vindo, então é melhor você se acertar com Ele agora" no Antigo Testamento, e não há falta de "eis aqui quem é nosso maravilhoso Senhor" no Novo. Contudo, antes de avisar às pessoas que alguém está vindo, você precisa informar quem é esse alguém.

Um olhar mais profundo

Quando Deus disse a Moisés para fazer duas trombetas de prata, estava criando um tipo – uma sombra – de uma realidade maior. Israel e a igreja seriam Suas testemunhas para acordar o povo do mundo à realidade de quem Deus é, bem como avisá-los de sua vinda. Agora que sabemos o propósito das trombetas, vamos olhar mais profundamente para os detalhes desses instrumentos.

Primeiro, note que só há duas trombetas. Deus poderia ter feito três ou cinco ou sete ou vinte. Em vez disso, Ele somente demandou duas. Na Bíblia, isso é um número a respeito de união. Há dois testamentos que compõem uma Bíblia. Os mandamentos, escritos em duas tábuas, constituem uma lei. Durante a criação, depois de declarar que tudo era bom, Deus fez Adão. Em um mundo de dois – duas vacas, duas zebras, dois elefantes – havia apenas um "um". Deus disse: "Não é bom que o homem esteja só; far-lhe-ei uma auxiliadora que lhe seja idônea" (Gn 2.18). Dessa forma, após um rápido cochilo e uma remoção de costela, o um havia sido tornado em dois. E é aqui onde o esplendor de Deus exibe-se em sua totalidade. Agora que o um era dois, Deus instituiu um plano para que os dois se tornassem novamente um: "Por isso, deixa o homem pai e mãe e se une à sua mulher, tornando-se os dois uma só carne" (Gn 2.24).

Essa união também é encontrada nas duas trombetas. Ambas soam o testemunho do mesmo Deus. As duas encontram sua origem em Abraão: Israel encontra sua origem física nele, e a igreja sua origem espiritual. E, da mesma forma que Adão e Eva, esses dois um dia se tornarão um só. No entanto, ao contrário do que muitos acreditam, tal união ainda não ocorreu. A união entre Israel e a igreja não virá até que haja um novo céu e uma nova terra – quando não mais haverá necessidade de um sol, uma lua e estrelas para prover luz, porque Deus será a nossa luz (Jr 31.35-36; Ap 21.23). Nos próximos capítulos, iremos tratar muito mais da distinção atual entre Israel e a igreja.

Um segundo fato a considerar sobre essas trombetas é o material de que elas se consistiam. Por que são feitas de prata? Se elas são tão importantes e preciosas para Deus, por que Ele não as fez de ouro? É porque a prata define melhor quem somos. A prata é preciosa, mas não é a perfeição do ouro. Israel e a igreja são ambos muito preciosos para Deus, mas eles não são perfeitos. E assim como a prata não pode se tornar ouro, Israel e a igreja não podem tornar a si mesmos perfeitos. Isso é algo que somente Deus é capaz de fazer.

Essa é uma verdade que ao mesmo tempo é um obstáculo para muitos judeus. Um sistema de crenças baseado na lei diz:

"Trabalhe duro o suficiente e você vai alcançar a perfeição". Todavia, tal proposta é inútil. Você não precisa recorrer ao Novo Testamento para ver que a perfeição sempre estará fora de alcance. Ainda debaixo da lei, o rei Salomão escreveu: "Não há homem justo sobre a terra que faça o bem e que não peque" (Ec 7.20). Mesmo assim, a cruz é uma afronta à mentalidade judaica porque diz que o perdão só pode ser recebido e não merecido. Não importa o quanto você lustre a prata, você nunca encontrará ouro na camada inferior.

Isso também se aplica a muitos que passam pelas portas das igrejas semanalmente. Eles tentam provar a Deus que são merecedores por meio de serviço ou doações, ou da garantia de que suas boas ações superam suas más ações. Novamente frisamos, isso nunca irá funcionar, como Pedro deixou claro quando disse: "Não há salvação em nenhum outro; porque abaixo do céu não existe nenhum outro nome, dado entre os homens, pelo qual importa que sejamos salvos" (At 4.12). Não há outro nome – isso inclui o nosso.

Nosso significado, propósito e razão
para existência somente são encontrados fora de
nós mesmos – na pessoa de Jesus Cristo.

A parte final da trombeta que admite discussão é o bocal. Uma trombeta não tocará sozinha. Não importa o quanto tenha sido bem feita ou o quão precioso seja o metal, a menos que o ar passe através do bocal de uma trombeta, ela não é melhor do que um calço de porta pesado e caro. Os lábios que são pressionados contra essas duas trombetas de prata são os de Deus. É a respiração Dele que passa por elas e soa as belas notas. Israel e a igreja nada podem fazer por si mesmos. Eles são apenas os vasos. Somente quando o sopro de Deus passa por eles é que tocarão como Ele quer que toquem. Como é triste ouvir judeus e cristãos se vangloriarem de suas identidades, como se em si mesmos fossem algo especial. Nosso significado, propósito e razão de existência somente são encontrados fora de nós mesmos – na pessoa de Jesus Cristo.

O sopro de Deus não apenas dá voz às trombetas, mas também lhes dá vida. Como Israel sobreviveu ao longo dos milênios? Em meio à perseguição e ao massacre, à expulsão e ao genocídio, nação após nação e líder após líder, muitos têm procurado destruir o que Deus criou. O mesmo aconteceu com a igreja durante a maior parte de sua existência e ainda atualmente acontece em muitas partes do mundo. No entanto, o Espírito de Deus – Seu sopro passando por essas trombetas – os têm sustentado.

Onde podemos encontrar o sopro de Deus? Quando confiamos em Cristo para o perdão de nossos pecados, não apenas recebemos a salvação, mas também o Espírito Santo. Ele é o presente dado a todos que creem. "Não sabeis que sois santuário de Deus e que o Espírito de Deus habita em vós?" (1Co 3.16). O Espírito é o sopro de Deus que sustenta nossas almas, mesmo quando nossos corpos falham.

Há outra fonte onde podemos encontrar esse sopro que sustenta a vida e dá testemunho. "Toda a Escritura é inspirada por Deus e útil para o ensino, para a repreensão, para a correção, para a educação na justiça, a fim de que o homem de Deus seja perfeito e perfeitamente habilitado para toda boa obra" (2Tm 3.16-17). É na Bíblia que encontramos a expiração de Deus. As palavras Dele foram soadas através de seus instrumentos e escritas para que ouçamos sempre que quisermos.

Infelizmente, a razão pela qual tantas igrejas estão tocando notas desafinadas é porque se desviaram da Bíblia para uma teologia baseada em emoções visando o bem-estar. Como alguém que procura o único Deus verdadeiro pode encontrá-Lo em uma igreja onde a Bíblia é mencionada apenas uma ou duas vezes em um sermão, e mesmo assim tão somente para apoiar uma ideia que o pastor já havia predeterminado defender? O mesmo acontece conosco como indivíduos. A não ser que diariamente dediquemos tempo enchendo-nos com a Bíblia – o sopro de Deus – nunca seremos capazes de soar o alarme para este mundo, nem seremos capazes de representar com precisão quem o Senhor realmente é.

Que som você está fazendo?

Se Israel e a igreja são as duas trombetas, então somente a partir de 1948 ambas soaram juntas. Até aquele ponto, havia somente uma tocando de cada vez. No Antigo Testamento, Israel tocava a fanfarra de Deus. Desde o Pentecostes, Deus pressionou Seus lábios contra o bocal que é a igreja. Mas quando Israel se tornou novamente uma nação em 1948, de repente, as duas trombetas se uniram em um som harmônico, ainda que imperfeito. Israel está mais uma vez demonstrando o poder e o caráter do Senhor por sua própria existência e pela incrível revitalização da terra. Uma frase-chave repetida ao longo do livro de Ezequiel é "saberão que eu sou o Senhor". Quando você lê Ezequiel 36–37, e depois olha para a atual nação de Israel, fica muito evidente que o Senhor de todos está vivo, e bem, e trabalhando no mundo. Enquanto isso, a igreja continua em seu mandato de espalhar o evangelho pelo mundo. Duas trombetas: separadas, mas ainda tocando juntas suas melodias divinas singulares.

É aqui que entra nosso desafio. Paulo fez a pergunta: "Se a trombeta der som incerto, quem se preparará para a batalha?" (1Co 14.8). Que tipo de som você está fazendo? Quando seu vizinho, colega de trabalho ou membro da família fala com você, estão ouvindo a canção do Senhor ou apenas mais barulho do mundo? Devemos ser as atalaias[4] de Ezequiel 3.16-21. Somos chamados para alertar os perdidos sobre quem Deus é e o que está prestes a acontecer. A única maneira de garantir que nosso som seja alto e nossas notas sejam verdadeiras é estar diariamente imersos na Palavra de Deus e em oração. Isso permitirá que o Espírito de Deus preencha nossas mentes e que o sopro Dele encha nossos pulmões. É quando todos ao nosso redor ouvirão as trombetas de Deus em tudo o que dissermos e fizermos.

---

4 Sentinelas.

CAPÍTULO 3

Enxergando o quadro completo

O Plano de Deus para *um e outro* em vez de *um ou outro*

Um garoto senta-se três degraus acima, em uma escada de cimento que leva a um prédio de apartamentos. Encostado nos balaústres cinzentos do corrimão, ele enfia os dedos em um pote de creme de amendoim e transfere o conteúdo para sua boca. Acima dele, um italiano de terno de lã passa pela porta da frente determinado a desembrulhar uma barra de chocolate. Ao pisar em um patim que fora deixado em um péssimo local na escada, ele escorrega escada abaixo, passando pelo menino – pernas e braços balançando e doces voando.

Ao pousar no meio-fio da calçada abaixo, o homem imediatamente começa a procurar por seu precioso chocolate. Ele esquece de verificar se havia se machucado ou se o menino estava ferido de alguma forma – ele tinha que recuperar o seu doce. Então, avista a barra de chocolate, quebrada e enfiada no pote de creme de amendoim. Agarrando-a, ele acusa o garoto: "Você colocou creme de amendoim no meu chocolate". Ao que o garoto surpreso responde: "Você colocou chocolate no meu creme de amendoim".

O menino então puxa um pedaço de chocolate de seu pote e os dois, aflitos, dão uma mordida cada um em seu pedaço. Os seus rostos se iluminam com espanto. "Bravíssimo", exclama o italiano. "Sim", concorda a criança. A voz de um locutor celebra a união dos dois sabores: "Dois ótimos sabores que juntos ficam ótimos – Reese's Peanut Butter Cups". O comercial de televisão termina em um ponto mais tarde do dia, com o homem abrindo um pacote laranja brilhante de Reese e oferecendo ao garoto uma tortinha de creme de amendoim, enquanto os dois caminham juntos e felizes pela rua.

É claro que esse anúncio nos deixa com muitas perguntas. O italiano e o garoto se conheciam antes desse encontro? Para onde os dois estavam indo passear no final do anúncio? E que tipo de pai deixa que o filho saia com um pote cheio de creme de amendoim e sem colher? Ou melhor, que tipo de pai deixa o filho sair com um pote de creme de amendoim?

Como essas perguntas continuaram sem resposta desde que este comercial foi ao ar pela primeira vez em 1972, é provável que nossa curiosidade permaneça sem resposta. A mensagem do anúncio, entretanto, é clara. Tanto o homem quanto o garoto estavam satisfeitos com suas guloseimas separadas. Para o garoto, o creme de amendoim era tudo de bom, enquanto o homem estava totalmente absorvido em seu chocolate. Creme de amendoim é para os amantes de creme de amendoim e chocolate é para viciados em chocolate, e nunca os dois devem se encontrar. Na mente deles, chocolate e creme de amendoim eram um arranjo do tipo *um ou outro*. Contudo, por acidente, esses dois conhecedores de guloseimas descobriram que, embora *um ou outro* possa ser bom, *um e outro* pode ser ainda melhor.

Para muitos, ao olhar para Israel e a igreja, o fazem através de uma lente *um ou outro*. Israel foi o povo escolhido por Deus. Do Monte Sinai, Deus encarregou Moisés de dizer aos israelitas: "Se diligentemente ouvirdes a minha voz e guardardes a minha aliança, então, sereis a minha propriedade peculiar dentre todos os povos; porque toda a terra é minha; vós me sereis reino de sacerdotes e nação santa" (Ex 19.5-6). Infelizmente, Israel não agiu como tesouro especial de Deus. Do contrário, essas pessoas seguiram após cada ídolo ou deus que piscou para elas. Some-se a isso sua rejeição ao Messias prometido – "Veio para o que era seu, e os seus não o receberam" (Jo 1.11) – e a conclusão a que chegam algumas pessoas é que, por causa do pecado deles, Deus rejeitou Israel.

Então eles leem o Novo Testamento e veem a nova menina dos olhos de Deus – a igreja. "Vós sois raça eleita, sacerdócio real, nação santa, povo de propriedade exclusiva de Deus, a fim de proclamardes as virtudes daquele que vos chamou das trevas para a sua maravilhosa luz; vós, sim, que, antes, não éreis povo, mas, agora, sois povo de Deus, que não tínheis alcançado misericórdia, mas, agora, alcançastes misericórdia" (1Pe 2.9-10). Israel foi descartado, dizem eles, e Deus tem uma nova noiva futura a qual chamou Sua atenção. Êxodo 19 diz que Israel já foi um "reino de sacerdotes", mas agora a igreja é um "sacerdócio real". Israel já foi uma "nação santa", porém, agora, a igreja é a nova "nação santa". Israel já foi o "tesouro especial" de Deus, todavia, agora, a igreja é composta pelo "próprio povo especial" Dele.

Israel já foi o povo escolhido por Deus, mas agora a igreja é a "geração escolhida". Esse pensamento *um ou outro,* não é nem necessário tampouco bíblico. *Um e outro* é muito melhor. Na verdade, para que as profecias do Antigo e do Novo Testamento sejam literalmente corroboradas, uma interpretação das Escrituras *um e outro* é absolutamente essencial.

Deus selecionou Israel com a intenção de que a nação se tornasse Seu vaso, para se aproximar do resto do mundo com a Sua verdade e salvação.

Um Deus de segundas chances

Um dos grandes mal-entendidos tanto do povo judeu quanto da igreja é o fato de que Deus escolheu Israel por quem Israel era.

É como se Deus olhasse à frente para os descendentes de Abraão e ficasse atordoado e espantado. Ele decidiu que essas gerações futuras seriam maravilhosos exemplos de santidade e justiça ao ponto de merecerem que as Suas bênçãos fossem derramadas sobre eles. No entanto, como vimos anteriormente, a escolha do povo judeu visava mais o restante das nações do que a essa nação exclusivamente. Deus selecionou a nação de Israel com a intenção de que ela viesse a se tornar Seu recipiente para aproximação do resto do mundo, com a verdade e a salvação advindas Dele.

Esse mesmo propósito também se aplica à igreja. Ser cristão tem menos a ver com nossa própria eternidade do que com as eternidades dos outros. Certamente somos abençoados com a promessa do céu em nosso futuro e a presença de Deus aqui e agora. Todavia, se é aí que termina nossa perspectiva do cristianismo, então não estamos percebendo o plano maior de Deus e Seu chamado para nós. Somos salvos com um propósito. Somos salvos para o serviço. Israel era a maneira de Deus se refletir para o mundo. A igreja é seu vaso escolhido para contar ao mundo a boa notícia de que Jesus Cristo pagou o preço pelos pecados deles.

Se a linha do tempo de Deus moveu-se do ponto onde Israel O refletia para o ponto em que a igreja intencionalmente O testemunha, então é levantada a questão: Israel agora é irrelevante? A nação já cumpriu sua tarefa, passando agora o bastão para a igreja? Às vezes, intencionalmente, e outras vezes, sem querer, Israel fez um excelente trabalho mostrando o caráter de Deus ao mundo. Como é a onipotência de Deus? Olhe para os hebreus escapando do Egito. Através de Moisés, o Senhor disse a Faraó, em meio a uma série de pragas: "Para isso te hei mantido, a fim de mostrar-te o meu poder, e para que seja o meu nome anunciado em toda a terra" (Ex 9.16). No julgamento contra o Egito e na subsequente proteção de Deus a Israel no deserto, o Seu poder sobre os governantes, as nações e a natureza foi claramente demonstrado.

Você está se perguntando como se releva a paciência de Deus – não apenas com nações, mas em um nível individual? Após o terrível reinado do rei Manassés sobre Judá – um período repleto de adoração aos ídolos, derramamento de sangue e sacrifício infantil – Deus estava pronto para trazer um julgamento muito merecido sobre seu povo rebelde.

> Então, o Senhor falou por intermédio dos profetas, seus servos, dizendo: "Visto que Manassés, rei de Judá, cometeu estas abominações, fazendo pior que tudo que fizeram os amorreus antes dele, e também a Judá fez pecar com os ídolos dele, assim diz o Senhor, Deus de Israel: Eis que hei de trazer tais males sobre Jerusalém e Judá, que todo o que os ouvir, lhe tinirão ambos os ouvidos" (2Rs 21.10-12).

Julgamento de tinir os ouvidos – não é uma experiência da qual eu queira estar por perto. Enquanto o Senhor preparava essa destruição, Manassés morreu, seguido rapidamente por seu filho e sucessor, Amon, que foi assassinado por seus servos depois de apenas dois anos no trono.

O próximo a ascender ao trono foi Josias, um menino de oito anos de idade, que estava determinado a ser diferente de seu pai e de seu avô. Contrariamente, ele tinha os olhos voltados para o reinado piedoso de seu bisavô, o rei Ezequias. Ele buscou a Deus o máximo que conseguiu enquanto ainda estava sob regência – era muito jovem para tomar suas próprias decisões, por isso a maioria destas eram tomadas em nome dele. Quando finalmente assumiu por completo o poder, ele começou um processo de restauração do Templo durante o qual o Livro da Lei foi redescoberto. Ao ouvir sobre esse maravilhoso achado, Josias imediatamente pediu que o livro fosse lido para ele, e ficou perplexo com o que ouviu. Enquanto o sacerdote lia, o rei percebia o quanto a nação havia se afastado do padrão de Deus. Josias ficou arrasado e se arrependeu, cobrindo-se com pano de saco e cinza, em favor de si mesmo e de seu povo.

Quando o Senhor viu a atitude de humildade do jovem rei, enviou uma palavra dizendo:

> Assim diz o Senhor, o Deus de Israel, acerca das palavras que ouviste: "Porquanto o teu coração se enterneceu, e te humilhaste perante o Senhor, quando ouviste o que falei contra este lugar e contra os seus moradores, que seriam para assolação e para maldição, e rasgaste as tuas vestes, e choraste perante mim, também eu te ouvi", diz o Senhor. "Pelo que, eis que eu te reunirei a teus pais, e tu serás recolhido em paz à tua sepultura, e os teus olhos não verão todo o mal que hei de trazer sobre este lugar". Então, levaram eles ao rei esta resposta (2Rs 22.18-20).

O caráter de Deus exige justiça para o pecado, e o reino de Judá deveria receber uma porção significativa de justiça divina. No entanto, a paciência longânime que o Senhor mostrou ao Rei Josias demonstrou que o arrependimento e a humildade de um homem podem reter a mão poderosa de Deus. A misericórdia e a graça divinas substituíram a tristeza pela alegria, a punição pela paz. O amor de Deus por um jovem cujo coração estava voltado para Ele resultou em vida e esperança para todas as pessoas em Judá – pelo menos durante a vida do jovem monarca.

O tratamento dispensado por Deus aos israelitas mostrou às nações quem Ele era. Aqueles momentos em que estavam profundamente comprometidos com o Senhor, permitiram que Ele demonstrasse todos os atributos que aquecem nossos corações. A natureza amorosa e compassiva do Senhor pode ser vista na libertação de Israel do Egito, na conquista da Terra Prometida sob Josué, nos reinados piedosos de Davi, Jeosafá, Ezequias e Josias, na sabedoria e na preservação de Daniel, na ascensão e coragem da rainha Ester, no retorno pós-exílico dos judeus a Jerusalém sob Zorobabel e Neemias, e em tantos outros relatos.

O amor e a fidelidade de Deus às Suas
promessas não permitirão que Ele deixe de
lado Seu povo escolhido para sempre.

Infelizmente, aqueles melhores momentos foram muitas vezes ofuscados pelos tão frequentes piores momentos de Israel. Da rebelião do bezerro de ouro no deserto, passando pela espiral para o pecado cada vez pior no tempo dos juízes até chegar à completa falta de qualquer monarca piedoso no reino do norte de Israel; as características de Deus mais frequentemente vistas nos livros históricos da Bíblia e nos escritos proféticos são Sua indignação, Sua tristeza e Seu julgamento. Após a queda de Jerusalém, a palavra do Senhor veio a Ezequiel, dizendo:

> Tornarei a terra em desolação e espanto, e será humilhado o orgulho do seu poder; os montes de Israel ficarão tão desolados, que ninguém passará por eles. Então, saberão que eu sou o Senhor, quando eu tornar a terra em desolação e espanto, por todas as abominações que cometeram (Ez 33.28-29).

O julgamento veio sobre Jerusalém, demonstrando aos judeus sobreviventes e ao resto das nações que há um Deus Santo e Todo-Poderoso no céu.

No entanto, se deixarmos Israel em julgamento, como fazem muitos daqueles que hoje rejeitam o povo de Deus, então estamos perdendo a melhor parte da história. Também não estamos compreendendo o reflexo completo de quem Deus realmente é. O Pai não abandona seus filhos. Seu amor e fidelidade às Suas promessas não permitirão que Ele deixe de lado Seu povo escolhido para sempre. Apenas três capítulos após o pronunciamento de Seu julgamento em Ezequiel 33, lemos estas palavras que Deus falou ao profeta:

> Tomar-vos-ei de entre as nações, e vos congregarei de todos os países, e vos trarei para a vossa terra. Então, aspergirei água pura sobre vós, e ficareis purificados; de todas as vossas imundícias e de todos os vossos ídolos vos purificarei. Dar-vos-ei coração novo e porei dentro de vós espírito novo; tirarei de vós o coração de pedra e vos darei coração de

carne. Porei dentro de vós o meu Espírito e farei que andeis nos meus estatutos, guardeis os meus juízos e os observeis. Habitareis na terra que eu dei a vossos pais; vós sereis o meu povo, e eu serei o vosso Deus... Então, as nações que tiverem restado ao redor de vós saberão que eu, o Senhor, reedifiquei as cidades destruídas e replantei o que estava abandonado. Eu, o Senhor, o disse e o farei (Ez 36.24-28,36).

Nosso Deus é um Deus de segundas, terceiras e quartas chances. Na verdade, desde que nos arrependamos e voltemos para Ele, sempre O encontraremos. Como sabemos disso? Olhamos para o reflexo de Seu caráter através de Sua nação escolhida – Israel.

O fiel amor do Pai

No advento da era do Novo Testamento, Israel como nação ainda estava em rebelião contra Deus. No entanto, era uma rebelião mais sutil do que a do período dos juízes ou dos reis. Por fora, tudo parecia estar em perfeita ordem. Havia adoração no Templo. Havia uma paixão pela lei. As pessoas estavam se reunindo para as festas e trazendo seus sacrifícios, e elas estavam cumprindo seus deveres. Mas em meio ao cumprimento da lei de Deus, a nação havia esquecido do próprio Deus. Eles seguiam uma religião – um sistema de regras e regulamentos. Em suma, nada havia mudado ao longo dos séculos anteriores – eles haviam novamente colocado outro deus, a lei, à frente do verdadeiro Deus.

Jesus viu que os líderes religiosos judeus ainda estavam presos à mentalidade de seus antepassados. Quando os escribas e fariseus O desafiaram por ele ter deixado seus discípulos comerem sem passar pelo ritual tradicional de purificação com água, Jesus os chamou de hipócritas. Em seguida, citou o Pai falando através do profeta Isaías, dizendo: "Este povo honra-me com os lábios, mas o seu coração está longe de mim. E em vão me adoram, ensinando doutrinas que são preceitos de homens" (Mt 15.8-9). O Senhor havia feito a lei para ajudar a guiar a conduta do Seu povo, porém o Seu povo se desviou e fez da lei seu deus.

As pessoas que Deus havia escolhido para refletir a Si mesmo foram envolvidas em idolatria pecaminosa. Que esperança existia para os judeus e para o resto do mundo, que havia dependido deles para vislumbrar o verdadeiro Deus? A igreja entrou em cena. Deus queria comunicar Sua graça, Sua misericórdia e Sua solução para o pecado, além do Seu plano para trazer salvação ao mundo. De repente, Israel, em vez de ser o doador da mensagem, tornou-se o receptor da mensagem.

Mais uma vez, há aqueles que dizem que, porque o povo de Israel falhou em sua missão, Deus está cansado deles. Essa não é uma perspectiva nova, pois existe há quase tanto tempo quanto a igreja. Depois de Pentecostes, quando a igreja nasceu, ela era puramente judaica. Como resultado, houve um viés inicial fortemente contrário aos gentios. Contudo, através das experiências e testemunhos de Pedro e Paulo, a igreja passou a entender que Cristo morreu por todos. Por isso, Paulo escreveu: "Concluímos que o homem é justificado pela fé, independentemente das obras da lei. É, porventura, Deus somente dos judeus? Não o é também dos gentios? Sim, também dos gentios, visto que Deus é um só, o qual justificará, por fé, o circunciso e, mediante a fé, o incircunciso" (Rm 3.28-30).

Para alguns gentios, no entanto, o vento mudou de direção a ponto de os judeus começarem a experimentar a difamação. A notícia dessa atitude antissemita que se espalhou pela igreja romana levou Paulo a enfrentá-la. "Pergunto: terá Deus, porventura, rejeitado o seu povo? De modo nenhum! Porque eu também sou israelita da descendência de Abraão, da tribo de Benjamim. Deus não rejeitou o seu povo, a quem de antemão conheceu" (Rm 11.1-2). Às vezes fico surpreso como vários pastores e teólogos podem olhar para essa passagem e dizer: "Bem, com certeza, Paulo claramente afirma que Deus não rejeitou seu povo. Contudo, isso na verdade não significa o que parece".

É mesmo? Paulo pode ser mais claro que isso? Se ele fosse um adolescente hoje, provavelmente bateria palmas com cada sílaba:

"Terá Deus rejeitado o Seu povo? De-[palma]-mo-[palma]-do-[palma]-ne-[palma]-nhum-[palma]!".

Paulo, então, deu um passo adiante, dizendo-lhes que não só deveriam deixar de atormentar os judeus, como também deveriam estar agradecendo a eles. Ele disse aos cristãos em Roma: "Pergunto: porventura, tropeçaram para que caíssem? De modo nenhum! Mas, pela sua transgressão, veio a salvação aos gentios, para pô-los em ciúmes. Ora, se a transgressão deles redundou em riqueza para o mundo, e o seu abatimento, em riqueza para os gentios, quanto mais a sua plenitude!" (Rm 11.11-12).

A igreja – a voz "gentia" de Deus, em oposição à voz "judaica" do Deus de Israel – agora recebeu tanto a mensagem do evangelho quanto a missão do evangelho. Essa missão é dupla. É comunicar o evangelho "tanto em Jerusalém como em toda a Judeia e Samaria e até aos confins da terra" (At 1.8). É também provocar ciúmes nos judeus pelo fato de a igreja pegar o trabalho do qual Israel fora essencialmente demitido. Entretanto, só porque Israel foi demitido, não significa que foi descartado.

Pense em um homem que possui um negócio. É uma empresa de comunicação criada para espalhar uma mensagem muito específica. Esse homem tem dois filhos. Ele decide colocar seu filho mais velho no comando da empresa. Esse jovem tenta conduzir o negócio, mas está preocupado demais com outras coisas para fazer um bom trabalho. Embora ele tenha algum sucesso, acumula muito mais fracassos. Consequentemente, a liderança do filho mais velho torna-se tão negligente que o pai é forçado a demiti-lo de sua posição. Em seu lugar, ele coloca o filho mais novo. Sob a nova liderança, a empresa sofre uma reviravolta e a mensagem, para cuja comunicação o pai criou a empresa, começa a se espalhar rapidamente. Por fim, a empresa se torna global e tem milhares de funcionários.

Esse cenário levanta alguns questionamentos. Primeiro, quando o filho mais velho foi demitido do trabalho, ele deixou de ser um filho? O pai o amava menos? Claro que não. De fato, provavelmente partiu o coração do pai ter que fazer o que fez. Segundo, como o filho mais velho se sentiria quando visse seu irmão mais novo assumindo sua antiga posição? Irritado, ciumento, triste – ele pode até ter ansiado por outra chance de fazer o trabalho corretamente.

Isso é o que vemos em Romanos 11. E a grande alegria desse capítulo é a promessa de que o filho mais velho terá a chance de servir novamente, dessa vez ao lado de seu irmão. Uma vez que a igreja tenha completado o trabalho que foi chamada a fazer, Israel será trazido de volta para a "empresa". "Não quero, irmãos, que ignoreis este mistério (para que não sejais presumidos em vós mesmos): que veio endurecimento em parte a Israel, até que haja entrado a plenitude dos gentios. E, assim, todo o Israel será salvo" (Rm 11.25-26). O pensamento *um ou outro* diz que só pode haver um filho de cada vez. *Um e outro* permite que, embora possa haver apenas um filho no comando da empresa, ambos podem ser beneficiários do vasto amor do Pai.

O tempo perfeito de Deus

Houve um tempo para os judeus, atualmente há um tempo para os gentios e, na segunda vinda, haverá um tempo para os judeus e gentios juntos. Os planos de Deus são baseados na ordem e no processo. O rei Salomão escreveu: "Tudo tem o seu tempo determinado, e há tempo para todo propósito debaixo do céu" (Ec 3.1). Quando Deus expôs seu plano perfeito para a salvação, Ele o fez no tempo certo – com base em tempos e limites definidos.

Jesus veio no tempo perfeito para cumprir as
profecias que haviam sido feitas sobre Ele séculos antes.

Sobre o nascimento de Jesus, Paulo escreveu aos gálatas: "Vindo a plenitude do tempo, Deus enviou seu Filho, nascido de mulher, nascido sob a lei, para resgatar os que estavam sob a lei, a fim de que recebêssemos a adoção de filhos" (Gl 4.4-5). Jesus veio no tempo perfeito para cumprir as profecias que haviam sido feitas sobre Ele séculos antes. Mas por que Deus escolheu aquele tempo específico para enviar seu filho?

Para saber a resposta definitiva, teríamos que entrar na mente de Deus. No entanto, com base na história, podemos fazer algumas especulações. De uma perspectiva lógica baseada no desejo do Senhor de apresentar sua igreja ao mundo e espalhar o evangelho rapidamente, não havia melhor momento na história para a chegada do Messias do que o primeiro e o segundo séculos. Essa foi a época da *Pax Romana* (latim para "Paz Romana"). Durando de cerca de 20 a.C. até 180 d.C., quando o Império Romano estava mais forte e seguro.

Certamente ocorreram rebeliões nas áreas mais remotas do império, incluindo algumas na Judéia, contudo, na maior parte, esse foi realmente um tempo de paz. Por isso, viajar era fácil e relativamente seguro, seja pelo mar ou pelas estradas romanas bem construídas e bem utilizadas. A filosofia do império de sancionar a integridade cultural e religiosa entre seus povos conquistados, desde que não interferisse no domínio romano, criou uma "placa de Petri[5]" relativamente segura para o crescimento do cristianismo.

Em nenhum outro tempo da história antiga Paulo poderia ter viajado como ele fez. Em nenhum outro tempo ele teria uma tão vasta gama de pessoas abertas ao proselitismo, e um governo disposto a permitir isso. Esse é o pano de fundo por trás da admoestação de Paulo a Timóteo e à igreja em Éfeso:

> Exorto que se use a prática de súplicas, orações, intercessões, ações de graças, em favor de todos os homens, em favor dos reis e de todos os que se acham investidos de autoridade, para que vivamos vida tranquila e mansa, com toda piedade e respeito. Isto é bom e aceitável diante de Deus, nosso Salvador, o qual deseja que todos os homens

---

[5] "A placa de Petri é um recipiente arredondado que pode ser feito em vidro ou em plástico, sendo indicado, principalmente, para cultivo de micro-organismos".

sejam salvos e cheguem ao pleno conhecimento da verdade (1Tm 2.1-4).

Ore para que reis e autoridades sejam capazes de manter a paz para que possamos continuar silenciosamente em nossa missão de espalhar o evangelho por todo o Império Romano. Deus enviou seu filho no tempo certo!
Deus estabelece os tempos. Ele estabeleceu o tempo para o ministério dos judeus. Ele estabeleceu o tempo para o ministério da igreja. Ele estabeleceu o tempo para a salvação, Ele estabeleceu o tempo para o julgamento. Quando Paulo estava em Atenas, no Areópago, falando aos gregos instruídos, disse:

> De um só fez toda a raça humana para habitar sobre toda a face da terra, havendo fixado os tempos previamente estabelecidos e os limites da sua habitação; para buscarem a Deus se, porventura, tateando, o possam achar, bem que não está longe de cada um de nós (At 17.26-27).

Deus estabeleceu tempos e limites para que as pessoas O encontrem.
A propósito, permita-me dar-lhe uma pequena dica de interpretação bíblica. Sempre que você vir as palavras "para que" (às vezes resumidas apenas como "para"), saiba que uma oração subordinada final ou uma oração subordinada consecutiva está chegando. Deus diz: "Eu quero que você faça isso, *para que* isso possa acontecer". "Eu fiz isso, *para que* isso seja verdade". No Evangelho de João, você encontra uma dose tripla de orações subordinadas nos versos: "Deus amou ao mundo de tal maneira *que* deu o seu Filho unigênito, *para que* todo o que nele crê não pereça, mas tenha a vida eterna. Porquanto Deus enviou o seu Filho ao mundo, não para que julgasse o mundo, mas *para que* o mundo fosse salvo por ele" (Jo 3.16-17). As três orações nos dizem que, como consequência do amor de Deus, Ele deu o Seu Filho. Como consequência de dar Seu Filho, aquele que acredita terá vida eterna. E a finalidade de enviar Seu filho não

era condenar, mas salvar. Então, quando você estiver lendo a Palavra de Deus, preste atenção em "para que" e "para" – essas palavras normalmente explicam os *porquês* para os *quês* de Deus.

De volta aos tempos de Deus – na carta aos Romanos vemos que Deus marcou um tempo para a igreja. Todavia, está chegando um período que Ele já determinou em que voltará Seus olhos para Israel. Quando houver "entrado a plenitude dos gentios" (Rm 11.25), é quando Ele promoverá um reavivamento em massa entre os judeus restantes. Deus não se cansou deles. A hora deles chegará novamente.

A estratégia perdedora de Satanás

Se eu sou capaz de reconhecer o próximo reavivamento entre os judeus e você é capaz de reconhecê-lo, sabe então quem mais o reconhece? Satanás. Lembre-se, tudo isso faz parte do grande plano de Deus para a história. Ele é o Deus de todo o mundo, e ordenou os tempos do início ao fim. Ao final da era da igreja virá o arrebatamento, a remoção da noiva de Cristo da Terra. Logo depois virá a tribulação – sete anos de disciplina de Deus contra Israel, e a Sua ira contra o mundo. É no final desse tempo que Cristo voltará à Terra na segunda vinda, e todo o Israel será salvo.

Após uma derrota sangrenta em batalha, Satanás ficará preso por 1.000 anos durante o reinado milenar de Cristo, no final do qual o diabo será libertado por um curto período. Ele agitará as massas contra o Senhor e novamente será completamente derrotado; e após, será lançado no lago de fogo por toda a eternidade. Discutiremos esses eventos com mais detalhes posteriormente neste livro. Esse é o plano que Deus traçou – passo a passo, levando ao fim de Satanás e ao advento dos novos céus e da nova Terra. Mas o que acontece se um passo for tornado impossível? Se Deus é um Deus de ordem e profetizou Seu plano específico, então a remoção de um passo não irá encerrar todo o processo, uma vez que Ele não pode ir contra sua própria palavra?

Satanás não tem o poder de impedir Cristo de voltar. As derrotas militares futuras que foram profetizadas demonstram que o diabo não é forte o suficiente para deter o Senhor em batalha, muito menos conter Seus movimentos. Na linha do tempo acima, qual é o único passo vulnerável? A salvação de Israel. O que acontece se não houver mais Israel para ser salvo? O plano entra em curto-circuito. Deus não pode permanecer fiel à Sua promessa de um renascimento judeu se não houver judeus, interrompendo assim Seu grande plano antes do milênio. Isso significa que pode não haver mil anos de prisão, batalha final e lago de fogo. É um tiro no escuro, mas pode ser o único tiro que o diabo pensa que tem.

Vez após vez na história, Satanás trabalhou através de indivíduos e nações para tentar destruir o povo escolhido de Deus:

> Ó Deus, não te cales;
> não te emudeças,
> nem fiques inativo, ó Deus!
> Os teus inimigos se alvoroçam,
> e os que te odeiam levantam a cabeça.
> Tramam astutamente contra o teu povo
> e conspiram contra os teus protegidos.
> Dizem: "Vinde, risquemo-los de entre as nações;
> e não haja mais memória do nome de Israel" (Sl 83.1-4).

A maneira como Satanás está lutando contra Deus é lutando contra seus "protegidos". De milênios de massacres e perseguições, a expulsões da Europa e guetos – da Alemanha nazista para as contínuas guerras dos vizinhos árabes contra os israelenses, o diabo tem tentado sistematicamente acabar com o povo escolhido por Deus. Mas é uma causa perdida. Primeiro, por causa do amor sem fim de Deus por Israel. "Pois assim diz o Senhor dos Exércitos: 'Para obter ele a glória, enviou-me às nações que vos despojaram; porque aquele que tocar em vós toca na menina do seu olho'" (Zc 2.8).

Apesar do meu tempo no exército, não sou um homem violento. Todavia, os meus filhos são a menina dos olhos do pai. Se alguém os prejudicasse, o criminoso não iria querer ver o homem que eu me tornaria. Há momentos nos quais Deus permitiu que as nações causassem danos a Israel, porém apenas por um tempo e apenas por uma razão. Em meio a tudo isso, Ele sempre esteve lá para dizer: "Já basta".

> *Israel é um reflexo do amor de Deus para com o mundo inteiro. Mesmo quando nos rebelamos contra Ele, o Pai nunca nos abandonará.*

A segunda razão pela qual a luta de Satanás contra Israel é uma causa perdida é que Deus usa a proteção do Seu povo para demonstrar quem Ele é. Novamente, estamos de volta ao fato de Deus refletir Seu caráter através dos judeus. Quando Deus protege Seu povo, isso é uma má propaganda para Satanás. Em vez de prejudicar a Deus, a proteção exibe a fidelidade, a misericórdia e o amor de Deus. Tudo o que Satanás não é, torna-se demonstrado. Se Satanás fosse capaz de vir e tirar Israel de Deus, então isso mostraria que Deus não está cuidando dos Seus. Ele seria impotente, ou muito indiferente para mantê-los seguros. No entanto, isso é contra o Seu caráter. É por isso que Paulo escreveu: "Se somos infiéis, ele permanece fiel, pois de maneira nenhuma pode negar-se a si mesmo" (2Tm 2.13). Não podemos medir Deus por quem somos. Nós o medimos por quem Ele é. O coração Dele não é como o nosso coração. Israel é um reflexo do amor de Deus para o mundo inteiro. Mesmo quando nos rebelarmos contra Ele, Ele nunca nos abandonará.

Deus é fiel mesmo quando nós não somos

Veja bem, eu sou a última pessoa a dizer que conheço Deus perfeitamente e que o sigo fielmente. Eu não o faço. Porém, isso faz com que a fidelidade de Deus não tenha utilidade? A Bíblia diz: "E daí? Se alguns não creram, a incredulidade deles virá desfazer a fidelidade de Deus? De maneira nenhuma! Seja Deus verdadeiro, e mentiroso, todo homem" (Rm 3.3-4). Paulo, que é um judeu, entende o chamado irrevogável de Deus. Pouco antes desses versos, Paulo escreveu: "Qual é, pois, a vantagem do judeu? Ou qual a utilidade da circuncisão? Muita, sob todos os aspectos. Principalmente porque aos judeus foram confiados os oráculos de Deus" (Rm 3.1-2). Isso foi escrito durante a era da igreja, quando alguns dizem que Deus já havia rejeitado Israel. De acordo com a Teologia da Substituição, o tempo dos judeus havia passado. Se isso fosse verdade, então em resposta à pergunta: "Qual é, pois, a vantagem do judeu?...", Paulo provavelmente teria respondido: "Ah, nenhuma". Ao invés disso, o que ele diz? "Muita!".

Você quase pode ouvir os pensamentos de Paulo depois do versículo dois – *Eu sei, eu sei, em seguida você vai me dizer que eles não creem.* Antecipando essa resposta, ele diz em essência: "E se eles não crerem? Você vai me dizer que a descrença deles está cancelando a fidelidade de Deus? É isso mesmo o que você quer dizer?". A maneira como Deus trata Israel demonstra que Ele é a Verdade. Se Ele mudasse de ideia sobre Seu povo escolhido, então isso O faria um mentiroso. Os homens são mentirosos. Deus é Verdade.

Mesmo quando os judeus rejeitaram Jesus, onde na Bíblia Ele os amaldiçoa? Mesmo na cruz Jesus não o fez. E onde na Bíblia Paulo desiste dos judeus e diz: "Tudo bem, é isso, pessoal. Vocês foram longe demais dessa vez"? Mesmo no último capítulo de Atos, quando ele foi entregue a Roma, onde acabaria sendo executado, reuniu os líderes judeus e disse: "Diante da oposição dos judeus, senti-me compelido a apelar para César, não tendo eu, porém, nada de que acusar minha nação. Foi por isto que vos chamei para vos ver e falar; porque é pela esperança de Israel que estou preso com esta cadeia" (At 28.19-20). Não era pelos gentios ou pela igreja que ele estava acorrentado. Era pela esperança de Israel.

Deus é fiel – Ele não pode negar a Si mesmo.
O amor por Seus filhos é baseado unicamente
em Seu caráter, não em nossas ações.

O fato de Deus ainda ser fiel a Israel, apesar do estado de incredulidade do povo, demonstra o caráter maravilhoso de nosso Senhor. Muitos se concentram na infidelidade de Israel em vez de na fidelidade de Deus. Na verdade, pode ser que Israel seja mais eficaz em mostrar a glória de quem nosso Deus é em sua rebelião do que jamais foram quando eram fiéis.

Juntos – a igreja em sua crença e Israel em sua incredulidade – esses dois povos escolhidos estão mostrando toda a natureza de quem Deus é. Ambos são essenciais para que se veja o quadro completo. É por isso que a Teologia de Substituição é tão errada. Sem perceber, ela faz exatamente o que Satanás deseja ao dizer que Deus abandonará o que é Seu. Aqueles que defendem essa visão dizem que Israel foi tão ruim que Deus deixou o povo judeu de lado e concedeu todas as Suas promessas à igreja. Isso é impossível. Deus é fiel – Ele não pode negar a Si mesmo. O amor por Seus filhos é baseado apenas em Seu caráter, não em nossas ações.

PARTE 2: DOIS PLANOS DISTINTOS

CAPÍTULO 4

Uma esposa e uma noiva

Os Relacionamentos Únicos de Israel e da Igreja com Deus

Sou filho de pais divorciados. Eu era jovem quando meus pais decidiram que já não poderiam continuar o casamento deles. Havia muita dor, muita história para que eles permanecessem sob o mesmo teto. Essa decisão abalou o meu mundo e o dos meus irmãos. Em última análise, a separação deles foi o que me levou ao sistema de acolhimento familiar e a alguns dos momentos mais traumáticos da minha vida.

Divórcio é uma questão séria e suas consequências podem ser generalizadas e devastadoras. Por isso, é tão chocante ler Deus dizendo: "Quando, por causa de tudo isto, por ter cometido adultério, eu despedi a pérfida Israel e lhe dei carta de divórcio" (Jr 3.8). Deus se divorciou de Seu povo escolhido. Por piores que eles fossem, será que fizeram algo que exigisse uma resposta tão severa? Em uma palavra: sim. E muito. Na verdade, a paciência longânime do Senhor é a única razão pela qual isso não havia acontecido muito antes. Israel foi infiel ao seu marido de extremas e inúmeras maneiras. Então Deus disse: "Por causa de sua infidelidade, nosso casamento chegou ao fim".

Infelizmente, há muitas pessoas dizendo que foi aí que a história de Israel terminou. "Veja", eles dizem, "Deus colocou Israel de lado para sempre. Em seu lugar, Ele encontrou uma noiva mais fiel – a igreja". Contudo, dizem isso ou porque nunca leram toda a Bíblia ou não entendem o verdadeiro caráter de Deus – ou ambos. O Pai mandou Israel embora, mas por uma razão e somente por certo período. E, no Seu tempo, Ele estará mais uma vez unido à Sua esposa, em uma união que durará pela eternidade.

Separados por Deus

Desde o início, Deus nunca quis que o povo de Israel fosse como qualquer outra nação. Eles são especiais – escolhidos. No entanto, como mencionamos no capítulo anterior, a eleição deles por Deus não tinha qualquer relação com o fato de serem bons, maravilhosos ou dignos. A destinação única do povo judeu não se deve a quem eles são, mas a quem Deus é. Todos vocês que elevam Israel ao status de *superstar*, esforçando-se para imitar o povo judeu ao seguir suas festas e leis, assegurando-se de só chamar o nosso salvador de *Yeshua* e nunca esse nome gentio *Jesus* – precisam dar um passo atrás e prestar atenção ao que estão fazendo. Alguns quase chegam à adoração a Israel. Não adore Israel. Adore ao Deus de Israel.

Deus destinou Israel a ser diferente – a estar sozinho entre as nações. "Mas, Amir, isso soa tão triste. Israel não fica solitário? Israel quer alguma companhia, talvez para sair e tomar um café e um *falafel*?". Não, estar sozinho é o mandato do nosso povo. Pense nisso: ser escolhido para ficar sozinho em um mundo perverso é na verdade um privilégio. É um chamado elevado – uma bênção de Deus. E há um grande benefício em ser abençoado por Deus, pois como alguém pode de fato amaldiçoar o que Deus abençoa?

Esse é um ponto que o Senhor deixou claro para o rei Balaque de Moabe usando Balaão, um profeta pagão. O rei Balaque havia ouvido falar sobre como o Deus de Israel estava liderando Seu povo através do deserto e lutando as batalhas por eles. O rei entendeu que, no reino físico, não havia como derrotar Israel. Ele imaginou que se o caminho físico para atacar Israel estava bloqueado, então precisaria mudar de curso. É como quando você está dirigindo em uma estrada e ouve no rádio que há um acidente à frente. Se você for esperto, sairá da rodovia e tomará um curso diferente para o seu destino. Quando você está lidando com deuses, lutar no campo físico é uma causa perdida. Você tem que mudar para o reino espiritual. Essa é a estrada para a qual o rei Balaque se voltou. Se você não pode derrotar o povo de Israel com uma espada, uma metralhadora, um tanque ou um F-16, então talvez você possa derrotá-los com uma maldição.

A propósito, o reino espiritual não é menos perigoso que o físico. É por isso que nos é dito no capítulo 6 de Efésios que vistamos a armadura de Deus: o nosso capacete; a nossa couraça e, em mãos, a Palavra de Deus. A Bíblia é uma arma poderosa contra nosso inimigo. Então, quando você vai ao aeroporto e eles perguntam se está portando uma arma em sua bolsa – bom, a resposta é com você. Em Israel, não diga: "Bom, eu tenho a minha espada", pois rapidamente você estará algemado a uma mesa em uma pequena sala branca sem janelas.

O rei Balaque enviou emissários para longe, a um conhecido e poderoso profeta pagão chamado Balaão. Infelizmente para Balaão, sua fama foi muito eclipsada ao longo da história pela fama de sua mula falante. Os mensageiros de Balaque disseram a Balaão que se ele pronunciasse uma maldição sobre o povo de Israel, o rei lhe pagaria uma grande soma de dinheiro. De início, Balaão não estava muito seguro disso. Ele havia ouvido falar do Deus Jeová e não achou que era uma ideia muito boa arrumar confusão com Ele. Entretanto, em última análise, Deus lhe deu permissão para prosseguir, e Balaão partiu em seu animal excessivamente verbal.

Quando Balaão e Balaque finalmente se encontraram, o rei levou o profeta para o alto de uma montanha, de onde eles podiam enxergar os israelitas de cima. Balaque estava esfregando as mãos, ansioso para ouvir as palavras de condenação vomitadas da boca de Balaão. Em vez disso, o que ele ouviu foi:

> Como posso amaldiçoar a quem Deus não amaldiçoou?
> Como posso denunciar a quem o Senhor não denunciou?
> Pois do cimo das penhas vejo Israel
> e dos outeiros o contemplo:
> eis que é povo que habita só
> e não será reputado entre as nações (Nm 23.8-9).

Balaão estava dizendo a Balaque: "Eu sei que você está querendo uma maldição. Desculpe, não posso fazer isso. Essas pessoas não são como todas as outras. Deus os fez diferentes. Eles de fato são separados". Ele completou seu oráculo, dizendo:

> Quem contou o pó de Jacó
> ou enumerou a quarta parte de Israel?
> Que eu morra a morte dos justos,
> e o meu fim seja como o dele (versículo 10).

Balaque ficou furioso. Ele pagou generosamente por uma maldição e, em vez disso, os hebreus receberam uma bênção. Balaão, contudo, não poderia fazer diferente. Não há como amaldiçoar aqueles a quem Deus abençoou. Os israelitas são um grupo diferente de pessoas, separados, especialmente escolhidos por Deus.

"Mas, Amir, como você pode dizer que os judeus ainda são especiais? Paulo escreveu aos gálatas que não há mais judeu ou gentio". É verdade. O apóstolo escreveu: "Não pode haver judeu nem grego; nem escravo nem liberto; nem homem nem mulher; porque todos vós sois um em Cristo Jesus" (Gl 3.28; cf. Ef 2.14; Cl 3.11). A minha pergunta é: Por que você está apenas lendo as primeiras 19 palavras do versículo, mas pulando as últimas três? Essas três também são importantes. "Em Cristo Jesus", escreveu Paulo, completando seu pensamento.

Quando nos tornamos cristãos, tornamo-nos todos um em nosso Salvador e parte da igreja. Você pode ser um cristão americano, filipino, australiano ou ucraniano – sim, você pode até ser um cristão judeu. Estamos todos juntos em Cristo. Todavia, para além de Cristo, quando olhamos para Israel no contexto do resto do mundo, os judeus são separados e especiais. Como mencionei anteriormente, eles são diferentes por uma razão e por certo período.

O Deus que guarda Israel

Israel não ficará sozinho para sempre. Mas, por enquanto, há diferenças marcantes que o mantém afastado das outras nações. Mais uma vez, já vimos isso antes – disse Paulo: "Qual é, pois, a vantagem do judeu? Ou qual a utilidade da circuncisão? Muita, sob todos os aspectos. Principalmente porque aos judeus foram confiados os oráculos de Deus. E daí? Se alguns não creram, a incredulidade deles virá desfazer a fidelidade de Deus?" (Rm 3.1-3). Roma tinha uma igreja etnicamente mista. Na verdade, provavelmente havia muito mais judeus do que gentios. É por isso que a carta aos Romanos está cheia de referências ao Antigo Testamento. Paulo disse à igreja romana: "Sim, Israel é diferente. Sim, há uma vantagem em ser judeu. Sim, Deus está lidando com o povo de uma maneira única!".

O plano de Deus sempre foi deixar que as nações vejam quem Ele é através da forma como lida com Israel.

O fato de que, após 2 mil anos de exílio, o povo judeu esteja atualmente de volta à sua terra é uma demonstração da mão de Deus. Não apenas estão em casa, mas sua cultura e linguagem também voltaram. Isso é inédito. Nenhuma outra nação no planeta Terra jamais sobreviveu ao mesmo que Israel. E não é porque Israel seja forte, inteligente, bonito e ótimo. É porque Deus é forte. É porque Deus é inteligente. É porque Deus é lindo e grande. O Deus "que não dormita, nem dorme" (Sl 121.4). Ele tem mantido sua mão ativa e poderosa sobre Seu povo desde o início, e nunca a removeu completamente até hoje. Seu plano sempre foi deixar as nações verem quem Ele é através da forma como lida com Israel.

Você não encontrará outro exemplo de Paulo escrevendo de maneira tão firme quanto em Romanos 9 quando falou sobre o povo judeu. Ele começou: "Digo a verdade em Cristo, não minto, testemunhando comigo, no Espírito Santo, a minha própria consciência: tenho grande tristeza e incessante dor no coração" (versículos 1-2). Ele começou dizendo a todos que aquilo que estava prestes a falar não provinha dele mesmo. Essa mensagem era diretamente do Espírito Santo. "Logo, se você me chama de mentiroso, precisa perceber que, na verdade, você está chamando o Espírito Santo de mentiroso – o que não é necessariamente uma coisa boa a se fazer". Então Paulo disse aos romanos que a verdade que ele estava prestes a revelar havia partido o seu coração.

Eu entendo totalmente o que Paulo estava dizendo aqui. Tristeza é o que todo judeu que crê em Cristo sente quando observa judeus incrédulos ainda presos na tentativa de estabelecer sua própria justiça. Na verdade, o coração de cada cristão deveria chorar ao ver o povo escolhido de Deus virando as costas para o verdadeiro Messias. Em vez de aceitar Jesus Cristo, continuam esperando ansiosamente por um falso messias criado por eles mesmos. A dor que sentimos deve colocar-nos de joelhos e nos levar a orar para que o véu seja levantado dos corações do povo de Israel. Dessa forma, eles poderão ver a esperança que é encontrada em Jesus.

Entretanto, mesmo sem o Messias, Paulo disse que há grande vantagem em ser judeu. A Israel pertence "a adoção e também a glória, as alianças, a legislação, o culto e as promessas; deles são os patriarcas, e também deles descende o Cristo, segundo a carne, o qual é sobre todos, Deus bendito para todo o sempre. Amém!" (Rm 9.4-5). Adoção, glória, alianças, lei, culto e promessas, todos foram presentes de Deus dados aos judeus, e através dos judeus para o resto das nações. E havia mais um presente muito especial. Como pais na manhã de Natal, que guardam a nova bicicleta para o final, Paulo construiu sua lista para dar o golpe de misericórdia. Foi por meio dos judeus que o mundo recebeu Jesus Cristo. Veja como Paulo o descreveu: "...o qual é sobre todos, Deus bendito para todo o sempre". Se você tem um problema com a divindade de Jesus, então você tem um problema com a Palavra de Deus. Essa verdade não poderia ser mais clara.

Acrescentando, não substituindo

Deus usou Israel para abençoar o mundo. Contudo, não era apenas uma relação pragmática. Ele não trouxe os hebreus para Sua equipe pessoal a fim de realizar um trabalho, depois jogando-os de lado quando a tarefa estava pronta. Israel continua a ser especial aos olhos de Deus. Quando você se tornou um cristão, você não substituiu Israel, porque Deus nunca teve a intenção de substituir os judeus. A Bíblia diz que a igreja foi "enxertada" na árvore. Ser acrescentado não é substituir. A igreja é "além de", não "em vez de".

> Se forem santas as primícias da massa, igualmente o será a sua totalidade; se for santa a raiz, também os ramos o serão. Se, porém, alguns dos ramos foram quebrados, e tu, sendo oliveira brava, foste enxertado em meio deles e te tornaste participante da raiz e da seiva da oliveira, não te glories contra os ramos; porém, se te gloriares, sabe que não és tu que sustentas a raiz, mas a raiz, a ti (Rm 11.16-18).

Observe as frases que Paulo usou – "participantes" e "em meio deles" – ele não disse "em lugar deles". Israel foi estabelecido como uma nação separada e única diante de Deus e isso continua a ser assim. Os judeus são o povo escolhido Dele. Sou eu quem diz isso ou é a Palavra de Deus? Confie em mim, se há uma coisa que os israelenses desejam é que eles sejam como as outras nações. Os meus avós, que sobreviveram a Auschwitz, uma vez me disseram: "Gostaríamos de não ser o povo escolhido, porque há muito temos sofrido". Nós, judeus, adoraríamos não estar continuamente recebendo ataques, perseguição e ódio. O povo de Israel tem dito: "Vamos todos viver em harmonia. Vamos fazer parte do resto do mundo. Vamos nos unir neste esforço global para trazer a paz".

Haverá um dia que esse desejo será atendido – quando Israel viverá em paz e harmonia com o resto do mundo. Infelizmente, isso não acontecerá até que o povo judeu ceda sua autonomia e permita que o Anticristo reine sobre eles. Ele irá atraí-los com a promessa do terceiro Templo e eles avidamente aceitarão a oportunidade. Acharão que esse grande unificador é a melhor coisa que surgiu desde os *kebabs* de cordeiro – pelo menos até que ele entre naquele novo Templo brilhante e declare ser deus. É quando tudo ao redor dos judeus entrará em colapso e eles fugirão para as colinas.

Quando todos forem um em Cristo

Por enquanto, Israel continuará a manter uma existência separada do resto do mundo e da igreja. Essa separação da igreja é um estado permanente? Como mencionamos brevemente no capítulo 1, está chegando um dia em que Israel e a igreja estarão unidos.

> Assim diz o Senhor,
> que dá o sol para a luz do dia
> e as leis fixas à lua e às estrelas para a luz da noite,
> que agita o mar
> e faz bramir as suas ondas;
> Senhor dos Exércitos é o seu nome.
> "Se falharem estas leis fixas
> diante de mim, diz o Senhor,
> deixará também a descendência de Israel
> de ser uma nação diante de Mim para sempre" (Jr 31.35-36).

Deus está nos dando apenas uma afirmação hipotética "se... então"? Ele está simplesmente sendo poético, retratando um universo que nunca existirá? Ou essa passagem poderia referir-se a um tempo real no qual não haverá mais lua, estrelas ou sol? Existe uma era vindoura em que eles não mais serão necessários, porque outra coisa será nossa fonte de luz?

A rua é de mão única

No final dos tempos, Deus fará novos céus e uma nova terra. Haverá uma nova Jerusalém, e todas as coisas serão novas. Nessa recriação, não haverá necessidade de rabinos, pastores ou padres porque todos já crerão em Jesus Cristo. E todos conhecerão a Deus, entenderão o caráter Dele e terão experimentado seu grande plano de salvação. Portanto, não haverá necessidade de uma nação ou grupo separados para serem testemunhas Dele e de Seu caráter. Isso tira a função de Israel e da igreja. É nesse momento que, de fato, não haverá judeu nem gentio porque todos conhecerão a Cristo e todos serão um em Cristo.

Até que Deus faça novos céus e uma nova terra, no entanto, a única mudança de categorias entre Israel e a igreja é quando os judeus se mudam para a igreja ao crer em Jesus. Eu sou um daqueles bem poucos judeus que vivem em Israel que não são verdadeiramente parte de Israel, contudo, de outro modo, pertencem à igreja. Atualmente, somos cerca de 20 mil. Mas louvado seja o Senhor, Ele me trouxe para sua família espiritual. Fui adotado. Eu sou uma nova criatura. Já não sou eu quem vive, mas Cristo que vive em mim.

Não há movimento recíproco da igreja para o judaísmo, por mais que algumas denominações e alguns cristãos desejem fazer essa troca. A rua é de mão única. Por favor, não siga os ensinamentos daqueles que estão tentando construir muros judaicos em torno do dom livre da salvação. Dizem que se não seguir a lei mosaica, você não é bom o suficiente. Você precisa guardar o Shabat. Você precisa guardar as festas. Essas pessoas fazem parte do movimento Jesus Mais. Elas dizem: "Você tem que receber Jesus, e tem que fazer mais isso, isso e isso".

Israel e a igreja são duas entidades separadas.
Chegará o dia em que ambas serão uma.

Paulo teve que lidar com essas pessoas em todos os lugares nos quais ele pregava Jesus. Ele proclamava o evangelho, plantava uma igreja e depois se mudava para o próximo campo missionário. Assim que seus pés saiam dos limites de uma cidade, os judaizantes entravam e diziam à igreja: "Ah sim, Paulo é ótimo e tudo mais, mas ele deixou de fora uma parte de sua mensagem – vocês precisam ser circuncidados também".

Circuncisão.

Sabe, uma coisa é dizer a um menino de oito dias que ele precisa ser circuncidado. É algo muito diferente dizer isso a um homem de 38 anos. Toda aquela alegria recém-descoberta no Senhor desaparece rapidamente. O primeiro concílio da igreja na história se reuniu para lidar com essas pessoas do Jesus Mais, que ensinavam um evangelho falso. A salvação é pela graça através da fé – ponto final. Isso se aplica aos judeus e aos gentios.

Israel e a igreja são duas entidades separadas. Chegará um dia em que ambas serão uma. Esse dia, no entanto, não é hoje.

Duas ilustrações-chave

O Relacionamento entre Deus e Israel

Para enfatizar a profundidade do seu amor por Israel e pela igreja, Deus usou dois relacionamentos diferentes e íntimos como ilustrações. Primeiro, as Escrituras nos dizem que Jeová fez de Israel Sua esposa. O profeta Ezequiel apresenta um retrato muito trágico e gráfico da relação de Deus com Israel. Curiosamente, isso começa com um casamento:

> "Passando eu por junto de ti, vi-te, e eis que o teu tempo era tempo de amores; estendi sobre ti as abas do meu manto e cobri a tua nudez; dei-te juramento e entrei em aliança contigo", diz o Senhor Deus; e passaste a ser minha (Ez 16.8; cf. Dt 5.1-3).

De todas as nações do mundo, o Pai escolheu a moralmente contestada Israel para ser Sua esposa. Usando as palavras de um marido que adverte sua esposa contra a quebra de seus votos, Deus disse aos judeus: "Não seguirás outros deuses, nenhum dos deuses dos povos que houver à roda de ti, porque o Senhor, teu Deus, é Deus zeloso no meio de ti, para que a ira do Senhor, teu Deus, se não acenda contra ti e te destrua de sobre a face da terra" (Dt 6.14-15).

"Espere, Amir. Deus está com ciúmes? O ciúme não é algo ruim?". Pode ser, se vier de um coração possessivo e egoísta. Mas o ciúme de Deus é despertado a partir de um desejo em proteger Sua esposa. Ele quer impedi-la de fazer o tipo de escolha ruim, que a causaria tristeza e dor de cabeça, que a afastaria Dele. No entanto, desde a época de Adão e Eva, parece que quando nos é dada uma escolha entre fazer o certo ou o errado, inevitavelmente escolhemos o errado.

Em Jeremias, lemos: "'Deveras, como a mulher se aparta perfidamente do seu marido, assim com perfídia te houveste comigo, ó casa de Israel', diz o Senhor" (Jr 3.20). Novamente o profeta falou da traição de Israel ao marido, escrevendo:

> Eis aí vêm dias, diz o Senhor, em que firmarei nova aliança com a casa de Israel e com a casa de Judá. Não conforme a aliança que fiz com seus pais, no dia em que os tomei pela mão, para os tirar da terra do Egito; porquanto eles anularam a minha aliança, não obstante eu os haver desposado, diz o Senhor (Jr 31.31-32).

Ezequiel é muito mais detalhado em sua descrição da traição: "Confiaste na tua formosura e te entregaste à lascívia, graças à tua fama; e te oferecestes a todo o que passava, para seres dele" (Ez 16.15). Oséias, depois de ser chamado por Deus a viver um verdadeiro exemplo de traição por uma esposa prostituta, registrou as palavras do Senhor:

> Repreendei vossa mãe, repreendei-a, porque ela não é minha mulher, e eu não sou seu marido... e não me compadeça de seus filhos, porque são filhos de prostituições. Pois sua mãe se prostituiu; aquela que os concebeu houve-se torpemente, porque diz: "Irei atrás de meus amantes, que me dão o meu pão e a minha água, a minha lã e o meu linho, o meu óleo e as minhas bebidas" (Os 2.2,4-5).

Estou escrevendo para você como um judeu da tribo de Judá – um seguidor de Cristo, israelense, nascido de novo e cheio do espírito de Cristo. Gostaria de poder contar uma história melhor do meu povo – pintar uma imagem mais bonita de como eles trataram seu marido. Mas eles foram absolutamente vergonhosos. Houve traição após traição. Tal desrespeito hediondo por seus votos de casamento levou à dissolução do mesmo.

> Assim diz o Senhor:
> "Onde está a carta de divórcio de vossa mãe, pela qual eu a repudiei?
> Ou quem é o meu credor, a quem eu vos tenha vendido?
> Eis que por causa das vossas iniquidades é que fostes vendidos, e por causa das vossas transgressões vossa mãe foi repudiada (Is 50.1).

É de partir totalmente o coração. Israel foi escolhida pelo Deus Criador para ser Sua amada, porém isso não foi suficiente. A nação trocou o perfeito pelo estragado, doente, maculado pelo pecado. E ela sofreu as consequências. Deus odeia o divórcio, mas não havia outra escolha. Ele a tinha concedido chance após chance, e ela havia jogado todas fora. Deus disse:

> Viste o que fez a pérfida Israel? Foi a todo monte alto e debaixo de toda árvore frondosa e se deu ali a toda prostituição. E, depois de ela ter feito tudo isso, eu pensei

que ela voltaria para mim, mas não voltou. A sua pérfida irmã Judá viu isto. Quando, por causa de tudo isto, por ter cometido adultério, eu despedi a pérfida Israel e lhe dei carta de divórcio (Jr 3.6-8; cf. Jr 3.11-18; Ez 16.35-43; Os 2.6-13).

Havia um lindo pacto de casamento, houve uma grande traição, houve um trágico papel de divórcio e houve punição.

Agora, contudo, chegamos à parte que muitos na tradição reformada não ensinam. Eles dizem: "Israel já foi casada com Deus, mas ela O traiu, e Deus a substituiu por nós". Se chegou a essa conclusão, então é evidente que você só leu metade da sua Bíblia. Você parou onde lhe era conveniente. Pois há um belo final para essa história – esse casamento real tem sim um "foram felizes para sempre".

> Por amor de Sião, me não calarei
> e, por amor de Jerusalém, não me aquietarei, até que saia a sua justiça como um resplendor, e a sua salvação, como uma tocha acesa.
> As nações verão a tua justiça,
> e todos os reis, a tua glória;
> e serás chamada por um nome novo,
> que a boca do Senhor designará.
> Serás uma coroa de glória
> na mão do Senhor,
> um diadema real
> na mão do teu Deus.
> Nunca mais te chamarão Desamparada,
> nem a tua terra se denominará jamais Desolada;
> mas chamar-te-ão Minha-Delícia;
> e à tua terra, Desposada;
> porque o Senhor se delicia em ti;
> e a tua terra se desposará.
> Porque, como o jovem desposa a donzela, assim teus filhos te desposarão a ti;
> como o noivo se alegra da noiva,

> assim de ti se alegrará o teu Deus (Is 62.1-5, cf. Is 54.1-8; Os 2.14-23).

Você consegue sentir a alegria nesses versos? Pode sentir o entusiasmo de Deus na restauração de sua esposa? Conte os verbos que estão no tempo futuro nessa passagem. Pelo menos nove! São verbos que denotam uma certeza futura. Isso ainda não aconteceu, mas sem dúvida acontecerá futuramente. E o mundo inteiro testemunhará e celebrará essa reunião.

Ezequiel registrou essa futura reconciliação, escrevendo a promessa de Deus:

> Mas eu me lembrarei da aliança que fiz contigo nos dias da tua mocidade e estabelecerei contigo uma aliança eterna... e saberás que eu sou o Senhor, para que te lembres e te envergonhes, e nunca mais fale a tua boca soberbamente, por causa do teu opróbrio, quando eu te houver perdoado tudo quanto fizeste (Ez 16.60,62-63).

Deus diz a Israel que fornecerá a ela uma expiação – um *kippur*. Tal expiação vem na pessoa de Jesus. Ele é o Único que abre a porta para uma nova aliança, baseada na salvação que vem de Seu sangue derramado na cruz.

Jeremias escreve sobre essa aliança:

> Eis aí vêm dias, diz o Senhor, em que firmarei nova aliança com a casa de Israel e com a casa de Judá. Não conforme a aliança que fiz com seus pais, no dia em que os tomei pela mão, para os tirar da terra do Egito; porquanto eles anularam a minha aliança, não obstante eu os haver desposado, diz o Senhor. Porque esta é a aliança que firmarei com a casa de Israel, depois daqueles dias, diz o Senhor: Na mente, lhes imprimirei as minhas leis, também no coração lhas inscreverei; eu serei o seu Deus, e eles serão o meu povo (Jr 31.31-33).

Como as pessoas podem pegar essa passagem e fazer dela algo sobre a igreja? O capítulo inteiro fala sobre a restauração do remanescente de Israel por Deus. No entanto, muitos professores bíblicos dirão: "Mas aqui estamos falando sobre a nova aliança. E se é a nova aliança, então é sobre a igreja". Entretanto, o Antigo Testamento não foi dado apenas aos judeus, e o Novo Testamento não foi dado somente aos gentios. Deus, o Pai, está presenteando Sua esposa com uma nova aliança. A última foi escrita em pedra; essa será escrita no coração da esposa.

Israel foi retratado nas Escrituras como a esposa do Pai, Jeová. Houve uma grande aliança, um grande amor e uma grande traição. Como resultado dessa traição, uma punição dura, porém necessária, foi pronunciada. No entanto, foi uma punição com um propósito. Era disciplina, não um estado permanente de ira. E no final do tempo de separação, quando Jesus Cristo retornar à Terra com Sua noiva, haverá uma restauração do casamento do Pai com Sua esposa, Israel, e muitas bênçãos se seguirão.

A Relação entre o Filho e a Igreja

A segunda relação íntima que encontramos nas Escrituras é o casamento entre o Filho e Sua noiva – a igreja. Essa união conjugal é distinta daquela que estávamos analisando. Há dois casamentos – o Pai com Israel, e o Filho com a igreja. Não devemos confundir os dois. Esse é mais um lugar onde a teologia reformada fica confusa. Ela não diferencia os noivos. Aqueles que defendem esse pensamento dizem que se Israel é chamada de esposa do Pai, a igreja é chamada de noiva do Filho, e o Deus triuno ainda for casado com ambas, o significado não seria que Deus é um polígamo? Afinal, Jesus Cristo também não é Deus? E como está claro nas Escrituras que tanto Israel quanto a igreja são retratadas como casadas com Deus, então o divórcio de Israel deve ter sido permanente, ao passo que a igreja se tornou a noiva troféu de Deus.

Esse é um raciocínio completamente infundado. O Pai e o Filho são ambos o único Deus verdadeiro, mas vemos em todas as Escrituras que Eles operam como pessoas distintas da divindade trina.

Portanto, não há nada indecoroso, inapropriado ou ilógico sobre o Pai e o Filho terem seus próprios cônjuges.

Israel não é a noiva de Cristo, nem há alguém que tenha sido "declarado justo" antes da era da igreja. O mesmo acontece com aqueles que se tornarão cristãos após a remoção da igreja no arrebatamento. Os santos da tribulação e aqueles que darão suas vidas a Cristo durante o milênio não serão avôs na igreja. Eles são de uma categoria diferente. Somente aqueles que recebem Jesus como seu Senhor e Salvador, durante o período que vai do Pentecostes ao arrebatamento, farão parte da noiva de Cristo.

Paulo escreve aos coríntios sobre o casamento da igreja com Cristo. "Zelo por vós com zelo de Deus; visto que vos tenho preparado para vos apresentar como virgem pura a um só esposo, que é Cristo" (2Co 11.2). O noivado é um passo anterior ao casamento. A passagem diz: "Você já é minha, mas a celebração do casamento ainda está por vir". A igreja ainda não se tornou a noiva formal, mas os convites do tipo "reserve a data" foram enviados.

À igreja em Éfeso, Paulo fala da santificação e da preparação da noiva:

> Maridos, amai vossa mulher, como também Cristo amou a igreja e a si mesmo se entregou por ela, para que a santificasse, tendo-a purificado por meio da lavagem de água pela palavra, para a apresentar a si mesmo igreja gloriosa, sem mácula, nem ruga, nem coisa semelhante, porém santa e sem defeito (Ef 5.25-27).

Todos nós somos indignos de sermos casados com o Filho de Deus. Eu não o conheço, mas você se conhece. Você não me conhece, mas eu me conheço. A verdade é que se formos honestos, ambos sabemos o quão indignos somos. No entanto, Deus não está mais nos olhando através de uma lente que mostra quem somos em nossos modos vergonhosos e nus. Em lugar disso, Ele agora nos vê através do filtro do sangue de Jesus Cristo. E esse sangue nos revela como tendo sido tornados perfeitos – incontaminados e sem mancha porque fomos lavados pelo sacrifício do nosso Salvador na cruz.

Na igreja, ficamos noivos, temos sido preparados e estamos aguardando ansiosamente nosso casamento:

> Então, ouvi uma como voz de numerosa multidão, como de muitas águas e como de fortes trovões, dizendo: "Aleluia! Pois reina o Senhor, nosso Deus, o Todo-Poderoso. Alegremo-nos, exultemos e demos-lhe a glória, porque são chegadas as bodas do Cordeiro, cuja esposa a si mesma já se ataviou", pois lhe foi dado vestir-se de linho finíssimo, resplandecente e puro. Porque o linho finíssimo são os atos de justiça dos santos (Ap 19.6-8).

Quem são os santos? Vocês são os santos. "Ah! Eu me conheço, Amir. Eu não sou um santo". Sim, você é. Lembre-se, não é a respeito de quem você é ou o que você fez. É sobre quem Jesus é e o que Ele fez por você.

A passagem em Apocalipse continua: "Então, me falou o anjo: 'Escreve: Bem-aventurados aqueles que são chamados à ceia das bodas do Cordeiro'. E acrescentou: 'São estas as verdadeiras palavras de Deus'" (Ap 19.9). O Pai nos purificou e nos preparou para o dia em que nos tornaremos a noiva de Seu Filho. Quando o casamento vai acontecer? Não na época que acabamos de ler no Apocalipse 19. Tal texto está falando de quando retornamos à Terra, com Cristo, na segunda vinda. Essa não é a cerimônia de casamento. É a celebração posterior. É a festa de recepção com a refeição chique, o bolo grande e os noivos dançando a valsa. O casamento em si acontecerá quando formos arrebatados. O casamento não acontecerá aqui na Terra, mas no céu. Se você quer se tornar a noiva de Cristo, então é melhor se preparar para encontrar seu noivo nas nuvens.

Todavia, as grandes bênçãos não terminam aí. Como um bom marido, Jesus está preparando uma incrível residência eterna onde Sua noiva pode com Ele para sempre viver. A descrição dessa nova casa – a Nova Jerusalém – é muito longa para incluir neste livro.

Veremos o Apocalipse em detalhes daqui a alguns capítulos. No entanto, se você nunca leu sobre a Nova Jerusalém, eu o encorajo a abrir sua Bíblia em Apocalipse 21.9-22 e preparar-se para ser surpreendido. Enquanto lê, lembre-se de que João está registrando o que literalmente experimentaremos. Isso não é uma alegoria ou uma parábola. Se você tem Jesus como seu Senhor e Salvador, você vai andar fisicamente pelas ruas de ouro e ver essas enormes joias. As palavras nas Escrituras retratam a realidade – o seu futuro lar real.

Um Deus de restauração

Por meio de Israel e da igreja, aprendemos sobre Deus. Aprendemos que Ele é ciumento. Todavia, Ele também é amoroso e perdoador. Ele é o Deus da restauração e da reconciliação. Enquanto eu trabalhava neste capítulo, pensava em todos aqueles professores que dizem que Deus abandonou Israel de forma que Israel já não é o povo de Deus. Através desse ensino reformado que se espalha por todo o mundo, muitos na igreja parecem estar se distanciando de Israel – dando as costas para a nação que lançou as bases para sua fé.

Isso me fez pensar na incrível história do filho pródigo. Essa parábola pode ser usada para ilustrar a igreja e Israel. O filho fiel pode representar a igreja, e o pródigo pode simbolizar Israel. O pródigo seguiu seu próprio caminho. Da mesma forma, Israel virou as costas para o Pai e foi após outros deuses. Mesmo quando as pessoas pararam sua flagrante idolatria, elas trocaram um ídolo por outro. O amor delas era pela lei e não pelo Legislador. No entanto, chegará o dia em que Israel voltará para o Senhor, e Ele não rejeitará Seu povo. Em vez disso, como o pai recebeu o pródigo, Ele vai abraçá-los e celebrar seu retorno.

O filho mais velho, todavia, não queria nada com o pródigo. Ele permaneceu fiel enquanto o pródigo rejeitava o salvador e posteriormente se tornou uma nação secular. A igreja agora se vê como o povo escolhido por Deus, não o fugitivo em desgraça.

*A igreja deve amar o povo de Israel
e orar por sua salvação.*

Mas por que não podem ser os dois? Não é como se o amor de Deus por Israel tirasse algo de Seu amor pela igreja ou vice-versa. No poço do amor de Deus não há fundo. Se Ele dá muito a um, não deve haver qualquer preocupação de que não reste nada para o outro. Era isso que o pai estava tentando ensinar ao seu filho mais velho quando disse: "Meu filho, tu sempre estás comigo; tudo o que é meu é teu. Entretanto, era preciso que nos regozijássemos e nos alegrássemos, porque esse teu irmão estava morto e reviveu, estava perdido e foi achado" (Lc 15.31-32).

A igreja deve amar o povo de Israel e orar por sua salvação. E devemos aguardar com entusiasmo o dia em que os pés de Jesus estarão no Monte das Oliveiras conosco – os santos, Sua noiva – de pé, ao lado Dele. Porque será então que os habitantes de Israel "olharão para aquele a quem traspassaram; pranteá-lo-ão como quem panteia por um unigênito e chorarão por ele como se chora amargamente pelo primogênito" (Zc 12.10). Então, dessa tristeza, e desse reconhecimento do Messias, virá um arrependimento nacional. Cada homem, mulher e criança cairá diante de seu Senhor e Salvador. "E, assim, todo o Israel será salvo" (Rm 11.26).

CAPÍTULO 5

O severo amor de Deus

Primeiro ao Judeu, depois ao Gentio

Há uma crise de opioides que tomou conta deste mundo à força. Em todas as áreas do globo, as drogas correm desenfreadas. Vidas têm sido destruídas e centenas de milhares estão morrendo a cada ano. Em 2017, 585 mil pessoas morreram por uso de drogas.[6] De acordo com os Centros de Controle e Prevenção de Doenças dos Estados Unidos (CDC – Centers for Disease Control and Prevention), essa tendência de alta começou na década de 1990 com um aumento acentuado na prescrição de opioides.[7] Nos anos 2000, a aplicação da lei começou a reprimir a distribuição ilícita de opioides e a penalizar médicos que prescreviam excessivamente esses medicamentos perigosos. Isso tornou as drogas mais difíceis de encontrar e muito mais caras.

Consequentemente, os viciados começaram a procurar uma alternativa mais barata. Eles a encontraram na heroína.[8] Logo, não eram apenas viciados em áreas urbanas que estavam injetando

---

6 "Facts & Stats", International Overdose Awareness Day, 13 de abril de 2020, www.overdoseday.com/facts-stats/.

7 "Opioid Data Analysis and Resources", Centers for Disease Control and Prevention, 19 de março de 2020, www.cdc.gov/drugoverdose/data/analysis.html.

8 "Opioid Data Analysis and Resources."

essa droga perigosa, mas também empresários e mães que acompanhavam a carreira esportiva de seus filhos menores, bem como estudantes do ensino médio nas periferias. Então, por volta de 2013, uma nova onda de opioides sintéticos começou a chegar às ruas, incluindo a droga letal fentanil.[9] Usada para ser misturada com heroína, pílulas falsificadas e outros opioides, apenas um toque na substância tóxica é suficiente para causar uma reação séria ou até mesmo a morte. Em 2018, nos Estados Unidos, 67.367 pessoas morreram por overdose de drogas. Quase 70% dessas mortes foram devido a opioides. Duas em cada três, dessas mortes – ou mais de 31.000 – envolveram os novos opioides sintéticos.

É fácil olhar para esses números, pensar *que tragédia,* depois seguir em frente. No entanto, tais significativos números são feitos de indivíduos. Foram necessários 67.367 homens e mulheres e adolescentes respirando pela última vez para compor essa enorme estatística de 2018. E para quase todos esses indivíduos, havia uma família envolvida. Talvez você tenha tragicamente perdido membros de sua própria família para essa epidemia de drogas. Se assim for, meu coração se parte por você. Eu sei que ver seu ente querido se afundar no vício causa um sentimento de grande impotência.

Muitos fazem tudo o que podem para proteger seu filho viciado, cônjuge ou irmão viciado da melhor maneira. Frequentemente, isso leva a relacionamentos de codependência, nos quais o que parece amor pode na verdade ser o que alimenta o vício. De forma a obter ajuda, alguns pedem uma intervenção judicial para internar seu ente querido compulsoriamente a fim de tentar arrancá-lo da fissura por drogas. Outros tomam a abordagem do amor severo, cortando relações com o viciado em um esforço para forçá-los a obter ajuda. Eu não posso imaginar a dor que sentiria se tivesse que fechar a porta para um filho meu que se recusou a obter ajuda para sua dependência. Ainda que eu fosse tragicamente obrigado a viver essa situação, sei que uma coisa permaneceria verdadeira: o meu filho amado nunca deixaria de ser o meu filho amado.

---

9 "Opioid Data Analysis and Resources."

Um tempo de disciplina

Israel era viciado em pecado. O que piorou isso foi que não apenas as pessoas não conseguiam parar de pecar, como também não queriam. Elas amavam seu pecado. Elas sentiam prazer nele. Parecia que cada geração sucessiva levava o pecado para o próximo nível, chegando a superar os pecados de todas as nações ao seu redor. Sobre a cidade e o povo de Jerusalém, o Senhor disse:

> "Ela, porém, se rebelou contra os meus juízos, praticando o mal mais do que as nações e transgredindo os meus estatutos mais do que as terras que estão ao redor dela; porque rejeitaram os meus juízos e não andaram nos meus estatutos". Portanto, assim diz o Senhor Deus: "Porque sois mais rebeldes do que as nações que estão ao vosso redor e não tendes andado nos meus estatutos, nem cumprido os meus juízos, nem procedido segundo os direitos das nações ao redor de vós", por isso, assim diz o Senhor Deus: "Eis que eu, eu mesmo, estou contra ti; e executarei juízos no meio de ti, à vista das nações" (Ez 5.6-8).

Deus enviou profeta após profeta para dizer ao povo que parasse. Houve uma intervenção após outra. Às vezes, o povo de Israel e Judá ignorava a mensagem. Outras vezes, cheios de raiva, matavam o mensageiro. Em outras ocasiões eles prometiam mudar – uma promessa que até podiam cumprir... por um tempo. Por fim, no entanto, eles sempre acabavam por voltar ao mesmo lugar, mergulhados em imoralidade, violência, ganância e adoração aos ídolos.

O Senhor já havia se cansado. As chances agora haviam acabado. Era hora de um amor severo. Ele disse aos israelitas: "Eu vou fazer você passar por alguns momentos difíceis. Depois cortarei relações com você". Assim como um pai às vezes precisa cortar relações com um filho para forçá-lo a mudar, Deus removeu Sua mão de sobre Seus filhos. Nada de bênçãos, nada de proteção, nada de ouvir suas orações, nada de aceitar sua adoração indolente e nada mais de terra. Ele cansou deles e, a partir daquele momento, estariam por conta própria – fracassados, derrotados e sem-terra. No entanto, ainda havia uma esperança para eles: os filhos amados de Deus nunca deixarão de ser os filhos amados de Deus.

A profecia que acabamos de ler em Ezequiel 5 se cumpriu quando o povo do reino sul de Judá ficou fisicamente exilado na Babilônia por 70 anos. No entanto, há um cumprimento maior dessas palavras que é visto no exílio espiritual do povo judeu, um distanciamento de Deus. Essa separação continua até hoje. Eles rejeitaram a liderança de Deus Pai enquanto estiveram na Terra Prometida, escolhendo, em vez disso, dedicar-se a outros deuses.

Uma vez que o povo voltou para a terra após 70 anos, eles mais uma vez rejeitaram a Deus. Como vimos anteriormente, dessa vez eles rejeitaram o Filho de Deus – Jesus, o Messias – escolhendo se dedicar à religião e à lei, e não a Ele. Só porque algo anda como um pato, fala como um pato, ora como um pato e oferece sacrifícios como um pato, não significa que seja um pato. Os judeus, durante a época de Cristo, eram o que Jesus chamou de "sepulcros caiados" – eles pareciam túmulos "que, por fora, se mostram belos, mas interiormente estão cheios de ossos de mortos e de toda imundícia!" (Mt 23.27). Infelizmente, nos últimos 2.000 anos, nada mudou o fato de Israel exibir uma aparência não condizente com sua essência.

Como nada corrigiu a atitude de Israel em relação ao Messias, o povo permanece sob o amor severo de Deus. Todavia, em cada crise é possível encontrar uma oportunidade. O que é uma crise de relacionamento com os judeus, é uma oportunidade de crescimento na igreja. Enquanto os judeus continuam sob disciplina, a porta se abriu para que os gentios descubram o Messias. Isso segue o padrão que Deus estabeleceu. A salvação foi oferecida primeiro ao judeu, depois ao gentio. Paulo afirmou essa ordem quando disse: "Não me envergonho do evangelho, porque é o poder de Deus para a salvação de todo aquele que crê, primeiro do judeu e também do grego" (Rm 1.16).

"Mas, Amir, como isso pode justo para os judeus, que Deus lhes ofereça salvação, em seguida, retire essa oferta e a dê aos gentios?". Não é que Deus arrancou das mãos dos judeus algo que eles queriam desesperadamente. Eles não estavam celebrando o

Messias e seu evangelho de salvação quando, do nada, Deus apareceu e disse: "Desculpe, vou precisar disso de volta". Através de Israel, a salvação veio ao mundo. Jesus nasceu judeu e por toda Sua vida viveu entre Seu povo. Ele abriu Seus braços para os judeus, oferecendo-lhes o caminho para a salvação através de Seus ensinamentos e provando Sua divindade por meio de Seus milagres. No entanto, apesar da perfeição de Sua verdade e do poder de Suas obras, a nação em conjunto virou suas costas para Ele. "Veio para o que era seu, e os seus não o receberam" (Jo 1.11).

Deus tem Seus caminhos, e Seus caminhos são sempre consistentes.

Quando Paulo e Barnabé trouxeram o evangelho para Antioquia da Psídia, começaram na sinagoga, como era o procedimento padrão deles. Inicialmente, houve uma resposta muito positiva – uma demasiadamente positiva para os líderes judeus. Eles ficaram com inveja do sucesso de Paulo e Barnabé, então partiram para o ataque. Quando a oposição se tornou muito grande, os missionários declararam: "Cumpria que a vós outros, em primeiro lugar, fosse pregada a palavra de Deus; mas, posto que a rejeitais e a vós mesmos vos julgais indignos da vida eterna, eis aí que nos volvemos para os gentios" (At 13.46). Primeiro para os judeus, depois para os gentios.

Há ordem nas coisas de Deus. O mundo está cheio de caos. Não se pode depender totalmente de nada e nem de ninguém. Deus, contudo, tem seus caminhos, e seus caminhos são sempre consistentes. Quando Jesus comissionou os discípulos pouco antes de retornar ao céu, disse: "Recebereis poder, ao descer sobre vós o Espírito Santo, e sereis minhas testemunhas tanto em Jerusalém como em toda a Judeia e Samaria e até aos confins da terra" (At 1.8). A disseminação do evangelho começa em Jerusalém e na Judeia. Primeiro para os judeus, depois para os gentios.

Esta ordem "judeu primeiro, gentio segundo" se estende para além das bênçãos do evangelho. O julgamento de Deus segue o mesmo padrão. Ele trará "ira e indignação aos facciosos, que desobedecem à verdade e obedecem à injustiça. Tribulação e angústia virão sobre a alma de qualquer homem que faz o mal, ao judeu primeiro e também ao grego" (Rm 2.8-9). Mesmo um olhar superficial sobre a história do povo judeu mostrará como eles suportaram "ira e indignação", "tribulação e angústia" nos últimos dois milênios. No entanto, um dia está chegando, em breve, quando a tribulação deles será muito aumentada. É nesse momento que o julgamento dos gentios começará. Para aqueles que não são da igreja ou do povo de Israel, essa tribulação será um tempo de punição e julgamento sem esperança no final.

Para os povos escolhidos, no entanto, há esperança através desse período de tribulação. Depois que Paulo prometeu ira em Romanos 2, ele continuou dizendo que Deus dará "glória, e honra, e paz a todo aquele que pratica o bem, ao judeu primeiro e também ao grego" (versículo 10). No final da ira, o povo de Israel reconhecerá a realidade do Messias e receberá individualmente o dom da salvação. É quando o Pai receberá sua esposa de volta para Si mesmo, ao mesmo tempo em que a igreja começa sua nova relação como a noiva de Cristo.

Uma vocação irrevogável

Israel está em um estado de amor severo. Quando os judeus rejeitaram o Messias, Deus virou as costas para Eles. No entanto, lembre-se, o amor severo não é um rompimento permanente do relacionamento. Não é "rejeição severa" ou "destruição severa". *Amor* é o substantivo principal: *severo* é apenas um modificador para o assunto. Como Paulo nos diz:

> O amor é paciente, é benigno; o amor não arde em ciúmes, não se ufana, não se ensoberbece, não se conduz inconvenientemente, não procura os seus interesses, não se exaspera, não se ressente do mal; não se alegra com a injustiça, mas regozija-se com a verdade; tudo sofre, tudo crê, tudo espera, tudo suporta. O amor jamais acaba; mas, havendo profecias, desaparecerão; havendo línguas, cessarão; havendo ciência, passará (1Co 13.4-8).

Essas características descrevem Deus, porque "Deus é amor" (1Jo 4.8). E assim como o amor de Deus nunca falha com o Seu povo escolhido da igreja, Seu amor nunca deixará o Seu povo escolhido, Israel. Então, em vez de eliminar os judeus como uma relíquia no plano de Deus, a igreja deveria celebrá-los. Porque o evangelho antes foi oferecido aos judeus é que os gentios agora podem recebê-lo, de acordo com a ordem que Deus estabeleceu. "Pergunto, pois: porventura, tropeçaram para que caíssem? De modo nenhum! Mas, pela sua transgressão, veio a salvação aos gentios, para pô-los em ciúmes" (Rm 11.11). Primeiro para o judeu, depois para o gentio.

Na verdade, desconsiderar os judeus como se tivessem decaído longe demais para serem redimidos é o auge da hipocrisia.

> Quanto ao evangelho, são eles inimigos por vossa causa; quanto, porém, à eleição, amados por causa dos patriarcas; porque os dons e a vocação de Deus são irrevogáveis. Porque assim como vós também, outrora, fostes desobedientes a Deus, mas, agora, alcançastes misericórdia, à vista da desobediência deles, assim também estes, agora, foram desobedientes, para que, igualmente, eles alcancem misericórdia, à vista da que vos foi concedida. Porque Deus a todos encerrou na desobediência, a fim de usar de misericórdia para com todos (Rm 11.28-32).

Primeiro, Paulo diz que os dons e a vocação de Deus são irrevogáveis. Se você é vocacionado por Deus, então você sempre será vocacionado por Ele. Você não está agradecido por isso ser verdade? Se houvesse algum nível arbitrário de pecado que, uma vez ultrapassado, revogaria o dom da vida eterna dado por Deus, como alguém poderia ter paz? Você sempre se perguntaria de que lado da linha você está. O meu medidor de pecado atingiu o nível em que meu assento ejetor será acionado, serei expulso dos eleitos e irei para os descartados?

O outro propósito que Paulo tem nessa passagem de Romanos 11 é corrigir alguma memória seletiva entre aqueles que estão na igreja. Quem era você antes de Cristo? Um pecador. O que mudou isso? A misericórdia de Deus. Você mereceu? Não. Bem, então, em que os judeus são diferentes? Na verdade, assim como a desobediência deles teve uma influência no fato de você se arrepender e receber misericórdia, a sua obediência agora pode ter uma influência no ato de eles se arrependerem e receberem misericórdia. Como isso é incrível!

Os dons e a vocação de Deus são irrevogáveis.
Se você é vocacionado por Deus, então sempre
será vocacionado por Ele.

Deus não rejeitou Israel. Na verdade, Ele já começou a preparar o palco para quando os chama para fora de seu exílio de amor severo e os convida de volta para casa. Como é que sabemos? Ouvimos atentamente o som Dele chamando-os de volta para casa.

Pelo poder de San Remo

Uma celebração especial do centenário ocorreu em abril de 2020. Foi o centésimo aniversário da Conferência de San Remo, que ocorreu de 20 a 26 de abril de 1920 – um evento em que, se as pessoas tivessem ouvido atentamente, teriam escutado o som de Deus chamando seu povo escolhido a voltar para Ele. Para entender o significado de San Remo, precisamos voltar alguns anos antes, para o fim da Primeira Guerra Mundial.

Em 1917, o ex-primeiro-ministro britânico Lorde Arthur Balfour era ministro das Relações Exteriores da Grã-Bretanha. Enquanto servia nessa função, ele escreveu uma carta a Lorde Rothschild, que era o chefe de uma família de banqueiros judaica e um defensor do sionismo.

Ministério das Relações Exteriores
2 de novembro de 1917

Caro Lorde Rothschild,

É com grande prazer que lhe transmito, em nome do governo de Sua Majestade, a seguinte declaração de simpatia para com as aspirações sionistas judaicas que foi submetida e aprovada pelo ministério.

"O governo de Sua Majestade vê com simpatia o estabelecimento na Palestina de um lar nacional para o povo judeu, e usará seus melhores esforços para facilitar a realização desse objeto, sendo claramente entendido que nada será feito que possa prejudicar os direitos civis e religiosos das comunidades não judaicas existentes na Palestina, ou os direitos e status político desfrutados pelos judeus em qualquer outro país".

Agradeço se esta declaração for levada ao conhecimento da Federação Sionista.

Atenciosamente,
Arthur Tiago Balfour[10]

Essa foi uma carta notável por ser a primeira vez que qualquer governo havia prometido seu apoio à formação de um lar nacional judeu. E não apenas um lar, mas um lar na terra que havia sido dada aos judeus por Deus há tanto tempo. As fronteiras desta terra – na época referida como Palestina – eram muito diferentes de como estão desenhadas hoje. Se você olhasse para um mapa daquela época, veria que este antigo território otomano incluía não apenas o que é agora Israel, mas também a Jordânia. Então, quando essa carta foi enviada, Balfour e o Ministério não estavam considerando a Palestina e a Jordânia como estados separados. O país Jordânia

---

10 "Walter Rothschild and the Balfour Declaration", Contact Us FAQs: The Rothschild Archive, www.rothschildarchive.org/contact/faqs/walter_rothschild_and_the_balfour_declaration.

foi formado mais tarde, em seguida foi oferecido como um presente para os hashemitas, uma tribo beduína da Arábia, por gratidão à sua ajuda ao exército britânico na Primeira Guerra Mundial. No entanto, em 1917, o governo britânico recomendava que todo o território que englobava Israel e a Jordânia modernos fossem considerados a pátria nacional para o povo judeu.

Embora a Declaração de Balfour tenha sido um grande primeiro passo, ela não tinha autoridade legal. Foi simplesmente um bom pronunciamento apresentado pelos britânicos em nome dos judeus. Foi na conferência de abril de 1920 em San Remo que esse sentimento desenvolveu alguma consistência. Participaram desta reunião Grã-Bretanha, Itália, França e Japão, com os Estados Unidos como observadores neutros. Essa cúpula deu prosseguimento às discussões, entre tais nações, que haviam começado em Londres dois meses antes. O propósito delas era determinar o que fazer com os territórios capturados da Primeira Guerra Mundial.

As potências internacionais decidiram que era melhor colocar a Palestina sob o domínio britânico. Esses poderes também concordaram com o seguinte:

> A Mandataria será responsável por colocar em prática a declaração originalmente feita em 8 de novembro de 1917, pelo governo britânico, e adotada pelos outros poderes aliados, em favor do estabelecimento na Palestina de um lar nacional para o povo judeu, sendo claramente entendido que nada deve ser feito que possa prejudicar os direitos civis e religiosos das comunidades não judaicas existentes na Palestina, ou os direitos e status político desfrutados pelos judeus em qualquer outro país.[11]

Você está entendendo o significado disso? Os britânicos foram simpáticos o suficiente para dar uma declaração, mas em San Remo a declaração tornou-se um acordo internacional permanente. Essa

---

11 "Pre-State Israel", The San Remo Conference, www.jewishvirtuallibrary.org/the-san-remo-conference.

é a base legal para Israel estar em sua terra e para que as fronteiras sejam como originalmente se pretendia, incluindo Israel e Jordânia modernos.

Essas fronteiras originais não duraram muito. Logo os britânicos decidiram que preferiam o petróleo bruto dos árabes ao azeite dos judeus, então eles começaram a cortar territórios do mapa. Eles cortaram dois terços para se tornarem a Transjordânia, e deram aos hashemitas. Eles cortaram as Colinas de Golã e deram aos franceses em uma troca territorial. Continuamente, as fronteiras acordadas para 1920 diminuíam cada vez mais. Em seguida, veio a resolução das Nações Unidas de novembro de 1947 que recomendava a partição da Palestina – uma ação que esse órgão não possuía autoridade para tomar, mas teria imposto se não houvesse eclodido uma guerra civil que por fim levou ao estabelecimento do Estado de Israel.

É por isso que celebramos a resolução de San Remo de abril de 1920 e, por essa razão, seu centenário foi um evento tão especial. Foi em San Remo que Israel foi essencialmente planejado e estabelecido. Então levamos 28 anos e uma guerra sangrenta para declarar e formalizar nossa independência.

A hora está chegando

"Interessante lição de história, Amir. Há algum objetivo nisso?". É uma pergunta bastante sarcástica, mas tudo bem. Tenha um pouco de paciência. Muitos cristãos confundem as trombetas do Apocalipse – as sete trombetas que inauguram sete julgamentos encontrados nos capítulos 8-11 – com a trombeta que ouviremos antes do arrebatamento e com a trombeta que anunciará a segunda vinda de Jesus. Isso é compreensível. Há muitas trombetas na Bíblia. Entretanto, como vimos no capítulo 2, nem todas as trombetas da Bíblia apontam automaticamente para o Apocalipse. Trombetas faziam parte da cultura judaica e não era raro ouvir o som delas ecoando.

Enquanto escavavam ao longo da Muralha Ocidental do Monte do Templo em Jerusalém, algo muito interessante foi achado. Foi encontrada uma grande pedra em forma de L, empurrada para baixo durante a destruição do Templo pelos romanos, com uma inscrição hebraica incompleta que dizia: "Para ser anunciado na casa da trombeta...".[12] O que era essa trombeta e o que ela estava anunciando? A resposta é que os sacerdotes queriam se assegurar de que ninguém se esquecesse ou se atrasasse para eventos religiosos. Daquele canto do muro do Templo, tocava-se uma trombeta em certos intervalos para que o povo judeu soubesse que o Sabah estava prestes a iniciar ou que os feriados estavam prontos para começar.

O primeiro sopro da trombeta era para aproximar aqueles que ainda estavam longe.

O segundo sopro da trombeta era para trazer para mais próximo da cidade aqueles que estavam a meio caminho de casa.

O terceiro toque era para que aqueles que estavam ocupados imediatamente fora dos muros da cidade soubessem que era hora de começar a entrar.

O quarto era para avisar os que estavam nos portões da cidade que eles deveriam começar a entrar.

O quinto era para incentivar as pessoas nas ruas da cidade a iniciar a caminhada até suas casas.

O sexto era para que aqueles que já estavam em suas casas soubessem que era hora de começar a se preparar para o Sabah.

O sétimo era para que todos soubessem que a hora havia chegado – o início do Sabah ou do feriado.

O som de cada uma dessas trombetas era um lembrete para as pessoas de que a hora estava chegando. Prepare-se agora. Não espere até o último minuto. Você não quer que o sábado comece enquanto você ainda está fora da cidade ou correndo para casa em ruas vazias. Eu acredito que nos últimos 100 anos, ou por volta disso, essas trombetas têm soado o início de um grande evento.

A Declaração Balfour foi um toque da trombeta. "Estou trazendo meu povo para casa como disse que faria".

A convenção de San Remo foi um toque de trombeta. "Eu estabeleci as fronteiras da Terra onde Minha nação se reunirá, assim

---

12 Jonathan Lipnick, "To the Place of Trumpeting", Biblical Hebrew and Holy Land Studies Blog – IIBS.com, July 18, 2018, www.https://blog.israelbiblicalstudies.com/holy-land-studies/ to-the-place-of-trumpeting/.

como prometi que faria antes do Meu retorno". Esses são sinais de que a recompensa para a igreja está próxima e o fim do período de amor severo para com Israel está se aproximando.

Tem havido outras trombetas também. O Holocausto foi um toque alto de trombeta que chamou os judeus de volta à sua terra. O Dia da Independência de Israel em 1948; o auxílio de Deus na vitória na Guerra dos Seis Dias de 1967; o sucesso milagroso da Guerra do Yom Kippur de 1973; o crescimento da população, da economia e do poder do Estado de Israel; o reconhecimento de 2018, pelo presidente Donald Trump, de que Jerusalém é a capital de Israel – tudo isso são trombetas dizendo: "Rápido. Prepare-se. O dia é em breve". Eles não são apenas eventos históricos. Eles são a maneira de Deus chamar nossa atenção para que estejamos prontos ao que vem a seguir.

O que especificamente esses toques de trombeta estão anunciando? Eles estão proclamando a conclusão de Ezequiel 36–37. Deus prometeu:

> Vós, ó montes de Israel, vós produzireis os vossos ramos e dareis o vosso fruto para o meu povo de Israel, o qual está prestes a vir. Porque eis que eu estou convosco; voltar-me-ei para vós outros, e sereis lavrados e semeados. Multiplicarei homens sobre vós, a toda a casa de Israel, sim, toda; as cidades serão habitadas, e os lugares devastados serão edificados. Multiplicarei homens e animais sobre vós; eles se multiplicarão e serão fecundos; fá-los-ei habitar-vos como dantes e vos tratarei melhor do que outrora; e sabereis que eu sou o Senhor (Ez 36.8-11).

Mais uma vez, Ele jurou:

> Eis que eu tomarei os filhos de Israel de entre as nações para onde eles foram, e os congregarei de todas as partes, e os levarei para a sua própria terra. Farei deles uma só nação na terra, nos montes de Israel, e um só rei será rei de todos eles. Nunca mais serão duas nações; nunca mais para o futuro se dividirão em dois reinos (Ez 37.21-22).

Para um leitor bíblico do século 19, esses eventos teriam parecido inconcebíveis. Um Estado nacional de Israel? Ridículo. Uma reunião dos milhares de enclaves judeus ao redor do mundo em uma terra? Impossível.

Então as trombetas começaram a tocar. Em 1917 e 1920, e 1948 e até hoje, elas ressoaram, dizendo: "Preparem-se, porque uma vez que os capítulos 36 e 37 de Ezequiel estivem cumpridos, os capítulos 38 e 39 virão. E você não quer estar aqui para o 38 e 39". Os dois primeiros capítulos relacionam a restauração da terra e a reunião do povo de Deus em um só lugar. Feito isso, o Senhor começará a disciplina das nações relacionadas nos dois últimos capítulos. Essa disciplina é a grande tribulação, ou o "tempo de angústia para Jacó" (Jr 30.7). Esse tempo é quando vemos os eventos do Apocalipse acontecerem, o que examinaremos nos capítulos 7-11 deste livro. Esse será um momento de devastação global maior do que qualquer coisa vista anteriormente.

Você está ouvindo?

Como você se sente quando pensa sobre o toque dessas trombetas? Elas o deixam nervoso, ou você experimenta uma crescente sensação de alegria? Você tem medo da ira vindoura, ou se sente em paz na esperança do retorno de Jesus? As suas respostas a essas perguntas dependerão em grande parte de como você está com o Salvador. Cada som da trombeta aproxima o mundo da grande tribulação. No entanto, aproxima também cada cristão de ver o rosto de Jesus.

Aqueles de nós que deram a vida a Jesus e receberam Seu perdão, não tomarão parte nos horrores da tribulação. Não estamos destinados à ira. Jesus prometeu: "Porque guardaste a palavra da minha perseverança, também eu te guardarei da hora da provação que há de vir sobre o mundo inteiro, para experimentar os que habitam sobre a terra" (Ap 3.10). De acordo com as palavras de Jesus, para evitarmos o julgamento que virá sobre toda a Terra, não devemos mais estar entre aqueles que nela habitam. Há três opções para não sermos mais habitantes da Terra – estaremos mortos, seremos removidos ou viveremos em uma biosfera em Marte. Como Marte ainda não foi colonizado, as opções se restringem às duas primeiras possibilidades – morte ou remoção.

Para que os membros da igreja sejam arrebatados da Terra, um ato sobrenatural precisa acontecer. Isso só pode ocorrer pelas mãos de Deus:

> Porquanto o Senhor mesmo, dada a sua palavra de ordem, ouvida a voz do arcanjo, e ressoada a trombeta de Deus, descerá dos céus, e os mortos em Cristo ressuscitarão primeiro; depois, nós, os vivos, os que ficarmos, seremos arrebatados juntamente com eles, entre nuvens, para o encontro do Senhor nos ares, e, assim, estaremos para sempre com o Senhor. Consolai-vos, pois, uns aos outros com estas palavras (1Ts 4.16-18).

Essa promessa de ter ido embora durante a tribulação é o nosso conforto, pois vemos esses sete anos se aproximando. Vocês não encorajam uns aos outros dizendo: "Ei, vamos nos encontrar para que possamos passar pela tribulação juntos. Toda essa morte e destruição acontecendo – vai ser divertido".

Na igreja, os nossos olhos estão fixos no que Deus está fazendo com Israel, para que possamos ter uma ideia de quão próxima está nossa reunião. Por isso é tão importante estar atento às notícias, ouvindo as trombetas. Você ouvirá o som delas quando ouvir o que Deus está fazendo em Israel. Mesmo em meio a guerras e rumores de guerras, Israel ainda é forte. Mesmo atravessando a pandemia de coronavírus, ainda somos a nação mais poderosa do Oriente Médio.

Na igreja, os nossos olhos estão fixos no que Deus está fazendo com Israel para que possamos ter uma ideia de quão próxima está nossa reunião.

No coronavírus, também podemos ver como o inimigo continua a atacar. Como Israel de início se saiu muito bem, alguns acreditavam que havíamos descoberto uma cura e não a estávamos compartilhando com o mundo. Isso era bobagem, é claro, mas você não consegue lutar contra essas pessoas. A nossa falta de cura tornou-se muito evidente quando, mais tarde, Israel foi forçado a fechar novamente devido a um segundo surto. Ainda assim, o antissemitismo continua a crescer em todo o mundo. Um tipo de ódio totalmente novo contra Israel vem crescendo na igreja através das teorias de conspiração na internet. Elas são promovidas por vários falsos profetas que culpam o "sionismo" por tudo, desde guerras e tumultos até a pandemia. A pior parte desse lixo ridículo é que eles alegam que a Bíblia é o seu fundamento, usando hermenêutica fajuta e conclusões preconcebidas. O Espírito Santo deve balançar Sua cabeça em desaprovação a tal manipulação tão herética de Sua palavra inspirada.

Para aqueles que têm um otimismo cor-de-rosa sobre o futuro do nosso planeta, tenho más notícias. Este mundo não vai melhorar. Não vai se tornar maravilhoso de repente com inimigos se reconciliando, guerras terminando, poluição desaparecendo e os ursos polares recuperando toda a área gelada que eles perderam. A vida não vai ficar mais segura e fácil. Jesus disse: "Vou preparar-vos lugar. E, quando eu for e vos preparar lugar, voltarei e vos receberei para mim mesmo, para que, onde eu estou, estejais vós também" (Jo 14.2-3). Ele está vindo para que possamos estar lá com Ele, não para que Ele possa morar aqui conosco. Ele está preparando nossa futura casa, não esperando que preparemos o futuro lar Dele. É essa promessa que dará paz a todos nós na igreja e nos permitirá encorajar uns aos outros.

Se o povo de Israel ouvisse as trombetas e entendesse seu verdadeiro significado, eles não sentiriam a mesma paz. Não há encorajamento de curto prazo para judeus que não fizeram de Jesus seu Salvador. Eles estão tomando um caminho separado da igreja e permanecerão ligados à Terra durante o tempo vindouro de tribulação. No entanto, ainda há esperança a longo prazo. Lembre-se, Deus, o Pai, nunca se cansará de Seus filhos viciados em pecado. O período de amor severo deles terminará. Assim que a plenitude dos gentios chegar e o tempo da disciplina tribulacional atingir o seu fim, naquele glorioso dia, "todo o Israel será salvo" (Rm 11.26). Se há algum consolo para o povo de Israel, é nisso que este se encontra.

CAPÍTULO 6

Os tempos determinados por Deus

Compreendendo o Tempo para que possamos compreender os Tempos

É difícil imaginar um tempo sem tempo. O tempo é apenas – como o ar. Você não pensa nele, apenas o vive. O tempo é uma constante. Por outro lado, o tempo é tudo menos constante. Apesar de estar constantemente conosco, o tempo está constantemente se afastando de nós. Ele pode ser o que há de menos constante neste universo. Cada momento do tempo dura um nanossegundo, então passa para o próximo. No entanto, nunca estamos sem tempo. Mesmo quando Deus fez o sol ficar parado para Josué e seu exército, a Bíblia diz: "O sol se deteve no meio do céu e não se apressou a pôr-se, quase um dia inteiro" (Js10.13). O sol pode ter parado, mas os minutos e as horas continuaram até que se passasse quase um dia inteiro.

Não podemos escapar do passar do tempo. Quanto mais velhos ficamos, mais evidente é essa verdade. Todavia, ainda que o tempo sempre seja, ele nem sempre foi. Houve um tempo em que não havia tempo. Antes de Deus criar todas as coisas, Ele viveu em um tempo sem tempo. Não havia segundos, minutos, horas ou dias. Ele não acordava de manhã e se perguntava como ia passar o dia, porque não havia manhã e não havia dia. O tempo é um resultado maravilhoso de Sua criação – algo que nos permite fazer distinção entre passado, presente e futuro. No entanto, o tempo não é necessário. Deus não está vinculado ao tempo. Jesus demonstrou sua existência fora do entendimento normal do tempo quando, ignorando a gramática necessária pelo passar do tempo, disse aos fariseus: "Em verdade, em verdade eu vos digo: antes que Abraão existisse, EU SOU" (Jo 8.58). Uma afirmação poderosa de sua divindade que certamente causaria vergonha alheia na maioria dos professores de português.

Essa existência antes do tempo é uma experiência limitada a Deus. Contrariando certos sistemas de crenças, não vivíamos com Ele como espíritos bebês em um estado pré-Terra. No entanto, mesmo que não existíssemos com Ele antes do tempo começar, estaremos com Ele quando o tempo já não existir – se recebemos Jesus como nosso Senhor e Salvador. Deus já determinou quando o tempo irá acabar, e, se Ele o determinou, podemos ter absoluta certeza de que isso acontecerá.

Por enquanto, parece muitas vezes que o tempo passa por nossas vidas. Temos nossos compromissos e horários. Sabemos onde precisamos estar e quando precisamos estar lá. Se alguém é pontual em comparecer a reuniões, vemos isso como um sinal de bom caráter. Se alguém está atrasado, nos sentimos desrespeitados e nos perguntamos se podemos depender dessa pessoa em outras áreas da vida. O tempo nos diz quando ir para a cama e quando acordar. Ele define o momento no qual precisamos estar no trabalho, quando temos que levar as crianças para a prática de futebol ou quando devemos chegar à igreja, para que possamos ter certeza de que conseguiremos nos sentar onde estamos habituados.

É essa dependência do tempo que leva muitos cristãos a ficar sentados em casa, com um cronômetro, pensando: *Ok, Deus, quando o arrebatamento irá acontecer? Tu disseste que seria em breve, e a essa altura provavelmente estás esticando os limites externos até mesmo das definições mais liberais dessa palavra. A definição de "em breve" como um dia ou uma semana pode até ser razoável, mas 2.000 anos parece um pouco demais.* Portanto, os cristãos fazem previsões e definem datas. Todavia, por mais difícil que seja para nós aceitarmos, quando perguntamos a Deus "Quando?", a resposta Dele tipicamente é: "Não é da sua conta".

O profeta Habacuque uma vez lançou a Deus uma pergunta "Quando?", ao que o Senhor respondeu: "A visão ainda está para cumprir-se no tempo determinado, mas se apressa para o fim e não falhará; se tardar, espera-o, porque, certamente, virá, não tardará" (Hc 2.3). Deus disse a Habacuque que Ele determinou um momento em que todas as preocupações do profeta serão tratadas. Esse tempo, contudo, não é agora. Não há razão para ser impaciente. Embora pudesse parecer para Habacuque como se o tempo não passasse, para Deus, o compasso está perfeito.

Essa é a mesma mensagem que Deus nos dá enquanto almejamos Seu retorno. É algo bom desejar o retorno de Cristo. No entanto, se você acha que Ele está se atrasando, é devido à sua própria impaciência. Ele determinou um tempo e esse tempo certamente chegará, porque Aquele que prometeu é fiel. Isso se aplica a todos os aspectos do plano de Deus para este mundo. Ele estabeleceu tempos e tem autoridade para determinar quando e como Seu plano será executado.

Para entender as distinções entre Israel e a igreja, devemos prestar atenção às suas linhas temporais individuais. Ambos percorrem cursos separados através das histórias e dos futuros que o Senhor estabeleceu. No entanto, para reconhecer como esses dois caminhos se cruzam e divergem, precisamos apreciar o conceito de tempo e como Deus o usa para realizar Sua vontade. Isso é particularmente verdade quando olhamos para o fim de todos os tempos conforme estabelecido no livro do Apocalipse. Então, antes de começarmos a examinar aquele maravilhoso livro apocalíptico escrito pelo apóstolo João, precisamos estabelecer uma estrutura de como Deus trabalha dentro e fora do tempo.

O Deus eterno criou o tempo quando Ele criou o mundo

"No princípio..." (Gn 1.1). É nas duas primeiras palavras da Bíblia onde o tempo é apresentado. O fato de haver um começo implica que há também um meio e um fim. O tempo passa de *a* para *b* até finalmente chegar em *c*. De quem é a mão por trás dessa criação? É claro que é a do Pai através de Seu Filho, a Palavra. "No princípio era o Verbo, e o Verbo estava com Deus, e o Verbo era Deus. Ele estava no princípio com Deus. Todas as coisas foram feitas por intermédio dele, e, sem ele, nada do que foi feito se fez" (Jo 1.1-3). Jesus "fez", e o tempo foi o resultado natural.

A partir desses primeiros atos de criação, Deus começou a definir tempos. Primeiro, Ele nos deu dias. "Disse Deus: 'Haja luz; e houve luz'. E viu Deus que a luz era boa; e fez separação entre a luz e as trevas. Chamou Deus à luz Dia e às trevas, Noite. Houve tarde e manhã, o primeiro dia" (Gn 1.3-5). Pôr do sol, depois nascer do sol – você tem um dia. Essa foi a primeira vez que houve um primeiro dia. Em inglês se diz *Sunday* (dia do sol), mas em hebraico chamamos de *primeiro dia*. Por quê? Porque é o primeiro dia da semana. Nem sempre o domingo é um dia de sol, mas nunca há uma semana em que o *primeiro dia* não seja o primeiro.

Meses foram estabelecidos por Deus. Quando Ele informou a Moisés e Arão sobre seu plano de destruir os primogênitos de todo o Egito, disse: "Este mês vos será o principal dos meses; será o primeiro mês do ano" (Ex 12.2). A Páscoa instituiu os meses judaicos, e uma série de meses se tornou um ano.

As estações também foram ordenadas por Deus. Após o dilúvio, o Senhor sentiu o maravilhoso aroma do sacrifício de Noé e fez a promessa: "Enquanto durar a terra, não deixará de haver sementeira e ceifa, frio e calor, verão e inverno, dia e noite" (Gn 8.22). Deus criou o aquecimento global. Ele também criou o resfriamento global. Haverá tempos quentes e frios, tempos de plantio e tempos de colheita – cada um em sua estação adequada.

Quando Deus criou, o tempo começou. Ele então pegou o tempo e o arranjou de forma ordenada para que pudéssemos marcar sua passagem. Esse é o sistema que agora dirige nossos dias.

Deus nos criou dentro do tempo

O momento em que Deus disse: "Façamos o homem", foi dentro do tempo. Já havia se passado cinco dias desde que Ele havia começado o processo de criação. Naquele momento, fomos inseridos no fluxo da história. Por que naquele momento e não antes? Porque toda a criação, antes desse ponto, havia estado em preparação para essa coroação do plano criativo de Deus. Esse foi o glorioso instante em que Ele inseriu parte de Si mesmo em Sua criação – a implantação do sobrenatural no natural, o espiritual no físico. "'Façamos o homem à nossa imagem, conforme a nossa semelhança...' Criou Deus, pois, o homem à sua imagem, à imagem de Deus o criou; homem e mulher os criou" (Gn 1.26-27). Desde aquele primeiro instante da história humana, temos seguido o plano estabelecido por Deus, regido por Seus tempos, momentos e estações.

Jesus, durante Seu ministério terreno, foi governado pelos tempos do Pai. Enquanto caminhava com Seus discípulos, lhes disse: "O meu tempo ainda não chegou, mas o vosso sempre está presente" (Jo 7.6). Da mesma forma, quando Sua própria mãe pediu ajuda a Ele no casamento em Caná, a resposta de Jesus foi: "Ainda não é chegada a minha hora" (Jo 2.4). O Pai havia estabelecido os tempos de Seu Filho, e Seu Filho estava sujeito a eles.

Deus ordenou nossos tempos. Podemos ter a sensação de que nosso tempo é propriamente nosso, mas, na verdade, pertence a Ele. "Nas tuas mãos, estão os meus dias; livra-me das mãos dos meus inimigos e dos meus perseguidores" (Sl 31.15). Você não tem controle máximo sobre seus dias. Você pode ter sua vida toda planejada – os seus planos educacionais, a sua carreira, quando você quer se casar, quando começar uma família, com que idade irá se aposentar e quanto dinheiro você terá de sobra para que possa aproveitar o resto de seus anos. Tudo isso é ótimo. Mas você também precisa reconhecer que a qualquer momento pode ser atropelado por um caminhão, ser atingido por uma doença debilitante, descobrir sua incapacidade de ter filhos ou ser impedido de prosseguir em sua carreira.

Paulo escreveu: "Vede prudentemente como andais, não como néscios, e sim como sábios, remindo o tempo, porque os dias são maus" (Ef 5.15-16 cf. Cl 4.5). Deus, que se encontra fora do tempo, vê todos os nossos dias. Ele estabeleceu o começo e o fim e sabe de todos os altos e baixos que enfrentaremos ao longo do caminho. Ele diz: "Planeje o futuro, mas aproveite ao máximo o agora. O hoje chegou; você não pode ter certeza sobre amanhã. Certifique-se de que está brilhando minha luz a cada momento de cada dia enquanto você ainda tem tempo".

Nosso soberano Deus determinou o quê, quando e onde de todas as coisas

Um dos sentimentos de maior impotência da vida vem naquele momento em que você percebe que a caneta que está usando para escrever em um quadro branco está cheia de tinta permanente. Não há como voltar. Você pode esfregar, você pode pulverizar, você pode implorar aos anjos do quadro branco para vir e resgatá-lo, mas a realidade permanece que as manchas escuras que agora mancham a superfície outrora intocada nunca mais sairão totalmente.

*Os planos de Deus são perfeitos; portanto,
os tempos definidos por Ele são perfeitos.*

Nosso Deus é soberano, o que significa que Ele é o único no controle de todas as coisas. Como soberano, não só tem autoridade para estabelecer todos os tempos, mas o poder para cumprir esses tempos. Os planos Dele são perfeitos; portanto, os tempos definidos por Ele são perfeitos. A soberania de Deus significa que se Ele tivesse um calendário gigante de quadro branco, no qual fosse preencher todos os momentos importantes da história, poderia fazê-lo usando um marcador permanente. Nenhuma circunstância O faria pegar o apagador. Nenhuma crise, como guerras, vírus ou desastres naturais, O faria pesquisar "solventes para tinta permanente". O que Ele estabeleceu é 100% perfeição e vai acontecer.

O Momento Perfeito para a Criação

Deus determinou o momento perfeito para a criação do mundo. Em sua existência fora do tempo, Deus escolheu o momento perfeito para começá-lo. Stephen Hawking não conseguiu entender por que este universo surgiu quando surgiu. O livro dele *Uma Breve História do Tempo* não trouxe nenhuma compreensão de como o tempo se tornou tempo. Em vez disso, ele deu suas suposições sobre o quando e como do universo, mas não ofereceu respostas para a questão filosófica do porquê. Na verdade, contudo, a solução não é difícil. O universo aconteceu porque Deus decidiu que aconteceria. Ele aconteceu quando aconteceu pela mesma razão – o Senhor decidiu que era apropriado.

O Momento Perfeito para o Dilúvio

Deus determinou o momento perfeito para enviar um dilúvio sobre o mundo. Um dia, o nosso soberano Senhor puxou Noé de lado e revelou-lhe quando enviaria o dilúvio e quanto tempo duraria. Ele não disse: "Ei, Noé, eu estava pensando em inundar a Terra. Deixe-me saber quanto tempo você acha que levaria para construir uma arca para que Eu possa mapear uma linha do tempo". O Senhor não checava de vez em quando como ia o Seu construtor de barcos – "Você está acabando? Estou tentando cumprir esse cronograma". Deus já tinha Seus tempos estabelecidos, e quando a arca estava pronta, Ele disse ao Seu fiel servo: "Entra na arca, tu e toda a tua casa, porque reconheço que tens sido justo diante de mim no meio desta geração [...] Porque, daqui a sete dias, farei chover sobre a terra durante quarenta dias e quarenta noites; e da superfície da terra exterminarei todos os seres que fiz" (Gn 7.1,4). Ele deu a Seu servo uma data para o dilúvio – uma semana a partir daquele dia – e Noé teve que viver com essa realidade nos sete dias seguintes.

Imagine olhar ao seu redor sabendo que cada pessoa que você viu, com exceção de sua família próxima, estaria morta em uma semana. O que você faria com esses sete dias? Sabemos o que Noé fez – ele disse a todos para serem honestos com Deus enquanto ainda havia tempo. O apóstolo Pedro chamou Noé de "pregador da justiça" (2Pe 2.5), e temos que presumir que é exatamente o que ele estava fazendo enquanto observava o temporizador se aproximar do zero.

Quando Deus quiser que saibamos uma data, Ele nos dirá a data. E se Ele esconde esse conhecimento, há sempre uma razão. Cada pessoa nesta terra tem um relógio de contagem regressiva em sua vida. Nascemos com uma data de validade. Noé sabia para o que os temporizadores de seus contemporâneos estavam definidos – não temos esse conhecimento hoje. Essa falta de certeza deveria nos incendiar a também sermos pregadores da justiça, porque nossos amigos e familiares incrédulos podem ter setenta anos, ou sete dias, ou talvez apenas até amanhã.

O Momento Perfeito para o Filho de Abraão

Deus determinou o momento perfeito no qual cumpriria sua promessa a Abraão de lhe dar um filho. No pacto que Deus fez com Abraão, o Senhor lhe disse: "De ti farei uma grande nação" (Gn 12.2). Isso deve ter emocionado esse idoso que provavelmente havia desistido de toda a esperança de ter filhos. Então o tempo passou sem nenhum descendente, e ele começou a se perguntar se talvez Deus tivesse esquecido Sua promessa. Por fim, a sua paciência acabou, então ele pensou que ajudaria a Deus tendo um filho através da serva de sua esposa, Hagar. Esse ato de impaciência levou a quatro mil anos de inimizade entre o filho de Hagar, Ismael, e o filho de Sara, Isaque.

Se ao menos aprendêssemos a esperar por Deus – a confiar que Ele já tem o tempo da resposta de nossa oração escrito em seu quadro com tinta permanente. A resposta de Abraão estava naquele quadro em letras grandes e em negrito, e há anos havia estado ali. Conhecendo o desespero de Abraão, um dia Deus decidiu dar a esse futuro patriarca um vislumbre do Seu calendário. Ele e dois anjos visitaram Abraão. Enquanto estiveram lá, disse ao pai de Seu povo escolhido: "Daqui a um ano, neste mesmo tempo, voltarei a ti, e Sara terá um filho" (Gn 18.14). Deus havia determinado um tempo. E quando Abraão determinou seu próprio tempo, ele criou uma bagunça.

Quando chegou a hora determinada pelo Senhor –bum! – havia um filho nascido desse casal de idosos. Desse filho, Isaque, descenderia o povo escolhido por Deus. Israel foi estabelecido no momento certo, de acordo com o calendário de Deus. Os descendentes dessa criança milagrosa seriam bênçãos para o mundo inteiro e através desta linhagem viria um dia o Salvador da humanidade. Assim, Abraão tornou-se pai duas vezes. Tornou-se o pai físico dos judeus, o pai espiritual da igreja e, por fim, o pai de todos aqueles cuja salvação se encontra em Jesus Cristo. Um pai, um filho prometido, duas linhagens de descendentes separadas e muito distintas.

O Momento Perfeito para o Nascimento de Jesus

Deus determinou o momento perfeito para Seu Filho vir ao mundo. Antes do tempo começar, Deus havia escrito a chegada do Emanuel em Seu calendário.

> [Cristo] conhecido, com efeito, antes da fundação do mundo, porém manifestado no fim dos tempos, por amor de vós que, por meio dele, tendes fé em Deus, o qual o ressuscitou dentre os mortos e lhe deu glória, de sorte que a vossa fé e esperança estejam em Deus" (1Pe 1.20-21).

Quando chegou a hora, Jesus, *Yeshua HaMashiach* – a salvação do mundo – nasceu em uma pequena cidade ao sul de Jerusalém. "Vindo, porém, a plenitude do tempo, Deus enviou seu Filho, nascido de mulher, nascido sob a lei, para resgatar os que estavam sob a lei, a fim de que recebêssemos a adoção de filhos" (Gl 4.4-5).

Havia um tempo definido, um dia definido, uma hora definida em que Jesus tinha que vir. Por que Ele veio naquele momento e não em outro ponto da história? Podemos especular o quanto quisermos e chegar a algumas conclusões muito lógicas. No entanto, em última análise, o momento foi perfeito porque o Pai determinou que era perfeito. Até mesmo o segundo em que nosso Salvador daria Seu primeiro humilde suspiro entre Sua criação havia sido determinado antes mesmo do universo ser formado. Mais uma vez, o momento perfeito de Deus não é baseado em eventos ou circunstâncias. É perfeito porque é o tempo de Deus.

O Momento Perfeito para o Ministério de Jesus

Deus determinou o momento perfeito para o início do ministério de Jesus. Marcos escreve: "Depois de João ter sido preso, foi Jesus para a Galileia, pregando o evangelho de Deus, dizendo: O tempo está cumprido, e o reino de Deus está próximo; arrependei-vos e crede no evangelho" (Mc 1.14-15). Lucas 3.23 diz que Jesus tinha cerca de trinta anos quando começou Seu ministério. Pense em como teria sido se Ele tivesse começado seu ministério aos vinte e um anos. Ou mesmo se fosse reconhecido como uma criança prodígio e começasse a curar as pessoas e espalhar o evangelho aos treze anos. Será que Ele não poderia ter expulsado muito mais demônios, curado muito mais leprosos, dado visão a muito mais pessoas cegas, pregado o evangelho da salvação para muito mais perdidos? Deus se tornou homem e viveu nesta terra por apenas trinta e três anos, e apenas 9% desses anos foram gastos em ministério. Não foi um desperdício? Com certeza não. A duração do Seu ministério foi perfeita. Por quê? Porque Deus estabeleceu o tempo.

O Momento Perfeito para a Crucificação de Jesus

Deus determinou o momento perfeito para Seu Filho morrer. Tendo digitado essas palavras, admito que preciso fazer uma pausa enquanto penso sobre isso. O próprio Pai planejou o sacrifício agonizante de Seu único Filho. Eu não consigo imaginar isso. Fora o próprio Deus, não há ninguém que eu ame mais do que a minha família. Você pode ser uma pessoa maravilhosa, mas e se eu tivesse que fazer uma escolha entre você e um deles? Desculpe, mas sempre escolheria a minha família. Eu prontamente me sacrificaria por você, mas mantenha suas mãos longe de minha esposa e filhos. No entanto, o amor do Pai por nós foi tão grande que Ele voluntariamente trocou a vida de Seu Filho pela nossa. Tire um momento antes de continuar a ler, pense sobre o que Deus fez por você e agradeça-O por isso.

Quando Jesus enviou os discípulos para preparar a Páscoa na noite anterior à crucificação, Ele revelou a eles: "O meu tempo está próximo" (Mt 26.18). O temporizador da morte de Jesus havia começado no momento em que Ele nasceu, e a campainha estava prestes a disparar. "Cristo, quando nós ainda éramos fracos, morreu a seu tempo pelos ímpios" (Rm 5.6). Ele havia vivido Sua vida com o espectro da crucificação pairando sobre a cabeça, e agora era o "seu tempo". Imagine viver sua vida sabendo que em certo dia você morreria uma morte horrível. Todas as manhãs você acordaria reconhecendo que estava 24 horas mais perto do fim. Um ano antes, um mês antes, um dia antes – não é de admirar que a angústia de Jesus fosse tão grande no Getsêmani. Todavia, a hora havia chegado e aquilo precisava ser feito. Assim, vemos a aquiescência de Jesus com o tempo estabelecido pelo Pai – "Não se faça a minha vontade, e sim a tua" (Lc 22.42).

O Momento Perfeito para Enviar o Espírito

Deus determinou o momento perfeito para enviar o Espírito Santo para dar à luz a igreja. Na noite anterior a ida de Jesus para a cruz, Ele conversou com seus discípulos sobre o Espírito que viria para eles. "Quando, porém, vier o Consolador, que eu vos enviarei da parte do Pai, o Espírito da verdade, que dele procede, esse dará testemunho de mim" (Jo 15.26). Nos tempos que viriam, quando eles começassem a duvidar do que Jesus havia dito sobre Si mesmo, o Espírito Santo estaria lá para lidar com a descrença e afirmar o que eles sabiam ser verdade.

O ministério de sabedoria do Espírito iria ultrapassar as palavras de Jesus e abarcar toda a verdade. Naquela mesma conversa, Jesus continuou e disse:

> Mas eu vos digo a verdade: convém-vos que eu vá, porque, se eu não for, o Consolador não virá para vós outros; se, porém, eu for, eu vo-lo enviarei... quando vier, porém, o Espírito da verdade, ele vos guiará a toda a verdade; porque não falará por si mesmo, mas dirá tudo o que tiver ouvido e vos anunciará as coisas que hão de vir. Ele me glorificará, porque há de receber do que é meu e vo-lo há de anunciar (Jo 16.13-14).

Por que o Espírito Santo teve que esperar até depois da morte de Jesus para começar esse maravilhoso ministério da verdade e de afirmação? Porque o Pai havia determinado que isso seria o melhor.

Todos os eventos importantes do calendário espiritual do mundo foram definidos através da sabedoria e da soberania de Deus, e cada um ocorrerá no momento certo.

Os Momentos Perfeitos para Eventos Futuros

Finalmente, ao longo da era da igreja e dos tempos que virão, a agenda de Deus está definida. Ele determinou o momento perfeito para que Jesus venha e redima a igreja da ira que se aproxima (Mt 24.36; 1Ts 1.9-10). Ele definiu a data na qual recompensará seus santos por seus atos com uma coroa de justiça (2Tm 4.8; cf. Cl 3.23-24). Ele decidiu o período glorioso em que Israel experimentará o renascimento e retornará a Ele (Rm 11.26). Ele fixou o momento para aquele grande dia em que enviará Seu Filho com a noiva do Filho para governar e julgar o mundo (Ap 19.4-21; cf. At 17.30-31). Finalmente, o Senhor fixou com exatidão os momentos certos para que Ele trouxesse toda a humanidade a um julgamento final (Ap 20.12) e para estabelecer Seus novos céus e nova Terra (Ap 21.1-4). Todos os eventos importantes do calendário espiritual do mundo foram definidos através da sabedoria e da soberania de Deus e cada um virá a acontecer no momento certo.

O Espírito Santo nos dá a capacidade de entender os tempos de Deus

Há algumas pessoas que possuem uma notável capacidade de reconhecer tendências e fazer prognósticos políticos, culturais e espirituais razoavelmente precisos. Dependendo de quão bem esses homens e mulheres são capazes de comunicar suas previsões – ou quantos livros conseguem vender – eles podem até ter uma influência no curso tomado pelas nações. Este não é um fenômeno novo. Quando Davi estava em Hebron, juntando homens para o inevitável conflito com Isbosete, o filho do falecido rei Saul, entre os listados estavam "os filhos de Issacar, conhecedores da época, para saberem o que Israel devia fazer" (1Cr 12.32). Esses homens detinham uma sabedoria piedosa que lhes permitia ver que havia chegado a hora de Deus mudar o poder em Israel da linhagem de um rei espiritualmente fracassado para um novo rei, aquele que seria um homem segundo o próprio coração de Deus.

Hoje, o mundo está vivendo um tempo mais difícil de entender do que o normal. Nos Estados Unidos, houve protestos, tumultos e saques. Pessoas estão pleiteando que os departamentos de polícia percam verbas. Há um movimento intencional para apagar a história através da remoção de estátuas e do "cancelamento" de vários livros, filmes e músicas que foram considerados "odiosos" por uma pequena, mas poderosa minoria multigeracional e multiétnica da população. Aqueles que têm qualquer tipo de destaque público são forçados a se curvar à organização política socialista Black Lives Matter (BLM) ou enfrentar multidões, perda de posição e, às vezes, violência. O que começou como um movimento para enfrentar o racismo persistente em várias partes da cultura americana, foi sequestrado por aqueles que possuem uma agenda de extrema esquerda, e agora está sendo usado para fundamentalmente revisar o governo e a cultura americanos.

As igrejas – ainda se recuperando de ficarem fechadas por meses devido à COVID – estão se esforçando para entender como lidar com o movimento BLM. Muitos proeminentes líderes cristãos estão equivocadamente ajoelhados em arrependimento diante de membros da comunidade afro-americana, dizendo que aceitam a responsabilidade pelo "privilégio branco" e pelo passado racista da nação. Outros se opõem inflexivelmente a tais manifestações, dizendo: "Eu só vou dobrar meus joelhos para Jesus Cristo". A maioria dos cristãos se encontra confusa sobre como deve reagir – orando para que qualquer racismo sistêmico persistente seja devidamente tratado. Ao mesmo tempo, eles se perguntam como o arrependimento de pecados que nunca cometeram terá um efeito diferente, de fortalecer um movimento radical do qual eles fundamentalmente desconfiam.

A confusão sobre o que está acontecendo é real, mas não necessária. Deus nos ofereceu sabedoria para entender nossos tempos, basta pedirmos. O Espírito Santo guiará nossas ações enquanto buscarmos Sua vontade. Somente através do Espírito as águas turvas da cultura podem ser verdadeiramente limpas para que possamos ver o caminho nos quais somos chamados a caminhar nestes tempos estranhos e incomuns. E com o Espírito Santo, nem sempre há uma direção única. Os planos e propósitos de Deus são grandes demais para isso.

Da mesma forma que o Espírito Santo pode trazer clareza à nossa situação atual, Ele pode abrir nossos olhos para a compreensão dos tempos futuros. O Pai já nos revelou muitos dos eventos que estão vindo em nossa direção, e fez isso através dos profetas. O profeta pastor, Amós, escreveu: "Certamente, o Senhor Deus não fará coisa alguma, sem primeiro revelar o seu segredo aos seus servos, os profetas" (Am 3.7). A mensagem chega aos profetas e eles a transmitem ao povo. Eles são os arautos da palavra do Senhor. Portanto, as palavras deles podem ser tomadas como verdade absoluta. "Nenhuma profecia da Escritura provém de particular interpretação[13]; porque nunca jamais qualquer profecia foi dada por vontade humana; entretanto, homens [santos] falaram da parte de Deus, movidos pelo Espírito Santo" (2Pe 1.20-21).

Os profetas nas Escrituras falavam palavras diretamente da boca de Deus. É por isso que nunca vou alegar ser um profeta. Atualmente, parece que todos querem ser profetas. Pastores e evangelistas – a fim de reforçar sua autoridade e reputação – se autodenominam profeta fulano ou profeta cicrano. Ou, se você puder adicionar um nome judeu ao seu título, fica ainda muito mais forte. "Eu sou agora o profeta Yehuda ben Israel", um pastor pode anunciar à sua congregação, enquanto sua esposa está ocupada em seu escritório rasgando todos os seus cartões de visita antigos que diziam "pastor João da Silva".

Em uma ocasião, encontrei uma senhora na escada de embarque de um avião. Ela disse: "Oh meu Deus! Você é o profeta Amir!". Quase tive um ataque cardíaco. Não sou um canal para as palavras sagradas de Deus. Eu não tenho um escriba copiando meus pronunciamentos para que possa adicionar Primeiro e Segundo Amir como os sexagésimo sétimo e sexagésimo oitavo livros da Bíblia. O que ensino são as compreensões que o Espírito Santo me concede *vindas* da palavra inspirada de Deus. Essas mesmas compreensões estão disponíveis para todos que dediquem tempo ao estudo das Escrituras.

Portanto, é o Espírito Santo que, através da Bíblia, nos abençoa com informações sobre o tempo do Pai para Israel e para a igreja. E é o Espírito Santo que nos dá uma compreensão dessa informação através de nossos tempos de leitura e estudo de Sua Palavra. No entanto, há um limite para o que Ele irá nos mostrar. Muitos de nós, por natureza, somos curiosos. Queremos respostas e queremos agora. Querer respostas não é algo ruim. Na verdade, devemos desejar saber tudo o que pudermos sobre Deus e Seus planos. Contudo, também devemos perceber que há muitas informações que estão simplesmente acima do nosso nível de compreensão. Deus não nos revelou isso por uma razão.

---

13 cf, AA e NAA.

Antes de Jesus ascender ao céu, os discípulos o questionaram:

> "Senhor, será este o tempo em que restaures o reino a Israel?" Respondeu-lhes: "Não vos compete conhecer tempos ou épocas que o Pai reservou pela sua exclusiva autoridade; mas recebereis poder, ao descer sobre vós o Espírito Santo, e sereis minhas testemunhas tanto em Jerusalém como em toda a Judeia e Samaria e até aos confins da terra" (At 1.6-8).

Os discípulos fizeram uma ótima pergunta. Jesus respondeu: "Desculpe, não posso dar a vocês uma resposta. Em vez disso, vou lhes dar uma missão. Vocês se concentram em seu trabalho aqui e deixem o Pai lidar com os tempos".

Esteja satisfeito com o que você pode saber através da sabedoria e compreensão dadas pelo Espírito Santo. Ao mesmo tempo, cuidado com aqueles que prometem conhecimento secreto e que entram em detalhes não explicitados claramente nas Escrituras. Pedro alertou contra esse tipo de falsos metres em sua segunda carta:

> Esses tais [falsos mestres] são como fonte sem água, como névoas impelidas por temporal. Para eles está reservada a negridão das trevas; porquanto, proferindo palavras jactanciosas de vaidade, engodam com paixões carnais, por suas libertinagens, aqueles que estavam prestes a fugir dos que andam no erro, prometendo-lhes liberdade, quando eles mesmos são escravos da corrupção (2 Pedro 2.17-19).

Esses falsos mestres são "fonte sem água", oferecendo compreensões que afirmam que irão saciar a curiosidade daqueles que querem ver atrás das portas do conhecimento, as quais Deus intencionalmente manteve fechadas. Infelizmente, muitos compram essas promessas e passam todo o tempo jogando seus baldes em um poço vazio, ignorando a água transbordante e que dá vida contida na Bíblia. Jesus disse: "Não vos compete conhecer tempos ou épocas", mas o falso profeta ou pregador diz: "Claro, mas olhe para as luas de sangue e os eclipses solares e o alinhamento único do cometa Halley, de Vênus e da Estação Espacial Internacional". Hoje em dia, parece que se você quer saber os tempos, precisa ser um astrônomo, um meteorologista ou um astronauta.

A verdade é que você não precisa de um PhD depois do seu nome para entender os tempos de Deus. Você simplesmente precisa de um desejo de aprender e de disciplina para estudar a Sua palavra. O Espírito Santo cuidará do resto.

Devemos usar o tempo sabiamente enquanto o tempo ainda está por aqui para ser usado

Embora não possamos saber o dia exato do retorno de Jesus, sabemos que está próximo. Paulo escreveu:

> Irmãos, relativamente aos tempos e às épocas, não há necessidade de que eu vos escreva; pois vós mesmos estais inteirados com precisão de que o Dia do Senhor vem como ladrão de noite. Quando andarem dizendo: "Paz e segurança", eis que lhes sobrevirá repentina destruição, como vêm as dores de parto à que está para dar à luz; e de nenhum modo escaparão (1Ts 5.1-3).

O prenúncio do fim nos cerca. A ladeira escorregadia pela qual o mundo tem deslizado tem ficado mais íngreme. O tempo que Deus determinou para encerrar o tempo da igreja nesta terra e começar a disciplina de Israel pode vir a qualquer momento. Sabendo disso, como devemos viver então?

Em sua primeira carta, Pedro deu uma resposta detalhada a essa pergunta:

> O fim de todas as coisas está próximo; sede, portanto, criteriosos e sóbrios a bem das vossas orações. Acima de tudo, porém, tende amor intenso uns para com os outros, porque o amor cobre multidão de pecados. Sede, mutuamente, hospitaleiros, sem murmuração. Servi uns aos outros, cada um conforme o dom que recebeu, como bons despenseiros da multiforme graça de Deus. Se alguém fala, fale de acordo com os oráculos de Deus; se alguém serve, faça-o na força que Deus supre, para que, em todas as coisas, seja Deus glorificado, por meio de Jesus Cristo, a quem pertence a glória e o domínio pelos séculos dos séculos. Amém! (1Pe 4.7-11).

Pedro começa afirmando que o fim está próximo. O conceito de tempo está prestes a se dissolver. Ele começou e vai acabar (Ap 22.1-5). Antes disso, era a eternidade, e depois disso, é a eternidade. Pense nisso: pela primeira vez na história, a humanidade será transferida para o reino eterno. O tempo não nos afetará mais. Os nossos corpos glorificados não precisarão se preocupar com rugas, bolsas nos olhos e calvície. Como o tempo pode nos afetar se não há tempo? Não sei quanto a você, mas só de pensar em viver fora do tempo causa um curto-circuito em meu cérebro. É o único contexto em que a frase "Você não tem futuro" é na verdade uma afirmação positiva. Parece ilógico e soa irracional, mas isso é simplesmente porque o tempo é tudo o que sabemos. Por enquanto, não ter "futuro" ainda está no futuro.

Enquanto ainda literalmente temos tempo, Pedro diz para nos ocuparmos das coisas de Deus. Somos chamados a ser sérios e vigilantes, não frívolos e focados em nós mesmos. Devemos ter uma vida de amor sacrificial, compartilhando com os outros as bênçãos físicas e espirituais dadas a nós pelo Espírito Santo. Pedro entendeu isso melhor do que a maioria. Ele ouviu da própria boca de Jesus a nossa grande comissão de espalhar o evangelho a este mundo. Ele sabia que essa era a razão pela qual o Senhor estava atrasando Seu retorno, e essa é a razão pela qual Ele continua a adiá-lo hoje.

> Amados, que não deveis esquecer: que, para o Senhor, um dia é como mil anos, e mil anos, como um dia. Não retarda o Senhor a sua promessa, como alguns a julgam demorada; pelo contrário, ele é longânimo para convosco, não querendo que nenhum pereça, senão que todos cheguem ao arrependimento (2Pe 3.8-9).

Jesus disse: "Certamente, venho sem demora" (Ap 22.20). No entanto, a Sua vinda não acontecerá até o momento já escolhido pelo Senhor para que a Sua paciência chegue ao fim. Estamos nessa janela de oportunidade. Temos que usá-la ao máximo. Assim, enquanto uma parte de nossos corações responde à promessa de Jesus de um retorno rápido, dizendo: "Amém! Vem, Senhor Jesus!" (Ap 22.20), a outra parte diz: "Dê-me um pouco mais de tempo, Pai, para que eu possa levar apenas mais uma alma ao arrependimento".

PARTE 3:
DOIS CAMINHOS EM APOCALIPSE

CAPÍTULO 7

O começo do fim

Bem-vindo ao Apocalipse

Toda criação está se movendo minuto a minuto, dia após dia, para um tempo em que o tempo não existe mais. No entanto, nem todos os caminhos para esse destino são os mesmos. Israel tem um caminho, a igreja tem outro, e aqueles que não fazem parte de Israel ou da igreja têm um terceiro. Nestes próximos capítulos, iremos nos concentrar nos planos de Deus para Israel e a igreja. Embora essas duas trilhas estejam separadas agora, está chegando um tempo em que elas irão convergir por um período, antes de finalmente se fundirem em uma só. Como nosso roteiro para essas duas rotas, usaremos o livro de Apocalipse.

Serei muito honesto com você. No passado, não foi fácil para mim ensinar sobre esse grande livro apocalíptico. Eu me debati com ele por muito tempo quando era um jovem cristão, e até tendia a evitá-lo enquanto crescia na minha fé. Acredito que esse é o caso de muitos cristãos. O livro é assustador e, algumas vezes, simplesmente estranho. Às vezes é quase como se eu estivesse lendo um romance de ficção científica ou uma obra de fantasia completa com reis, dragões e grandes bestas. Apocalipse pode ser aterrorizante, assustador e incrivelmente confuso. Tantas pessoas tomam a mesma atitude que tomei: "Eu posso viver minha vida muito bem sem aprender e estudar o livro do Apocalipse. É melhor eu não mexer com ele".

Agora que tive tempo para aprender esse livro, tal atitude evasiva parte o meu coração. O cristão perde muito por ignorar o Apocalipse. Esse é o único dos sessenta e seis livros da Bíblia onde Deus promete especificamente uma bênção a todos aqueles que leem e obedecem ao seu conteúdo. "Bem-aventurados aqueles que leem e aqueles que ouvem as palavras da profecia e guardam as coisas nela escritas, pois o tempo está próximo" (Ap 1.3).

Essa fórmula de "aprender + obedecer = bênção" é um tema comum nas Escrituras. Quando Esdras descreveu sua viagem a Jerusalém, ele registrou:

> No primeiro dia do primeiro mês, partiu da Babilônia e, no primeiro dia do quinto mês, chegou a Jerusalém, segundo a boa mão do seu Deus sobre ele. Porque Esdras tinha disposto o coração para buscar a Lei do Senhor, e para a cumprir, e para ensinar em Israel os seus estatutos e os seus juízos (Ed 7.9-10).

A boa mão de Deus estava sobre esse fiel líder e escriba. Por quê? A palavra "para" responde à pergunta. Deus abençoou Esdras porque ele procurou a lei de Deus, obedeceu-a e ensinou-a aos outros. Se você está buscando a bênção do Deus de toda a criação, irá encontrá-la nas páginas das Escrituras e em seu compromisso de seguir o que você lê. Quando se trata de ler Apocalipse, o apóstolo João nos diz que isso é a mais pura verdade.

"Mas, Amir, o Apocalipse é realmente aplicável às nossas vidas? Claro que ele é interessante e tudo mais, porém quero aprender como eu deveria viver hoje!". Essa crença de que não há aplicações reais no Apocalipse é um mal-entendido comum sobre esse incrível livro. Leia novamente as palavras de João que lemos antes. Ele disse: "Bem-aventurados aqueles que leem e aqueles que ouvem as palavras da profecia *e guardam as coisas nela escritas*". Se não há nada aplicável – nenhum "agora faça isso" ou "é assim que você deve viver agora" – então, como iremos "guardar as coisas"? Há pastores e mestres que se afastam desse livro por causa da suposta falta de relevância dele para o cotidiano do cristão. Isso é uma tragédia. Tal evitamento afasta os membros de suas igrejas do conselho completo de Deus e mantém fora do alcance dessas pessoas as bênçãos específicas que o Senhor associou ao livro de Apocalipse.

O primeiro da lista daqueles que querem que você ignore esse livro é o próprio Satanás. Por quê? Porque ninguém deseja que outros leiam sobre suas derrotas em definitivo. Apocalipse descreve o fim de todas as coisas, incluindo o fim do diabo e de seus servos. Na verdade, acredito de todo o meu coração que, quando os cristãos não estudam alguma parte específica da palavra de Deus, o único que ganha com isso é Satanás. Sem esse livro, ele pode produzir a ilusão de que ainda detém um grande poder. Essa falsa narrativa do poder diabólico postula que há uma grande batalha entre o bem e o mal neste mundo e que o resultado definitivo está em jogo.

Se você está procurando a verdade sobre o passado, o presente e o futuro do mundo, o único lugar para encontrá-la é na Palavra de Deus.

A popularidade desse enredo falso deve-se mais à influência de filmes, da televisão e de romances do que às Escrituras. Isso não deveria ser surpresa. Pense em quanto tempo mais o cristão médio passa todos os dias envolvido em algum tipo de entretenimento, em comparação aos poucos minutos que utiliza para estudar a Bíblia. Se você está procurando a verdade sobre o passado, o presente e o futuro do mundo, o único lugar para encontrá-la é na palavra de Deus. Ela é o único registro que temos capaz de nos fornecer uma imagem completa e precisa não só do coração de Deus, mas dos Seus planos.

O livro de Apocalipse 101

Vamos passar agora para como o livro do Apocalipse surgiu. Primeiro, precisamos estabelecer a data de sua escrita. A razão pela qual isso é tão importante é que há aqueles que dizem que devido à época na qual o livro foi escrito, ele é irrelevante para nós hoje. Por quê? Eles alegam que todos os eventos falados por João já aconteceram. Dizem que, embora o livro tenha falado sobre o futuro próximo devastador dos leitores originais, ele é apenas uma narrativa histórica um pouco difícil de ser aplicada para nós atualmente.

Aqueles que defendem esse ponto de vista são chamados *preteristas*, que vem da palavra latina *praeter*, que significa "passado". Segundo eles, o que João descreve em Apocalipse *foi* cumprido no *passado,* em vez de se cumprir no *futuro*. Normalmente, de mãos dadas com o preterismo está a crença de que a ligação de Deus com Israel terminou em 70 d.C., quando Jerusalém foi saqueada pelos romanos e o Templo foi destruído. A partir daí, o "Plano B" igreja, ocupou o lugar na estratégia de salvação de Deus que já foi realizada por seu fracassado "Plano A" – os judeus. Como temos visto, essa é a premissa fundamental da Teologia de Substituição – a crença de que Deus rejeitou permanentemente Israel e concedeu todas as promessas da nação à igreja.

O preterismo afeta a forma como se deve datar o livro do Apocalipse. Para os eventos descritos como se referindo ao saque à Jerusalém em 70 d.C., o livro deveria ter sido escrito no final dos anos 60. Os preteristas dizem que todos os horrores descritos em Apocalipse foram figurativamente cumpridos pela severa perseguição aos cristãos sob o reinado sangrento do Imperador Nero, antes do grande auge destrutivo no qual o Imperador Vespasiano ordenou que a cidade fosse arrasada em 70 d.C. No entanto, é preciso alguma manipulação e muita alegorização de conteúdo para fazer essa data se encaixar, porque muito do que é descrito simplesmente não possui correlação histórica com o mundo real.

Por exemplo, o ano de 70 d.C. não teve o lago de fogo. Não marcou o início do reino milenar. Não houve um grande líder que realizasse eventos inacreditáveis como ressuscitar a si mesmo dos mortos. Você tem que olhar para o Apocalipse e dizer que essas passagens realmente não significam o que elas parecem significar, ou você tem que admitir que elas ainda estão por vir. A data de autoria preterista, final dos anos 60, é totalmente incompatível com uma interpretação literal das Escrituras. Portanto, a data de sua autoria deve ser após a destruição de Jerusalém.

Outra razão para defender uma autoria posterior – 95-96 d.C. – é o local onde o livro foi escrito. João escreveu: "Eu, João, irmão vosso e companheiro na tribulação, no reino e na perseverança, em Jesus, achei-me na ilha chamada Patmos, por causa da palavra de Deus e do testemunho de Jesus" (Ap 1.9). O pai da igreja do século 2º, Irineu, afirma que o exílio de João em Patmos ocorreu durante a última parte do reinado do imperador Domiciano (81–96 d.C.). Eusébio, escrevendo no início do século 4º, confirmou a data de Irineu.

Essa data posterior não só remove a necessidade de alegorizar o texto, como também se encaixa melhor na história. O livro foi escrito mais de duas décadas após a destruição de Jerusalém e do Templo. Assim, não há menção no livro de que estejam ocorrendo cerimônias de sacrifício na cidade. Na verdade, não há menção a nenhum evento antes de 70 d.C., nem qualquer discurso específico sobre a revolta judaica ou a demolição vindoura do Templo. Se a Jerusalém pré-70 d.C. era verdadeiramente o *Sitz im Leben*[14] do autor, é razoável pensar que teria havido alguma informação precisa ou detalhada sobre a cidade sagrada de Deus naquele tempo. Mas não há nada específico sobre a Jerusalém do primeiro século. Na verdade, os julgamentos do Apocalipse têm um escopo global. Vemos Deus ferindo o mundo inteiro, não apenas uma cidade.

Além da data, há outra questão fundamental que os "estudiosos" bíblicos tendem a atacar – a autoria do livro. Numerosas teorias não-joaninas apresentaram vários escritores em potencial. Uma teoria popular diz que o escritor do livro poderia muito bem ter sido um ancião da igreja de Éfeso que se encontrava exilado na ilha de Patmos. Esse homem escreveu sua própria visão – naquele momento, a fim de angariar credibilidade, ele assinou a obra com o nome de João. Entretanto, é preciso tão somente olhar para o resto dos escritos de João para perceber que esse livro neles se encaixa perfeitamente.

---

14 Contexto vital.

João gostava muito de sinais e o número sete era importante para ele. Olhando para seu Evangelho, vemos que este está cheio de menções a sinais milagrosos. Ele fala de Jesus transformando água em vinho (Jo 2.1-11), curando o filho do oficial (4.46-54), curando o homem paralisado na piscina de Betesda (5.1-15), alimentando as cinco mil pessoas (6.5-14), caminhando sobre a água (6.16-24), curando o homem nascido cego (9.1-7) e ressuscitando Lázaro dos mortos (11.1-45). João incluiu esses sete sinais em seu Evangelho para provar que Jesus é de fato o Messias prometido. Ele não é apenas um homem. Ele é o Emanuel – Deus conosco. Em Apocalipse, também encontramos essa ênfase em sinais e milagres, e o número sete está presente por todo o livro – sete selos, sete trombetas, sete taças. Até mesmo o estilo de escrita e o uso do grego leigo, que são características da escrita de João, estão evidentes em Apocalipse.

A data posterior de escrita, com a autoria joanina, é a que melhor se encaixa no estilo e conteúdo do livro. Por que há tanto esforço hoje em dia para fazer o livro parecer irrelevante ou escrito por um impostor? Isso nos leva de volta à promessa de bênção em Apocalipse 1.3. O diabo está tentando roubar de você a graça de Deus que vem da leitura, compreensão e realização do que está contido nesse livro. Ele quer impedi-lo de experimentar a plenitude da palavra reveladora do Senhor. Reflita sobre como esse livro é especial. João escreveu:

> A Revelação de Jesus Cristo, que Deus lhe deu para mostrar aos seus servos as coisas que em breve devem acontecer e que ele, enviando por intermédio do seu anjo, notificou ao seu servo João, o qual atestou a palavra de Deus e o testemunho de Jesus Cristo, quanto a tudo o que viu" (Ap 1.1-2).

Deus tinha uma mensagem tão importante que Ele escolheu Seu Filho para entregá-la pessoalmente. E o conteúdo a ser transmitido foi tão incrível, tão empolgante, que não foi suficiente apenas *dizer* a João – Ele precisou *mostrar* tais coisas a esse discípulo tão amado pelo Salvador. O apóstolo não apenas ouviu sobre as coisas que estavam por vir, ele as viu com seus próprios olhos. Novamente, não é de admirar que o inimigo esteja se esforçando tanto para impedir que os cristãos leiam esse livro.

Deus não está apenas adivinhando sobre
o futuro. Ele já o conhece.

Uma prévia do que está por vir

Quanto mais eu estudo o livro do Apocalipse, mais eu o amo. É como o filme *De Volta para o Futuro*. Quando o lemos, voltamos no tempo para um momento em que o próprio Deus nos revelou o futuro que Ele estabeleceu para este mundo. O que lemos não é o que poderia acontecer ou o que pode acontecer. É o que acontecerá em absolutamente cem por cento. Deus não está apenas adivinhando o futuro. Ele já o conhece. Ele assistiu ao filme. Ele transmitiu o vídeo. Na verdade, Ele escreveu o roteiro e dirigiu o filme inteiro.

Em Apocalipse, Deus está nos mostrando o trailer daquilo que está por vir: a pré-estreia do filme. Não vemos todos os detalhes, mas aprendemos o suficiente para conhecer o enredo. Será um filme de ação com muita violência. Mas também é um romance, completo, com um casamento e um banquete enorme. Contudo, há um problema com essa prévia – o Diretor entrega o final! Entretanto, embora no mundo do cinema isso seja péssimo para a bilheteria, nesse caso, saber como tudo termina deveria nos deixar ainda mais animados para acompanhar o desenrolar da trama.

Por que Deus nos dá o spoiler que revela o fim de todas as coisas? Não é simplesmente para saciar nossa curiosidade ou para que possamos mostrar aos outros que sabemos mais do que eles. É para que estejamos cientes dos destinos dos que creem e dos que não creem. É para encorajar aqueles dentre nós que seguem Cristo em um mundo que é tão mal. Você se sente massacrado pela imoralidade desenfreada e pela atitude contrária a Deus em nossa cultura? Coragem – Deus tem um plano que implementará no tempo Dele para nosso benefício. E esse tempo está próximo!

Então, por que achamos que os eventos descritos em Apocalipse estão próximos, uma vez que João o escreveu há dois mil anos? Como podemos dizer que hoje pode ser o dia do retorno de Cristo? Se isso não aconteceu até agora, ainda podemos acreditar que irá acontecer? Será que em algum momento, alguém que pensa de forma racional não precisará recuar e dizer: "Bem, obviamente interpretamos isso de forma errada"?

A resposta a essas perguntas remonta ao nosso entendimento do tempo. Para nós, parece que faz muito tempo desde que João escreveu o Apocalipse. No entanto, lembre-se: Deus experimenta o tempo de forma diferente. Ele está fora do tempo. Ele não está atrasado. Em vez disso, como vimos anteriormente em 2 Pedro 3.8-9, Ele é longânimo. Ele está dando ao povo do mundo mais tempo para se arrepender. Um dos benefícios da pandemia de covid é que ela estimulou muitas pessoas a reavaliar suas vidas – olhar para o que é importante para elas e examinar como usam seu tempo. As pessoas desaceleraram o suficiente para se perguntarem sobre sua atitude em relação a Deus. "O que vai acontecer se eu contrair esse vírus? O que vai acontecer se eu morrer sozinho em um quarto de hospital? Isto é tudo o que há? Estou pronto para quando esta vida acabar?".

Embora nunca devêssemos celebrar uma pandemia, podemos ser gratos por como Deus a usou. O tempo de julgamento está próximo. "Assim como aos homens está ordenado morrerem uma só vez, vindo, depois disto, o juízo" (Hb 9.27). Vivemos, morremos, depois o juízo. Assim que chegar o juízo, acabou. Não há segundas chances. Que paz vem do conhecimento de que o Senhor é um juiz justo! Seja alguém punido ou recompensado, podemos ter certeza de que isso será completamente justo e será baseado na graça, misericórdia e justiça do Deus perfeito e soberano.

Em breve *o Restritor*[15] será removido e a ira de Deus será derramada sobre este mundo ímpio. É hora de contar a história

---

15 ES. Cf 2 Tessalonicenses 2:6-7.

completa e não esconder nada de ninguém. Essa é a essência do livro do Apocalipse. Devemos lembrar que muito do que lemos são eles contra nós. Em outras palavras, o livro não é sobre nós como cristãos; do contrário, é sobre eles – os incrédulos. A tribulação não é sobre nós como a igreja, mas sobre eles – Israel. Cristãos da era da igreja não permanecerão nesta terra para experimentar os julgamentos. Contudo, ainda cabe a nós saber o que acontecerá. Caso contrário, a informação não teria sido dada a João para que ele a escrevesse. Apocalipse é para que os cristãos leiam e entendam, porque nós somos aqueles aos quais Deus pretende abençoar através do livro. O livro foi também dado por Deus porque Ele quer que entendamos que Ele está ciente do que está acontecendo ao redor do mundo. Ele sabe como as coisas estão ruins e que continuarão a piorar. E Ele *vai* fazer algo sobre isso.

Precisamos nos apegar a essas verdades. Jesus ressuscitou, como prometido. Ele voltará para nos levar, como prometido. Ele reinará sobre o mundo, como prometido. E Ele julgará a todos os povos, como prometido.

O mensageiro e a mensagem

Um velho se senta em uma rocha com os olhos fechados. A sua longa barba gentilmente pende para a esquerda enquanto ele repousa na brisa da manhã. Ele está tão quieto que é difícil dizer se está dormindo ou orando. A resposta torna-se evidente quando suas sobrancelhas se curvam e seus lábios se movem quase imperceptivelmente enquanto ele sussurra. Depois de alguns segundos, ele fica parado novamente, e os únicos sons são a água suavemente quebrando na praia ao seu redor e o grasnar das gaivotas em cima à procura de pequenos caranguejos, ouriços ou quaisquer restos do mísero café da manhã do homem, composto por pão e um pouco de peixe seco.

Olhando para seu corpo magro e frágil, sozinho nessa praia rochosa, é difícil imaginar a vida que ele levou. Criado como pescador por seu pai, Zebedeu, ele e seu irmão mais velho, Tiago, estavam destinados a assumir os barcos e os negócios de seu pai. Então, um dia apareceu um homem que mudou o rumo de sua vida, para sempre. Esse sábio e amoroso realizador de milagres pediu que Tiago e João – junto com os parceiros de negócios Simão e André – O seguissem. E para o próprio espanto deles, e de todos aqueles que conheciam, esses homens robustos se viram deixando seus barcos para se tornarem seguidores Dele.

Muitos que conheciam Tiago e João devem ter balançado a cabeça. "É sério? Esses caras? São eles os novos seguidores desse homem santo?". Os dois irmãos eram conhecidos por seus temperamentos, fazendo com que seu novo mestre, Jesus, lhes desse o apelido *de Boanerges* – os filhos do trovão. Um dia depois de Jesus e seus discípulos terem sido esnobados por uma cidade cheia de samaritanos, foram os irmãos do trovão que correram para Jesus e disseram: "Senhor, queres que mandemos descer fogo do céu para os consumir?" (Lc 9.54). Jesus os acalmou, lembrando-lhes que Ele havia vindo para salvar as pessoas, não para transformá-las em criaturas tostadas.

Junto de Simão, a quem Jesus rebatizou de Pedro, esses filhos de Zebedeu formavam o círculo interno do Salvador. Como resultado, eles tiveram acesso a ensinamentos e testemunharam eventos não disponíveis aos outros nove discípulos, como a ressurreição da filha de Jairo e a transfiguração de Jesus, durante a qual ficaram face a face com Moisés e Elias.

João passou a desenvolver um profundo amor por seu mestre, o que muitas vezes fez com que as retratações artísticas posteriores o pintassem como delicado e afeminado. "Na última ceia, João se recostou no peito de Jesus, o que não soa muito viril para mim", eles poderiam ter suposto. Mas esse tipo de contato físico é simplesmente uma expressão de amizade na cultura do Oriente Médio. Ainda hoje, não é incomum encontrar dois idosos rindo e contando histórias enquanto caminham de mãos dadas pela rua. Não, João e seu irmão Tiago eram dois pescadores de mãos calejadas e curtidos no sal do mar, prontos para brigar com qualquer um que pudesse ter olhado atravessado para eles.

João estava próximo à cruz quando Jesus foi crucificado, sendo o primeiro a entender o sentido da pedra deslocada e da ressurreição, dizendo aos leitores de seu evangelho que quando ele entrou no túmulo vazio, "viu, e creu" (Jo 20.8). Ele viu Cristo ascender ao céu, e foi um dos pregadores transformados e empoderados pelo Espírito Santo derramado sobre as multidões no Dia de Pentecostes. João estava envolvido na fundação da primeira igreja em Jerusalém e suportou uma tremenda dor quando seu irmão Tiago foi morto pelo rei Herodes, tornando-se o primeiro discípulo a sofrer martírio. Em algum momento, João viajou para a cidade romana de Éfeso, possivelmente levando consigo a mãe de Jesus, Maria, cujo cuidado havia sido confiado a ele pelo próprio Jesus, enquanto o Salvador estava pendurado na cruz. Em Éfeso, durante a perseguição cristã sob o imperador Domiciano, João foi preso e exilado na pequena ilha mediterrânea de Patmos. É onde esse homem apaixonado, transformado, amante das pessoas e antigo confidente de Cristo, estava vivendo quando foi surpreendido por uma voz que por detrás o chamava.

Devido à natureza incomum da mensagem encontrada no livro do Apocalipse, é fácil perder de vista a verdade de que isso foi escrito por uma pessoa real para outras pessoas reais. Isso é lamentável. Uma vez que a autoria se torna genérica e o público se torna genérico, a mensagem se tornará genérica. Em vez de ser uma carta de esperança e conforto, de um verdadeiro apóstolo e compatriota próximo de Cristo, às sete igrejas que estavam suportando perseguição sob um imperador brutal, ela é substituída por alguma mensagem difícil de compreender, escrita por algum cara para algumas pessoas, por uma ou outra razão. Quanto mais a especificidade se perde, mais fácil é alegorizar o conteúdo e generalizar o significado.

Contrariamente, logo de cara, João deixa claro aos leitores quem está escrevendo esse livro e para quem ele o está escrevendo: "João, às sete igrejas que se encontram na Ásia" (Ap 1.4). Embora João claramente espere que isso seja lido em toda a igreja pelas eras vindouras, ele tem um público específico e uma mensagem especial de esperança para lhes dar:

> Graça e paz a vós outros, da parte daquele que é, que era e que há de vir, da parte dos sete Espíritos que se acham diante do seu trono e da parte de Jesus Cristo, a Fiel Testemunha, o Primogênito dos mortos e o Soberano dos reis da terra... Eis que vem com as nuvens, e todo olho o verá, até quantos o traspassaram. E todas as tribos da terra se lamentarão sobre ele. Certamente. Amém! (Ap 4-5,7).

O Deus eterno vê você e envia sua bênção de graça e paz; assim como o faz Jesus Cristo nosso Salvador, que está vindo novamente para nos resgatar deste mundo.

Imagine o conforto; imagine o encorajamento. Aquele que é o Alfa e o Ômega – o *Aleph* e o *Tav*[16] –, o Criador Todo-Poderoso, que sabe sobre você em Éfeso e Esmirna, em Pérgamo e Tiatira, em Sardis, Filadélfia, e até mesmo na indecisa Laodiceia. Essa carta lhe é enviada para que você tenha um vislumbre dos Meus planos, para que você saiba que o mal não vence. O Império Romano não durará para sempre. Satanás não dá a palavra final. Deus vencerá. O julgamento virá contra o mundo e contra os judeus. Mas a recompensa também virá – para a igreja e para os judeus. Então, leia essas palavras, viva-as, e você será abençoado por Deus, porque essas palavras levam à graça e à paz que vêm do descanso na soberania amorosa e justa do Todo-Poderoso.

Imagine João sentado em uma pedra na costa de Patmos. Talvez fosse de manhã cedo e ele estivesse desfrutando de uma brisa fresca soprando da água. Talvez fosse o fim do dia e todas as dores passageiras e crônicas de um velho pescador o fizessem pensar se ele tinha energia para cozinhar o pouco que havia pescado para sua refeição noturna. Enquanto descansava, de repente, ouviu uma voz estrondosa por detrás: Eu sou o Alfa e o Ômega... "o que

---

[16] Primeira e última letras do alfabeto hebraico.

vês escreve em livro e manda às sete igrejas: Éfeso, Esmirna, Pérgamo, Tiatira, Sardes, Filadélfia e Laodiceia" (Ap 1.11). Será que João ouviu alguma coisa depois da primeira frase, daquela introdução? Ele conhecia aquele título. Só havia uma voz a quem essas denominações pertenciam.

Temeroso, animado, cheio de expectativa, João lentamente se virou. Lá estava seu Senhor, seu mestre, seu amigo – Jesus. Mas esse não parecia o mesmo Jesus que ele vira pela última vez subindo para o céu. Embora o lado humano do Salvador provavelmente ainda O tornasse bastante reconhecível, esse era Jesus Cristo em modo Deus.

> No meio dos [sete] candeeiros, um semelhante a filho de homem, com vestes talares e cingido, à altura do peito, com uma cinta de ouro. A sua cabeça e cabelos eram brancos como alva lã, como neve; os olhos, como chama de fogo; os pés, semelhantes ao bronze polido, como que refinado numa fornalha; a voz, como voz de muitas águas. Tinha na mão direita sete estrelas, e da boca saía-lhe uma afiada espada de dois gumes. O seu rosto brilhava como o sol na sua força (Ap 1.13-16).

A visão era tão magnífica que João deu uma olhada e então todos os seus músculos velhos e magros viraram geleia. Ele caiu no chão.

Então, João sentiu um toque. Imagine aquele momento. Sessenta anos haviam se passado desde que ele sentira um toque daquela mão. Foi um toque de amor, paz, graça, bênção e força suficientes para fortalecer seus velhos ossos para suportar a jornada que estava por vir. Jesus falou novamente, dessa vez mais suave: "Não temas; eu sou o primeiro e o último e aquele que vive; estive morto, mas eis que estou vivo pelos séculos dos séculos e tenho as chaves da morte e do inferno" (Ap 1.17-18). João provavelmente deve ter se aprumado enquanto Jesus explicou por que Ele viera. "Eu tenho um trabalho para você. Eu quero que você escreva o que está prestes a ver". Talvez João tenha olhado em volta para os sete candeeiros de ouro e as sete estrelas que Jesus estava segurando, que ainda estavam sem explicação, então o Senhor esclareceu: "Quanto ao mistério das sete estrelas que viste na minha mão direita e aos sete candeeiros de ouro, as sete estrelas são os anjos das sete igrejas, e os sete candeeiros são as sete igrejas" (Ap 1.20).

Quão encorajador deve ter sido para as igrejas ler a carta e saber que elas não só tinham seu próprio candeeiro na presença de Jesus, mas também seu próprio anjo. Como você se sente sabendo que sua congregação na Terceira Igreja Batista de West Akron, ou onde quer que você congregue, tem um anjo próprio? À medida que o movimento progressista americano continua a se livrar da liberdade religiosa e dos direitos garantidos à igreja na Primeira Emenda, quão fortalecedor é saber que o candeeiro da sua igreja está na presença do Todo-Poderoso?

Uma vez que Jesus acalmou João, o discípulo encontrou seu kit de escrita. Tendo João se estabelecido onde ele podia escrever – talvez perto da água ou em uma mesa em sua casa ou abrigo – Jesus começou a ditar enquanto João escrevia as palavras.

CAPÍTULO 8
A Igreja em Apocalipse
O Noivo fala à Sua Noiva

Jesus ditou e João escreveu, e dessa grande dupla colaborativa vieram sete cartas breves, porém incríveis. Como foi esse processo? É difícil saber, porque João suspendeu sua narração por um tempo. Em lugar de nos dar um vislumbre do processo de escrita, ele simplesmente nos entregou o resultado – cartas de Deus dirigidas às sete igrejas-chave em uma área que atualmente faz parte do sul da Turquia. Jesus entregou essas palavras com a mesma voz de trombeta que continha a "voz de muitas águas" (Ap 1.15)? Será que Ele continuou a brilhar com a força do sol, tornando-se quase impossível de olhar por muito tempo? É possível imaginar que sim, se não fosse por aquela mão que tocou João.

Como vimos no último capítulo, quando as envelhecidas pernas de João desfaleceram, Jesus colocou Sua mão direita sobre ele. O que começou como uma introdução régia de proporções divinas, de repente, tornou-se íntima. O anúncio do Criador para a criação se transformou em conforto do servo pelo Mestre, o Rabino tranquilizando o estudante, o Amigo tocando o amigo. As grandes exibições simbólicas haviam cessado. Quando João olhou para cima, os candeeiros de ouro representando as sete igrejas haviam ido embora. As sete estrelas angelicais haviam desocupado a mão direita do Senhor para que Ele pudesse tocar no ombro de seu discípulo. Tudo o que restou foi João e seu Salvador. Podemos tão somente especular sobre a cena, mas imagino um João muito mais equilibrado sentado com seu kit de escrita, um pedaço de pergaminho preparado diante de si e uma caneta pronta em sua mão. Enquanto isso, um Jesus menos brilhante, com uma voz mais serena começou a diminuir o ritmo. Depois de um momento, a mão de João começou a se mover enquanto Jesus falava: "Ao anjo da igreja em Éfeso escreve..." (Ap 2.1).

Éfeso – o amor perdido

Como os ouvidos de João devem ter se animado quando Jesus começou com sua igreja natal. O que o Senhor diria à sua congregação? Ele lhes daria um "parabéns" por todo o bom trabalho, ou ia açoitá-los? João havia permanecido naquela igreja por muito tempo. Ele a tinha visto em seu auge e sabia o estado no qual ela se encontrava naquele momento. Era provável que ele esperasse que Jesus desse à igreja de Éfeso um pouco de ambos – um polegar para cima e um polegar para baixo. Se isso era o que ele estava prevendo, então teria acertado.

Éfeso foi uma das grandes cidades de seu tempo, e como era a casa de João, vamos passar um pouco mais de tempo com ela. Era conhecida como a Cidade-Mãe da Ásia, embora isso possa não ser tão grandioso quanto parece. Na época, a Ásia não englobava um continente inteiro como hoje. Naqueles dias, ela era simplesmente uma das províncias romanas mais importantes. Terceira maior cidade do império, Éfeso abrigava um quarto de milhão de pessoas.

Essa cidade era politicamente importante porque era a capital da província senatorial da Ásia. Havia dois tipos de províncias no império: senatorial e imperial. As senatoriais eram completamente romanas. Não havia preocupação com revoltas ou insurreições. As pessoas nessas províncias amavam Roma, e Roma as amava. As províncias imperiais, no entanto, eram um pouco menos confiáveis. Essas pessoas faziam parte do império porque Roma dizia que sim.

Elas geralmente se localizavam nas adjacências dos limites do império e eram propensas a rebeliões. Em qual dessas duas categorias provinciais você esperaria encontrar a Judeia? Se você dissesse imperial, então Simão, o Zelote, ficaria muito orgulhoso de você.

Além de ser a capital de uma importante província, Éfeso também era religiosamente importante. Era o lar do grande templo de Artêmis (também conhecida como Diana). Uma das Sete Maravilhas do Mundo Antigo, essa magnífica estrutura era o maior edifício conhecido na Antiguidade. Quatro vezes maior que o Partenon de Atenas, suas colunas tinham dezoito metros. As pessoas vinham de todo o império para adorar nesse templo. Da mesma forma que Salt Lake City, Utah, é o centro do mormonismo, Éfeso era o centro da adoração a Artêmis. Assim, existia na cidade uma vibrante indústria de ídolos, com estatuetas de Diana sendo vendidas para moradores locais e muitos visitantes.

Esse comércio de ídolos foi o que levou ao famoso motim de Éfeso, o qual Lucas relatou no livro de Atos. Quando Demétrio, o ourives, viu o cristianismo interrompendo seus lucros, reuniu seus colegas comerciantes. Logo a manifestação deles se transformou em um protesto, quando eles começaram a marchar e cantar "Grande é a Diana dos efésios!" (At 19.28). À medida que mais pessoas aderiam, o protesto se tornava um motim. Lucas não deixa claro se houve quebra de janelas, saques de eletrônicos, pichações de vulgaridades ou redução de verbas da polícia; no entanto, logo a multidão se viu no anfiteatro local, onde cantava "Grande é a Diana dos Efésios!" por cerca de duas horas.

Por fim, o escrivão da cidade acalmou o povo, dizendo:

> Senhores, efésios: quem, porventura, não sabe que a cidade de Éfeso é a guardiã do templo da grande Diana e da imagem que caiu de Júpiter? Ora, não podendo isto ser contraditado, convém que vos mantenhais calmos e nada façais precipitadamente (At 19.35-36).

Embora possamos discordar do escrivão acerca do que é ou não é contraditável, ele conseguiu acalmar a todos e mandá-los para casa.

Uma terceira maneira de Éfeso ser importante era comercialmente. Ela era perfeitamente localizada para o comércio. Tanto a estrada para o leste, em direção a Colossos e Laodiceia, como a estrada para o norte, em direção a Esmirna, e a estrada nordeste, em direção a Sardis e Galácia, convergiam para essa cidade portuária. Por isso, ela se tornou o maior centro comercial da Ásia Menor. Todo esse transporte marítimo e negócios significavam que Éfeso era uma cidade sórdida. Depois que os marinheiros traziam seus barcos para o porto, queriam um tempinho de folga e um pouco de companhia mais bonita, e menos masculina; afinal, eles haviam ficado confinados com homens nas semanas anteriores. Entre a adoração sexualizada à Artêmis e o hedonismo dos distritos portuários, os que estavam na igreja de Éfeso enfrentavam uma forte e generalizada tentação de se entregar à imoralidade.

No entanto, um raio brilhante de luz estava rompendo esse grosso tecido de pecado. O evangelho chegou a Éfeso, e, como mariposas atraídas pela luz, as pessoas voaram para ele. Em meio a todo o vazio e niilismo da devassidão, a esperança nasceu nos corações de muitos – e com essa esperança vieram alegria e amor. A igreja de Éfeso nasceu. Devido à exigência de rompimento radical com o estilo de vida daquela cultura, tornar-se um novo servo de Cristo demandava disciplina e compromisso. A perseguição foi recebida com determinação. A zombaria de fora da igreja foi recebida com um fortalecimento da unidade dentro da igreja. O nascimento da igreja de Éfeso fora um período durante o qual os membros se mantiveram juntos por meio de um amor veemente uns pelos outros e, ainda mais, por seu Salvador.

Então os anos passaram e a igreja ficou mais forte, mais estabelecida. Ameaças de ourives e outros ainda estavam presentes, mas a possibilidade de ataque não era tão grande quanto nos primeiros anos. A primeira geração de plantadores da igreja havia passado, e a igreja era agora provavelmente dirigida pelos filhos adultos ou até por seus netos. Essas gerações que sucederam conheciam o evangelho e a palavra de Deus e, consequentemente, foram capazes de manter uma pureza doutrinária:

> Conheço as tuas obras, tanto o teu labor como a tua perseverança, e que não podes suportar homens maus, e que puseste à prova os que a si mesmos se declaram apóstolos e não são, e os achaste mentirosos; e tens perseverança, e suportaste provas por causa do meu nome, e não te deixaste esmorecer (Ap 2.2-3).

Quando as heresias, como as dos nicolaítas (que examinaremos com a igreja de Pérgamo), surgiram, os efésios asseguravam-se de calá-la.

No entanto, apesar de todos esses pontos positivos, havia um negativo. Era algo evidente, comum e muito perigoso. Jesus disse à igreja:

> Tenho, porém, contra ti que abandonaste o teu primeiro amor. Lembra-te, pois, de onde caíste, arrepende-te e volta à prática das primeiras obras; e, se não, venho a ti e moverei do seu lugar o teu candeeiro, caso não te arrependas" (Ap 2.4-5).

Como João se sentiu quando ouviu essas palavras? Ele ficou abatido – chocado com a repreensão a sua igreja? Ou, em seu coração, estava dizendo: "Obrigado, Senhor! Eu tenho tentado reacender neles uma chama há anos"?

Essa igreja estava em uma situação precária. Se o problema tivesse sido imoralidade ou má doutrina, poderia ter sido arrancado e tratado – como se extirpa um tumor. Todavia, esse era um problema cardíaco sistêmico. Não era uma questão de parar o que está fazendo de errado, mas de mudar prioridades e paixões. Infelizmente, é fácil para nós deixarmos o entusiasmo para com a salvação e um novo relacionamento com Jesus Cristo desaparecerem com o tempo. Em um casamento, o romantismo apaixonado e o período de lua de mel não duram para sempre. Quando as chamas começam a diminuir, um casamento tomará duas direções. Uma direção leva ao distanciamento, ao interesse por outras pessoas e, por fim, ao fracasso. A segunda leva a um amor mais profundo e maduro. Como as brasas vivas de uma churrasqueira, esse calor é grande, duradouro e mais produtivo.

Como está o seu relacionamento com seu Salvador? O seu entusiasmo inicial tem sido substituído pela rotina? O seu amor sacrificial por Deus se transformou em obediência inconveniente? Você perdeu seu primeiro amor?

Como quase sempre acontece, o Senhor termina com uma palavra de esperança. "Ao vencedor, dar-lhe-ei que se alimente da árvore da vida que se encontra no paraíso de Deus" (Ap 2.7). Ao invés de ser uma condicional, "se... então", é um incentivo para todos aqueles que, através de Cristo, superaram a sedução do diabo, do mundo e de sua própria carne. Em lugar disso, eles se ofereceram ao seu Senhor e Mestre. Eles são aqueles que provarão o fruto da árvore da vida, tendo assegurado seu lugar com Cristo para a eternidade. João deve ter ficado muito encorajado enquanto escrevia, pois essas palavras provavelmente o lembraram que muito em breve sua permanência nesta terra terminaria, e ele e seu velho amigo visitante ficariam juntos para sempre.

Esmirna – a atratividade do sofrimento

Jesus agora começa suas "visitas" no sentido horário às sete igrejas com um movimento para o noroeste. Esmirna, que significa "mirra", era outra importante cidade comercial como Éfeso. No entanto, ao contrário da cidade maior que agora está abandonada, essa ainda existe até hoje. Agora conhecida como Izmir, é a terceira maior metrópole da Turquia, com uma população de mais de quatro milhões de pessoas.

Depois de cumprimentar a igreja em Esmirna, o Senhor diz através da escrita de João:

> Conheço a tua tribulação, a tua pobreza (mas tu és rico) e a blasfêmia dos que a si mesmos se declaram judeus e não são, sendo, antes, sinagoga de Satanás. Não temas as coisas que tens de sofrer. Eis que o diabo está para lançar em prisão alguns dentre vós, para serdes postos à prova, e tereis tribulação de dez dias. Sê fiel até à morte, e dar-te-ei a coroa da vida (Ap 2.9-10).

Observe as palavras que Jesus usa – sofrer, prisão, prova, tribulação, morte. Não são palavras muito encorajadoras.

Para os membros da igreja, as palavras de maior esperança deveriam ser as que iniciam o versículo 9: "[Eu] conheço". Os cristãos em Esmirna, apesar de trabalharem duro para servir ao Senhor, estavam sofrendo. Há dois tipos de perseguição que estavam ocorrendo naqueles dias e que ainda afetam muitos milhares de cristãos em todo o mundo hoje. Uma delas é a perseguição direta: violência, prisão e morte. A segunda é a exclusão. Isso pode ser ainda mais devastador, porque afeta o bem-estar de toda a família. Em culturas de religião não cristã predominante não é incomum que a conversão cristã resulte em quebra de laços por parte dos membros da família, perda de emprego e de empregabilidade, e até mesmo em proibição de praticar qualquer transação comercial. Isso deixa os cristãos sozinhos sem dinheiro, sem ter como ganhar dinheiro e sem lugar para gastar o dinheiro, mesmo que eles o tivessem.

Os cristãos em Esmirna parecem ter experimentado ambos os tipos de perseguição, levando à "tribulação" e à "pobreza". Contudo, ao invés de dizer: "Vou acabar com seu sofrimento", a mensagem de Jesus é: "Eu sei que você está sofrendo e ainda vai piorar". Ele diz: "Eis que o diabo está para lançar em prisão alguns dentre vós, para serdes postos à prova, e tereis tribulação de dez dias" (Ap 2.10). Algumas pessoas talvez perguntem: "De que adianta seguir um Deus Todo-Poderoso se tudo o que Ele vai fazer quando os tempos ficarem difíceis é sentar-se e dizer: 'Puxa! A coisa tá feia pra você'"? Essa é uma pergunta justa.

João sabia o poder das palavras "eu conheço". Ele as escreveu inúmeras vezes em seu evangelho. Essas palavras falam de relacionamento e proteção: "Eu sou o bom pastor; [eu] conheço as minhas ovelhas, e elas me conhecem a mim" (Jo 10.14). Elas falam de intenção e identidade: "Eu conheço aqueles que escolhi" (Jo 13.18). A igreja em Esmirna era "conhecida" por Jesus e, portanto, estava diretamente sob sua supervisão amorosa. Por isso, as pessoas poderiam ter certeza de que, apesar da dor de seu sofrimento, o que elas enfrentavam na verdade era algo bom. Embora elas fossem pobres no que dizia respeito a bens materiais, eram ricas na esfera espiritual. Embora elas lutassem para alimentar suas famílias, suas contas bancárias celestiais tinham saldos extremamente altos.

Seu Bom Pastor lembrou suas ovelhas disso, dizendo: "Sê fiel até à morte, e dar-te-ei a coroa da vida. Quem tem ouvidos, ouça o que o Espírito diz às igrejas: O vencedor de nenhum modo sofrerá dano da segunda morte" (Ap 2.10-11). A perseguição viria para a igreja de Esmirna, tanto da parte dos judeus quanto dos gentios. Nós também podemos sofrer com a perseguição ou as provações da vida. No entanto, qualquer sofrimento que experimentarmos agora não se compara à infelicidade daqueles que suportarão o fogo do inferno – a segunda morte. Não estamos destinados a isso. Pelo contrário, a nós pertence a coroa da vida.

Pérgamo – defendendo a verdade em uma cultura de mentiras

A verdade importa. Vocês podem reunir um grupo de pessoas, cantar músicas, falar sobre coisas espirituais, amar uns aos outros, encontrarem-se regularmente e fazer boas ações para os necessitados – todas essas são boas maneiras de gastar seu tempo. Mas se vocês não estão centrados na palavra de Deus, então não se denominem como igreja – vocês não são. Vocês são um clube social. Vocês não são diferentes do Rotary Club ou do Lions Club, a diferença é que suas reuniões são realizadas em um grande prédio com uma cruz nele. Infelizmente, essa falta de base na Bíblia descreve muitas igrejas hoje em dia, particularmente aquelas das maiores denominações.

Partindo para o norte e adentrando 60 km pela Ásia Menor, o foco de Jesus é agora a igreja em Pérgamo. Essa era outra grande cidade, conhecida por sua produção de pergaminhos. Era um lugar de aprendizado que atraía pessoas de todo o Império Romano. A cidade não só produzia pergaminhos, mas tinha também uma vasta biblioteca para armazenar as muitas obras escritas em seus pergaminhos e uma grande universidade criada para os intelectuais estudarem essas mesmas obras. No entanto, ainda que fosse uma cidade da mente, era também uma cidade do espírito. Mas o lado espiritual de Pérgamo tendia para trevas profundas.

Jesus diz:

> Conheço o lugar em que habitas, onde está o trono de Satanás, e que conservas o meu nome e não negaste a minha fé, ainda nos dias de Antipas, minha testemunha, meu fiel, o qual foi morto entre vós, onde Satanás habita" (Ap 2.13).

Em Pérgamo situava-se um altar para Zeus e um altar para Lúcifer – este último conhecido como o assento de Satanás. Você talvez pensasse que em uma cidade como essa os cristãos enfrentariam muita perseguição. Porém, não foi o caso. Sim, durante um tempo de conflito, um homem chamado Antipas foi ali martirizado, supostamente queimado vivo em um altar de bronze em forma de touro. No entanto, Satanás descobriu que tal perseguição acabava fortalecendo a igreja. Então, ele mudou de tática. Em vez de atacar a igreja de fora como fez em Esmirna, ele começou a corrompê-la por dentro.

Os líderes da igreja começaram a permitir o ensino de falsa doutrina:

> Tenho, todavia, contra ti algumas coisas, pois que tens aí os que sustentam a doutrina de Balaão, o qual ensinava

a Balaque a armar ciladas diante dos filhos de Israel para comerem coisas sacrificadas aos ídolos e praticarem a prostituição. Outrossim, também tu tens os que da mesma forma sustentam a doutrina dos nicolaítas (Ap 2.14-15).

Tem havido muita especulação sobre a identidade e as crenças dos nicolaítas. Infelizmente, não há evidências fortes que possamos examinar as quais os identifiquem claramente. Essa passagem nos dá pelo menos algumas informações, ligando-os àqueles que seguiam a "doutrina de Balaão".

Já vimos a história de Balaão – ele foi contratado pelo rei Balaque para amaldiçoar os israelitas, sendo incapaz de realizar essa tarefa devido à intervenção de Deus. No entanto, a história de Balaão não terminou com tal incidente. Em vez de voltar para casa, o profeta parece ter ficado por perto. No lugar de demolir Israel de fora, ele começou a atacar por dentro, convencendo muitos dos homens israelitas a permitir que suas contas do Tinder incluíssem as mulheres moabitas e midianitas. Isso era totalmente contrário ao comando de Deus, mas os homens israelitas morderam a isca – deslizando para a direita em seu aplicativo para todas as mulheres estrangeiras disponíveis que pudessem encontrar.

O plano de Balaão funcionou perfeitamente. As pessoas ignoraram a palavra de Deus e o câncer do pecado as comeu por dentro. Os corações dos homens foram desviados de Deus, e eles começaram a se envolver em idolatria a Baal Peor. Por fim, Deus pediu que Moisés purificasse o acampamento daqueles que foram pegos nessa rebelião herética, o que Moisés fez com sangrenta eficiência. Pouco tempo depois, o Senhor voltou seus olhos para fora e demandou vingança contra aqueles que haviam levado os israelitas ao pecado. Balaão, que ainda estava por perto e provavelmente gozando dos frutos de seu trabalho, foi pego nesse expurgo, e lemos que "também Balaão, filho de Beor, mataram à espada" (Nm 31.8).

Quando Jesus se apresenta à igreja em Pérgamo, diz: "Estas coisas diz aquele que tem a espada afiada de dois gumes" (Ap 2.12). Mais tarde, após identificar as heresias deles, adverte: "Arrepende-te; e, se não, venho a ti sem demora e contra eles pelejarei com a espada da minha boca" (Ap 2.16). Por que a ênfase em uma espada? Quando o pecado e a heresia inundaram o campo israelita, o Senhor os arrasou com uma espada. O que seria preciso para erradicar o pecado e a heresia da igreja em Pérgamo? Novamente, uma espada.

O que é essa espada de que Jesus fala? Quando Paulo diz aos efésios para vestirem toda a armadura de Deus, ele lhes diz para pegar a espada do Espírito, "que é a palavra de Deus" (Ef 6.17). O escritor de Hebreus comparou a Bíblia a uma espada quando escreveu:

> Porque a palavra de Deus é viva, e eficaz, e mais cortante do que qualquer espada de dois gumes, e penetra até ao ponto de dividir alma e espírito, juntas e medulas, e é apta para discernir os pensamentos e propósitos do coração" (Hb 4.12).

Por que Jesus viria com uma espada? Porque ela é a espada da palavra de Deus que identifica e corta qualquer heresia e rebelião a qual o inimigo possa usar para se infiltrar em uma igreja.

O que diferencia os cristãos do resto do mundo?
É o nosso compromisso absoluto
com a palavra de Deus.

Isso teria penetrado em João à medida que ele escrevia. Ele teria se lembrado da oração no cenáculo muitos anos antes – uma oração que mais tarde ele gravou verbatim em seu Evangelho. Jesus implorou ao Pai: "Santifica-os na verdade; a tua palavra é a verdade" (Jo 17.17). Ser santificado, ou feito santo, significa ser separado. O que diferencia os cristãos do resto do mundo? É o nosso compromisso absoluto com a palavra de Deus. Nós temos a verdade, e essa verdade nos liberta das mentiras de nossa cultura. As nossas igrejas devem ser 100% leais à palavra de Deus sem concessões. Isso garantirá que o inimigo não possa corromper as nossas igrejas ou a nós mesmos por dentro. Um tempo de estudo da palavra de Deus, todos os dias, é a melhor arma para manter o diabo afastado.

Tiatira – encontrando uma bússola moral

O passeio de Jesus pela Ásia Menor agora contorna o topo da rota no sentido horário e começa uma linha semirreta a sudeste que nos levará às próximas quatro igrejas. A sua primeira parada é Tiatira, uma congregação que receberá boas e más notícias. As palavras de Jesus começam bem:

> Ao anjo da igreja em Tiatira escreve: "Estas coisas diz o Filho de Deus, que tem os olhos como chama de fogo e os pés semelhantes ao bronze polido: Conheço as tuas obras, o teu amor, a tua fé, o teu serviço, a tua perseverança e as tuas últimas obras, mais numerosas do que as primeiras" (Ap 2.18-19).

O Senhor lhes faz um forte elogio por seu compromisso com Ele. No entanto, esses "olhos como chama de fogo" e "pés semelhantes ao bronze polido" soam um pouco ameaçadores.

Utilizando como base a importante cidade de Éfeso e sendo o último apóstolo sobrevivente, João provavelmente estava ciente do que ocorria em todas as igrejas na Ásia Menor, bem como em muitas outras. Provavelmente, então, não foi surpresa quando o nome que estamos prestes a ler foi descartado. Não seria sequer surpresa descobrir que o próprio João pode ter enviado cartas ou viajado para a pequena cidade de Tiatira para confrontar a igreja e a mulher que Jesus estava prestes a "expor" como uma falsa profetisa e adúltera. Jesus diz à igreja que se eles não tirarem sua única maçã podre, todo o cesto está em perigo de ser estragado.

> Tenho, porém, contra ti o tolerares que essa mulher, Jezabel, que a si mesma se declara profetisa, não somente ensine,

> mas ainda seduza os meus servos a praticarem a prostituição e a comerem coisas sacrificadas aos ídolos. Dei-lhe tempo para que se arrependesse; ela, todavia, não quer arrepender-se da sua prostituição. Eis que a prostro de cama, bem como em grande tribulação os que com ela adulteram, caso não se arrependam das obras que ela incita. Matarei os seus filhos, e todas as igrejas conhecerão que eu sou aquele que sonda mentes e corações, e vos darei a cada um segundo as vossas obras (Ap 2.20-23).

A pureza entre o povo de Deus é uma necessidade para uma igreja saudável. Infelizmente, a tendência atual entre muitas igrejas é fazer concessões em áreas de sexualidade. Os mandatos bíblicos contra a homossexualidade e o transgenerismo são ignorados como ultrapassados; são ridicularizados como intolerantes ou varridos para debaixo do tapete, porque é muito desconfortável falar sobre eles. Muitos daqueles que continuam a se manter fortes contra esses pecados acabarão gritando ameaçadoramente: "Fique fora do meu quarto!", quando um pastor prega sobre sexo heterossexual fora do casamento. E se o pregador se atreve a desafiar os ouvintes nas áreas de pornografia, sensualidade, atividades sexuais impuras e estimulação sexual fora do casamento, sem o intercurso, ele pode precisar de proteção para chegar em segurança ao seu carro.

Todo pecado é rebelião contra Deus e nos separa Dele. No entanto, os pecados sexuais são especialmente hediondos porque nos afetam em um nível mais profundo. Paulo escreveu sobre isso aos coríntios, que estavam lidando com sua própria impureza na igreja:

> Fugi da impureza. Qualquer outro pecado que uma pessoa cometer é fora do corpo; mas aquele que pratica a imoralidade peca contra o próprio corpo. Acaso, não sabeis que o vosso corpo é santuário do Espírito Santo, que está em vós, o qual tendes da parte de Deus, e que não sois de vós mesmos? Porque fostes comprados por preço. Agora, pois, glorificai a Deus no vosso corpo (1Co 6.18-20).

O pecado sexual afeta o interior. Quando Deus projetou o sexo, Ele fez disso uma experiência física e espiritual. É por isso que se tornam "os dois uma carne" (Gn 2.24). Na união de dois corpos está a união de dois espíritos. É preciso apenas olhar para toda a história registrada até hoje para observar os inúmeros resultados terríveis que vieram do uso indevido deste dom que Deus concedeu ao marido e à esposa.

Uma igreja que aceite o pecado sexual como algo normal não é uma igreja que possa esperar a bênção de Deus. Talvez seja por isso que tantas grandes denominações tenham se tornado bastiões de causas sociais em vez de redutos da verdade e faróis da esperança que é encontrada no evangelho. Todavia, para aqueles cristãos e igrejas que se apegam firmemente à verdade e não comprometem a palavra de Deus, Jesus promete recompensa.

> Ao vencedor, que guardar até ao fim as minhas obras, eu lhe darei autoridade sobre as nações, e com cetro de ferro as regerá e as reduzirá a pedaços como se fossem objetos de barro; assim como também eu recebi de meu Pai, dar-lhe-ei ainda a estrela da manhã (Ap 2.26-28).

Se você está em uma igreja que comprometeu a verdade, então é hora de encontrar outra igreja. Se você está preso a esses pecados, há tempo para se arrepender e se afastar de seus caminhos. Confesse seus pecados ao Senhor e peça a força Dele para abandonar tais ações. Se você está vivendo com alguém fora do casamento, arrependa-se de suas escolhas erradas. Deus está pronto para perdoar. Então faça o que é certo. Casem-se ou se separem. Pode ser difícil, mas ninguém nunca disse que a santidade é fácil. O Jesus que disse à igreja em Esmirna "Conheço" conhece a sua situação e caminhará o caminho doloroso e justo com você em direção à santidade para a qual nosso Deus nos chamou.

Sardis — revivendo uma igreja morta

Quando viramos a página para Apocalipse capítulo 3 – novamente, continuando na mensagem do Senhor à sua futura noiva, a igreja – vemos Jesus dirigindo-se à igreja em Sardis. João provavelmente esperava ouvir algumas palavras de elogio. Os cristãos da Sardenha tinham a reputação de serem servos apaixonados por Deus. Dizia-se que o Espírito estava se movendo e eles também – realizando as obras de Cristo. Então, as palavras que Jesus dirigiu a eles provavelmente foram uma surpresa para João.

> Conheço as tuas obras, que tens nome de que vives e estás morto. Sê vigilante e consolida o resto que estava para morrer, porque não tenho achado íntegras as tuas obras na presença do meu Deus. Lembra-te, pois, do que tens recebido e ouvido, guarda-o e arrepende-te. Porquanto, se não vigiares, virei como ladrão, e não conhecerás de modo algum em que hora virei contra ti (Ap 3.1-3).

A igreja de Sardis tinha a reputação de ser vibrante, cheia do Espírito e obediente à palavra de Deus. Todavia, quando Jesus olhou para a igreja, viu uma realidade mais profunda. Essa igreja não era má ou imoral como Tiatira. Em vez disso, ela estava morta e indiferente a Cristo. Em algum momento, as coisas de Deus se tornaram hábito para eles – sem sentido, automáticas. Eles haviam deixado de ser a igreja e agora estavam simplesmente indo à igreja. Já não se ouvia o Espírito de Deus. Já não se buscava Sua vontade. Eles haviam se tornado pessoas religiosas que pareciam fazer uma grande obra de seguir os próprios rituais. Parece que eles faziam isso tão bem a ponto de enganar os outros e provavelmente até a si mesmos. É provável que eles se reunissem toda semana para seus cultos totalmente alheios de que o Espírito havia deixado o templo.

Todos os domingos, congregações ao redor do mundo se reúnem. Infelizmente, para muitos, embora seus bancos estejam cheios, suas igrejas estão vazias. Eles podem ter um santuário de

2.000 lugares com um grande palco, iluminação cara e instalações com várias câmeras que fazem a transmissão ao vivo dos cultos para outros edifícios espalhados pela cidade. Entretanto, o que eles não têm é o mais importante: o Espírito Santo. Essa falta de foco no Espírito e na liderança do Espírito é também encontrada em muitas igrejas pequenas.

Esses frequentadores acreditam que estão seguindo o cristianismo direito, porque seus pastores e líderes da igreja lhes dizem isso. Eles vão à igreja no domingo, cantam as músicas, riem e choram nos momentos apropriados durante a divertida pregação do pastor, colocam um cheque no gazofilácio[17] e vão para casa até a semana seguinte. Bônus total sem ônus espiritual. Todo mundo chega com um sorriso no rosto e todos saem com um sorriso no rosto – bendito seja o nome do Senhor. Mas é isso mesmo que a igreja deveria ser?

O Senhor confrontou a cidade fracassada de Jerusalém, dizendo: "Este povo se aproxima de mim e com a sua boca e com os seus lábios me honra, mas o seu coração está longe de mim, e o seu temor para comigo consiste só em mandamentos de homens" (Is 29.13). Essas palavras poderiam ter sido facilmente dirigidas às pessoas na igreja de Sardis, bem como à igreja de hoje. Mas não devemos nos desesperar. Nem todos na igreja estão perdidos. Jesus disse:

> Tens, contudo, em Sardis, umas poucas pessoas que não contaminaram as suas vestiduras e andarão de branco junto comigo, pois são dignas. O vencedor será assim vestido de vestiduras brancas, e de modo nenhum apagarei o seu nome do Livro da Vida; pelo contrário, confessarei o seu nome diante de meu Pai e diante dos seus anjos. Quem tem ouvidos, ouça o que o Espírito diz às igrejas (Ap 3.4-6).

---

[17] Caixa pobre, de esmolas, de ofertório ou de mite; caixa que é usada para coletar moedas para fins de caridade.

Assim como havia cristãos que ainda estavam "vivos" em Sardis, existem muitas igrejas hoje que estão ansiosamente buscando seguir a liderança do Espírito Santo. Essas igrejas estão comprometidas em ensinar a palavra de Deus, orando pela vontade do Pai, pregando o evangelho de Jesus Cristo e realizando com paixão as obras do Espírito Santo. Isso descreve sua igreja? Se não, então você deve falar com a liderança de sua igreja para descobrir se você está em uma igreja viva ou morta. Se ela estiver morta nas áreas que importam, e a liderança parecer contente em manter as coisas assim, então é hora de encontrar uma nova igreja.

Este também seria um bom momento para fazer uma autoavaliação. Se Jesus escrevesse sobre sua igreja, você seria um dos "dignos" que "não contaminaram suas roupas"? Se você acha que pode ser um dos mortos, não tenha medo – a vida está esperando por você. Como Paulo escreveu: "Desperta, ó tu que dormes, levanta-te de entre os mortos, e Cristo te iluminará" (Ef 5.14).

Filadélfia – ser achados fiéis

Se Sardis foi a má notícia, Filadélfia é a boa notícia. À medida que a jornada de Jesus continua pelas igrejas em direção ao sudeste, passamos da morte para a vida. A região da Filadélfia era conhecida por sua vida – tanto agrícola quanto comercial. Localizada na entrada do grande planalto central da Ásia Menor, possuía vinhedos e produtos em abundância. O comércio leste-oeste – partindo do Império Romano ocidental para os reinos de Lídia, Mísia e Frígia – atravessava a cidade. Por isso, ela também era um centro de comércio e informação. Isso fez de Filadélfia um local perfeito para alcançar vastas faixas do império com o evangelho de Jesus Cristo.

Para essa pequena, porém impactante igreja, o Salvador disse:

> Conheço as tuas obras – eis que tenho posto diante de ti uma porta aberta, a qual ninguém pode fechar – que tens

pouca força, entretanto, guardaste a minha palavra e não negaste o meu nome. Eis farei que alguns dos que são da sinagoga de Satanás, desses que a si mesmos se declaram judeus e não são, mas mentem, eis que os farei vir e prostrar-se aos teus pés e conhecer que eu te amei. Porque guardaste a palavra da minha perseverança, também eu te guardarei da hora da provação que há de vir sobre o mundo inteiro, para experimentar os que habitam sobre a terra. Venho sem demora. Conserva o que tens, para que ninguém tome a tua coroa. Ao vencedor, fá-lo-ei coluna no santuário do meu Deus, e daí jamais sairá; gravarei também sobre ele o nome do meu Deus, o nome da cidade do meu Deus, a nova Jerusalém que desce do céu, vinda da parte do meu Deus, e o meu novo nome (Ap 3.8-12).

Imagine a cena quando os membros dessa igreja ouviram essas palavras lidas pela primeira vez. Cada igreja recebeu boas e más notícias, exceto por Sardis, que só recebeu más notícias. Os cristãos dessa igreja provavelmente seguraram a respiração quando o líder da congregação recitou as palavras: "Ao anjo da igreja em Filadélfia escreve..." (Ap 3.7). A cada palavra que se seguia, a ansiedade deles se transformava em maior alegria. "Conheço as tuas obras... eis que tenho posto diante de ti uma porta aberta... eu te amei... também eu te guardarei... Venho sem demora!". Essas são as palavras que o Senhor reserva para os fiéis.

Por causa da localização da Filadélfia, o ministério dessa igreja tinha grande alcance. Agricultores, mercadores e comerciantes vinham à cidade para fazer seus negócios. Enquanto eles estavam lá, a igreja os alcançava com o evangelho de Cristo. Alguns respondiam, recebendo o livre dom da salvação encontrado na cruz de Jesus. Em seguida, levavam consigo sua fé recém-descoberta enquanto viajavam para o próximo destino ou para casa. Uma vez lá, eles falavam sobre Jesus e a salvação dada por Ele, e assim mais pessoas encontravam Cristo. Uma pequena igreja tinha o potencial de alcançar dezenas de milhares com a mensagem evangélica apenas por ser fiel àquilo que Deus lhes tinha dado – uma ótima localização.

Hoje, a tecnologia é a nova localização. Com apenas um microfone e uma conexão à internet, Deus me permite ensinar a verdade bíblica a centenas de milhares de pessoas todos os anos, direto da minha casa em Israel. Mesmo quando o coronavírus fechou prédios de igreja em muitos países, a tecnologia permitiu que as congregações continuassem se reunindo pela web. É difícil imaginar ter que passar pela pandemia sem o YouTube, o Zoom e o Facebook. O que tantas pessoas usam para o pecado, Deus usa para o bem.

Talvez você diga: "Mas, Amir, tecnologia não é a minha praia. Ninguém se importa com o que eu digo. Se eu postar alguma coisa, recebo seis curtidas no máximo – quatro geralmente são da família". A tecnologia é *uma* coisa para espalhar o evangelho; não é *a* coisa. O que lhe foi dado por Deus que pode ser usado com fidelidade? Talvez Deus o tenha dado uma personalidade empática, de forma que as pessoas são atraídas a confiar em você. Talvez Ele tenha o colocado em um ambiente de trabalho que lhe permita se destacar dos outros através de seu compromisso com a justiça e a pureza. Talvez o Senhor o tenha abençoado com uma localização, situando-o ao lado daquele vizinho mal-humorado com quem ninguém quer falar, mas cuja vida pode ser radicalmente transformada através da alegria do Senhor apresentada por você. A igreja na Filadélfia não foi aprovada por Deus por sua localização. Os elogios de Deus vieram pela fidelidade dela em usar a localização que Ele dera. O que Deus lhe deu e você tem usado para a glória Dele?

Há mais uma parte da declaração de Jesus que devemos abordar, pois nos prepara para o próximo capítulo. Em Sua declaração de afirmação e recompensa, Jesus disse: "Também eu te guardarei da hora da provação que há de vir sobre o mundo inteiro, para experimentar os que habitam sobre a terra" (Ap 3.10). O que é essa provação que está vindo sobre o mundo? O restante do livro de Apocalipse é exatamente sobre isso. Tal provação é a tribulação com a qual Deus está visitando essa terra para provar os judeus e julgar os gentios. Mas qual é a promessa Dele à igreja? "Também eu te guardarei da hora da provação". Essa palavra traduzida "da" é a palavra grega *ek*, e é uma das palavras mais maravilhosas que você já leu. Nessa preposição de duas letras está a promessa de Deus de que a igreja não terá que experimentar o terror do próximo Dia do Senhor.

"Mas, Amir, Jesus está dizendo isso a uma igreja. Como você pode dizer que essa promessa se aplica a toda a igreja?". Em Apocalipse 1, Jesus menciona as sete igrejas. Os capítulos 2 e 3 são sobre a igreja. Quando o Apocalipse 4 começa, a igreja se foi. Ela não é mencionada novamente até o retorno da noiva com Cristo na segunda vinda em Apocalipse 19. Por quê? Porque os capítulos 4–19 são sobre a "hora da provação", e a igreja será removida desse tempo. Não estaremos aqui. Teremos sido arrebatados. Enquanto a ira de Deus está sendo derramada aqui embaixo, estaremos curtindo o casamento do Filho lá em cima.

Laodiceia – a igreja que provoca ânsia em Jesus

Jesus agora completa seu ciclo das igrejas com o que é a descrição mais perturbadora de todas. A cidade de Laodiceia tinha um problema – faltava água durante os verões quando o rio Lico secava. Um aqueduto foi construído para trazer água. No entanto, um aqueduto é tão bom quanto suas fontes. O aqueduto de Laodiceia tirava sua água de dois lugares. Nas proximidades ficava a cidade de Hierápolis, famosa por suas fontes termais. Mais afastada ficava a cidade de Colossos, que era amplamente abastecida pelo deflúvio de montanhas geladas. À medida que o líquido vital viajava, os aquedutos que saíam daquelas fontes em algum momento se fundiam em um córrego, a canalização quente e a gelada se combinavam em uma mistura morna sem graça que corria para a cidade.

As palavras de Jesus para a igreja em Laodiceia foram duras. "Conheço as tuas obras, que nem és frio nem quente. Quem dera fosses frio ou quente! Assim, porque és morno e nem és quente nem frio, estou a ponto de vomitar-te da minha boca" (Ap 3.15-16). Nem mesmo a igreja quase morta de Sardis recebeu uma admoestação tão descritiva. O que havia de errado com os laodicenses a ponto de provocar tal náusea no Senhor? Parece ser acomodação e autoconfiança.

Laodiceia era uma cidade rica, conhecida por sua escola de medicina e sua produção de lã negra luxuosa. Quando um terremoto destruiu a cidade em 60 d.C., os comerciantes foram capazes de reconstruí-la usando seu próprio dinheiro sem ajuda de Roma. Essa riqueza também existia na igreja. "Estou rico e abastado e não preciso de coisa alguma" (Ap 3.17), disseram eles. Foi essa mesma atitude que levou Jesus a dizer sobre o jovem rico: "É mais fácil passar um camelo pelo fundo de uma agulha do que entrar um rico no reino de Deus" (Mt 19.24). É a necessidade que nos mantém de joelhos. É o conforto que nos leva a pensar, *para que preciso de Deus?*

A igreja ocidental é rica e confortável, e, como tal, é em grande parte perigosamente morna. Isso porque muitos adquiriram a mentalidade secular do mundo. Tudo o que importa na vida são as coisas materiais e viver o aqui e agora. Quando nossos olhos se abrem para o espiritual é que vemos a desesperadora necessidade na qual estamos vivendo. Como podemos manter nossos olhos no espiritual para que não caiamos em apatia e complacência – uma mornidão que induz ao vômito? A perspectiva espiritual virá apenas quando passarmos tempo lendo a Bíblia e colocando os joelhos em oração. Essas ferramentas nos ajudarão a bloquear o que é inútil e a focar no que é inestimável.

Se você perdeu seu primeiro amor ou sente que se afastou de Deus, se você está preso em um estilo de vida pecaminoso ou sente que sua caminhada espiritual está tão morta quanto a pedra fria, se você se tornou apático em sua caminhada com Cristo e sente que sua adoração a Ele é apenas uma rotina vazia, não fique desencorajado. Na verdade, alegre-se por o Espírito Santo tê-lo conscientizado desses problemas. E se você está preocupado por achar que Deus está muito zangado com você para trazê-lo de volta – que talvez Ele esteja tão farto de sua relação inconstante com Ele que se cansou de você – então leia as seguintes palavras de Jesus:

Eis que estou à porta e bato; se alguém ouvir a minha voz e abrir a porta, entrarei em sua casa e cearei com ele, e ele, comigo. Ao vencedor, dar-lhe-ei sentar-se comigo no meu trono, assim como também eu venci e me sentei com meu Pai no seu trono (Ap 3.20-21).

Se você excluiu Jesus da sua vida, não tenha medo. Você pode tê-Lo deixado, mas Ele nunca o deixou. Ele está batendo na porta do seu coração. Antes de continuar a ler, tire um tempo para fechar os olhos e abrir a porta. Você não terá que procurá-Lo. Ele estará lá, esperando que você O convide para que Ele possa retomar o controle de sua vida.

CAPÍTULO 9

Israel em Apocalipse – Parte I

A chegada do Dia do Senhor

Se Apocalipse estivesse sendo escrito por um romancista épico, haveria uma página inserida entre os capítulos 3 e 4 com duas palavras corajosamente impressas nela: Livro Dois. Tudo agora é diferente.

Quando entramos no capítulo 4, chegamos a uma grande mudança no tempo. Os capítulos 2 e 3 centraram-se na igreja como ela era no primeiro século. Jesus apoiou, desafiou e condenou as igrejas com base nos sucessos, lutas e pecados delas. Certamente havia elementos que miravam o futuro, especialmente com Sua repetição acerca de promessas de recompensas futuras para aqueles que vencerem. Havia também uma qualidade atemporal em muitas das admoestações e afirmações de Jesus – palavras que são tão verdadeiras para a igreja hoje quanto eram para a igreja do primeiro século. No entanto, assim que o capítulo 4 começa, João é levado a um tempo que ainda está por vir. Quando Jesus disse a João: "Escreve, pois, as coisas que viste, e as que são, e as que hão de acontecer depois destas" (Ap 1.19), Ele deixou claro que os escritos do discípulo se enquadrarão nessas três categorias.

O local também muda. Não sabemos como terminou o tempo que João passou com Jesus na ilha de Patmos. Houve mais conversas entre esses velhos amigos que não foram registradas? Será que eles compartilharam uma refeição juntos antes de se separarem? É impossível saber, porque a transição escrita é muito abrupta. O capítulo 1 foi escrito como uma narrativa; os capítulos 2 e 3 eram cartas; já o capítulo 4 retorna à forma narrativa, mas com uma lacuna de tempo.

Apocalipse 4: uma jornada para o céu

João escreve:

> Depois destas coisas, olhei, e eis não somente uma porta aberta no céu, como também a primeira voz que ouvi, como de trombeta ao falar comigo, dizendo: "Sobe para aqui, e te mostrarei o que deve acontecer depois destas coisas". Imediatamente, eu me achei em espírito, e eis armado no céu um trono, e, no trono, alguém sentado (Ap 4.1-2).

"Destas coisas" está claramente se referindo ao registro das cartas; porém, "depois", é um termo ambíguo. Foi logo a seguir? O tempo passou? Foi no dia seguinte? Isso provavelmente não ocorreu imediatamente depois que Jesus ditou à igreja de Laodiceia as palavras: "Quem tem ouvidos, ouça o que o Espírito diz às igrejas" (Ap 3.22), porque é difícil imaginar que não haja referência a Jesus ainda estando lá quando a porta para o céu se abre e João entra nesse reino espiritual.

Dito isso, minhas palavras "difícil de imaginar" não são um método preciso de interpretação bíblica. Como mencionei previamente, há muito nas Escrituras que é deixado para a imaginação. Agarramos com as duas mãos a verdade que está claramente explicitada, porém nos apegamos muito mais frouxamente às áreas onde procuramos ler nas entrelinhas. Enfatizo isso apenas para lembrá-lo de que sempre avisarei quando o que estou dizendo se enquadra na categoria "o que faz sentido para mim".

O que João descreve depois que ele passa por aquela porta celestial é uma das passagens mais magníficas de toda a Escritura.

É um olhar para o verdadeiro Santo dos Santos – o lugar onde o próprio Deus habita. É um banquete para os sentidos. Os olhos do apóstolo contemplam "armado no céu um trono, e, no trono, alguém sentado; e esse que se acha assentado é semelhante, no aspecto, a pedra de jaspe e de sardônio, e, ao redor do trono, há um arco-íris semelhante, no aspecto, a esmeralda" (Ap 4.2-3). E quem é Aquele sentado nesse trono? João permite que os "quatro seres viventes" revelem a identificação, dizendo:

> Santo, Santo, Santo é o Senhor Deus,
> o Todo-Poderoso,
> aquele que era, que é e que há de vir (versículo 8).

A beleza deve ter sido de tirar o fôlego. Anciãos em mantos brancos com coroas de ouro em suas cabeças, um mar de vidro refletindo a exibição de cores ao redor como um cristal, quatro estranhas criaturas cobertas de olhos semelhantes a um leão, um novilho, um homem e uma águia, respectivamente – absolutamente incrível. Todavia, cada uma dessas maravilhas empalidece se comparada com o que se assenta no trono a quem Daniel, séculos antes, havia identificado como o "Ancião de Dias" (Dn 7.9). Essa é a visão que dispara o meu coração, ansiando pela primeira vez em que verei meu Criador face a face em toda a Sua glória! É apenas mais uma razão pela qual eu oro: "Amém! Vem, Senhor Jesus!" (Ap 22.20).

A sala do trono de Deus não era apenas um banquete para os olhos. Os sons também deixaram João impressionado. "Do trono saem relâmpagos, vozes e trovões" (Ap 4.5). A palavra grega traduzida como "vozes" também pode ser usada para os sons produzidos pelo vento, por asas ou instrumentos musicais. Basta dizer que entre os estrondos do trovão e qualquer que fosse esse outro grande barulho, a sala do trono não era um lugar tranquilo. Porém, após, vieram as vozes cortando o silêncio. Primeiro, o canto das quatro criaturas que lemos no versículo 8. Então, em resposta, as palavras dos vinte e quatro anciãos enquanto depositam suas coroas diante do trono de Deus, dizendo:

> Tu és digno, Senhor e Deus nosso,
> de receber a glória, a honra e o poder, porque todas as coisas tu criaste,
> sim, por causa da tua vontade vieram a existir e foram criadas (Ap 4.11).

Há mais um som que persiste na sala do trono: música. É só no capítulo 5 que João nos dá esse detalhe. No momento em que o Cordeiro pega o pergaminho, João escreve: "E, quando tomou o livro, os quatro seres viventes e os vinte e quatro anciãos prostraram-se diante do Cordeiro, tendo cada um deles uma harpa e taças de ouro cheias de incenso, que são as orações dos santos" (Ap 5.8). Como as taças de ouro parecem cumprir um propósito – armazenamento do incenso das orações dos santos – não há razão para acreditar que as harpas são simplesmente acessórias. Em vez disso, esse é um conjunto de harpa de vinte e quatro peças tocando hinos melodiosos de adoração ao Senhor Deus.

Também descobrimos nesse mesmo versículo mais um dos sentidos de João que provavelmente sofreu uma sobrecarga – seu olfato. Cada um dos anciãos segura uma taça, e cada taça está cheia de incenso. Eu tenho levado muitos grupos turísticos para a Igreja da Natividade em Belém e, após descer um conjunto de escadas, chega-se ao lugar onde a tradição sustenta que Maria deu à luz a Jesus. É um espaço bem pequeno que comporta apenas um número limitado de pessoas por vez. Houve ocasiões em que eu havia descido com grupos, e os padres ortodoxos desceram as escadas balançando os seus incensários. A fumaça enche o aposento, dando-lhe um aroma maravilhoso e inebriante. Para mim, essa é a fragrância da sala do trono de nosso Senhor.

Há outra mudança que ocorre dos capítulos 2 e 3 para o capítulo 4 – uma mudança de foco. Os capítulos anteriores foram escritos diretamente para a igreja e sobre ela. O capítulo 4 tem os mesmos destinatários, as igrejas do primeiro século, mas agora a narrativa se volta para os judeus e o mundo caído. De Apocalipse 4.1 até o meio do capítulo 19, a igreja nunca é mencionada. Por quê? Porque a igreja não está mais aqui na Terra. Ela não é incluída na descrição dos eventos que acontecerão neste mundo. Ela não é mencionada de forma alguma na narrativa.

A razão para isso é que está incluído, nas palavras de João "Depois destas coisas..." no versículo 1, o arrebatamento da igreja da Terra. Essas três palavras marcam o fim da era da igreja e abrem a porta para o Dia do Senhor – é aqui em que o foco se volta para o povo originalmente escolhido por Deus. Essa não é a tribulação da igreja, é o período de testes dos judeus. Que outra razão poderia haver para a igreja estar totalmente ausente do próximo tempo de ira? Isso não foi um descuido da parte de João. Não é que ele tenha ficado tão envolvido na descrição dos próximos eventos a ponto de se esquecer de mencionar o papel da igreja na tribulação. A igreja não é mencionada porque a igreja se foi – arrebatada – tendo encontrado o Salvador nas nuvens. E a igreja com Ele irá para Seu reino celestial, onde o Senhor havia ascendido há tantos anos, a fim de preparar um lugar para aqueles de nós que havíamos feito Dele o nosso Senhor e Salvador.

Apocalipse 5: o leão e o cordeiro

Agora que a cena foi montada, a ação começa.

> Vi, na mão direita daquele que estava sentado no trono, um livro escrito por dentro e por fora, de todo selado com sete selos. Vi, também, um anjo forte, que proclamava em grande voz: "Quem é digno de abrir o livro e de lhe desatar os selos?". Ora, nem no céu, nem sobre a terra, nem debaixo da terra, ninguém podia abrir o livro, nem mesmo olhar para ele (Ap 5.1-3).

O Ancião de Dias segurava um documento, enrolado e mantido fechado por sete selos. Uma expectativa tensa deve ter tomado conta de todos aqueles que cercavam o trono, incluindo João. O que a mão de Deus havia escrito? Que sabedoria estava prestes a ser revelada ou que mistério seria explicado? Devido à importância desse grande pergaminho – que continha tanta informação que, ao contrário da prática padrão, havia sido escrito em ambos os lados – ele não poderia ser aberto por algum mensageiro comum. Só alguém que fosse perfeito poderia abrir a revelação perfeita do Pai. Um anjo clamou para que alguém digno se apresentasse. João olhou em volta, imaginando quem poderia ser tal grande personagem. No entanto, quando os seus olhos esquadrinharam a sala do trono, ele ficou muito desapontado.

Ninguém se apresentou. A ação mal havia começado e já houve uma parada abrupta. Nem mesmo na presença do Deus Todo-Poderoso havia alguém digno de ler ou mesmo de olhar para o conteúdo desse documento singular. O coração do João estava partido. Ele chorou diante do Deus que havia prometido acabar com toda a tristeza.

Todavia, em meio a sua dor, João ouviu uma voz chamando-o. Ele olhou para cima e viu um dos anciãos acenando para ele. Se um homem em um trono diz para você ir, normalmente é aconselhável que você vá. Então João seguiu para onde estava assentado esse homem de túnica branca recém-coroado. "Não chores; eis que o Leão da tribo de Judá, a Raiz de Davi, venceu para abrir o livro e os seus sete selos" (versículo 5). Voltando-se para onde o homem apontava o dedo, João se virou e ficou atordoado com o que viu. Aqui encontramos uma das grandes justaposições das Escrituras. O ancião indicou a João a aproximação de um grande Leão, e o apóstolo se virou para descobrir um cordeiro ensanguentado. Aqui, encontramos uma imagem perfeita do caráter de Jesus Cristo.

Jesus é o Leão de Judá. Ele é o Todo-Poderoso Criador de todas as coisas (Jo 1.1-3; Cl 1.15-16), o Juiz de toda a humanidade (At 10.42), e o Portador da Ira nos últimos dias (Ap 19.11-16). Essa é uma compreensão muito diferente de Jesus para aqueles que se concentram apenas nas representações populares de Jesus como o doce bebê na manjedoura, manso e meigo, ou como o sábio mestre de fala suave, cujo único objetivo é que todos amem aos demais. Por causa desses pontos de vista parciais, há muitos professores e ativistas biblicamente ignorantes, bem como pastores e denominações que afirmam que Jesus na verdade não se importa muito com a moralidade antiquada, especialmente quando se trata de quem faz o que com quem. Eles ignoram a natureza de leão do Salvador Guerreiro, esquecendo que quando Jesus se encarnou, não foi às custas de sua justiça, retidão e verdade.

Mas se Jesus fosse todo leão, Ele seria um Senhor temível – alguém destinado a ser honrado e obedecido, porém não necessariamente amado. Entra o Cordeiro sacrificial. Se você quer um visual da incrível perfeição do caráter de nosso Salvador, só precisa recorrer a João 13. No cenáculo, Jesus – o próprio Deus – ajoelhou-se diante de seus discípulos e, um por um, lavou os seus pés, retirando a sujeira e a lama das estradas do primeiro século. Isso inclui os dedos encardidos de cada discípulo – até mesmo os daquele que naquela própria noite o trairia. É difícil não ficar emocionado com essa cena. Posteriormente, naquela noite, depois que Judas Iscariotes partiu para realizar sua tarefa traiçoeira, Jesus, em uma palavra, comunicou Sua motivação para o que Ele havia feito pelos discípulos e o que Ele estava prestes a fazer na cruz para o mundo – amor. Foi Seu amor por eles e Seu desejo de que eles imitem o mesmo amor para com os outros que inspirou o lavar dos pés. Ele disse: "Como o Pai me amou, também eu vos amei; permanecei no meu amor... O meu mandamento é este: que vos ameis uns aos outros, assim como eu vos amei. Ninguém tem maior amor do que este: de dar alguém a própria vida em favor dos seus amigos" (Jo 15.9,12-13).

Jesus é o Leão e o Cordeiro – aquele a ser temido e amado, Aquele que deseja obediência e relacionamento, Aquele que julgará as pessoas por seus pecados, mas se sacrificou na cruz para remover esse mesmo julgamento. Enquanto João observava, o Salvador – ainda com as marcas sangrentas de Sua crucificação – caminhou até o trono do Pai Todo-Poderoso pegando o pergaminho da Sua mão direita.

E o lugar entrou em erupção!

As quatro criaturas e os anciãos se prostraram no chão enquanto a fumaça do incenso jorrava dos cálices de ouro dos anciãos. Canto e música encheram o ar em celebração ao Cordeiro:

> Digno és de tomar o livro
> e de abrir-lhe os selos,
> porque foste morto
> e com o teu sangue compraste para Deus
> os que procedem de toda tribo, língua, povo e nação
> e para o nosso Deus os constituíste reino e sacerdotes;
> e reinarão sobre a terra (Ap 5.9-10)

Logo, um coro de milhares e milhares de anjos assumiu o coral, juntando-se às criaturas e aos anciãos para cantar os louvores do Salvador ressuscitado:

> Digno é o Cordeiro que foi morto
> de receber o poder, e riqueza, e sabedoria,
> e força, e honra, e glória, e louvor (versículo 12).

Como invejo João ser capaz de testemunhar esse culto de adoração espontânea. Ele deve ter ficado ali com a boca aberta enquanto as lágrimas enchiam seus olhos – dessa vez, lágrimas, não de tristeza, mas de alegria, admiração e espanto por causa do esplendor do momento. Infelizmente, contudo, foi só por um momento, porque uma vez terminada a adoração, o Cordeiro se pôs a trabalhar nos selos e o clima mudou completamente.

Apocalipse 6: o início das tribulações

> Vi quando o Cordeiro abriu um dos sete selos e ouvi um dos quatro seres viventes dizendo, como se fosse voz de trovão: "Vem!". Vi, então, e eis um cavalo branco e o seu cavaleiro com um arco; e foi-lhe dada uma coroa; e ele saiu vencendo e para vencer (Ap 6.1-2).

Com essas palavras, o julgamento de Deus começou. O Cordeiro iniciou os julgamentos revelados nos selos quebrando o primeiro dos selos afixados ao pergaminho. Imediatamente uma das quatro estranhas criaturas ao redor do trono do Todo-Poderoso bradou: "Vem!". Um guerreiro veio galopando em um grande corcel branco – o primeiro daqueles que vieram a ser conhecidos como os quatro cavaleiros do apocalipse. O cavaleiro recebeu uma coroa para mostrar que estava em uma missão para governar na Terra. Esse era provavelmente o Anticristo indo estabelecer sua autoridade na Terra.

Mais três selos foram quebrados um por um, e João testemunhou cenas semelhantes. O segundo selo trouxe um cavalo vermelho vivo. O cavaleiro recebeu uma grande espada, e galopava para trazer guerra entre as nações. O terceiro selo foi destacado do pergaminho, e um cavalo preto veio a frente. Esse cavaleiro, com sua balança representando carência e inflação em massa, foi incumbido de trazer fome e escassez.

Com o quarto selo, é fácil sentir uma mudança de humor. Talvez o ar tenha esfriado um pouco, e o cheiro de decomposição, anulado o incenso. Dessa vez, não havia um, mas dois cavaleiros. O primeiro montava um cavalo sujo, a palidez cinza esverdeada de algo que estava morto há bastante tempo. Isso era pertinente, porque o cavaleiro em suas costas era a Morte. O Inferno vinha após ele, agindo como seu braço direito. A missão da Morte era matar, e em grande escala. "E foi-lhes dada autoridade sobre a quarta parte da terra para matar à espada, pela fome, com a mortandade e por meio das feras da terra" (Ap 6.8).

Atualmente, a população mundial é de 7,8 bilhões.[18] Se subtrairmos os cristãos evangélicos, estimados em 619 milhões,[19] que já tiverem sido arrebatados quando os selos forem quebrados, temos aproximadamente 7,2 bilhões de pessoas. Isso significa que quando a Morte e o Inferno completarem sua missão inicial, 1,8 bilhão de pessoas serão dizimadas. Compare isso com as centenas de

---

18 "Current World Population". Worldometer, acessado em 30 de outubro de 2020, https://www.worldometers.info/world-population/.

19 Loup Besmond de Senneville, "Dans Le Monde, Un Chrétien Sur Quatre Est Évangélique", La Croix, 25 de janeiro de 2016, https://www.lacroix.com/Religion/Monde/Dans-monde-chretien-quatreevangelique-2016-01-25-1200735150.

milhares que morreram devido ao coronavírus. Não estou minimizando a devastação da pandemia. Em vez disso, estou enfatizando o enorme preço de vidas humanas que será cobrado no mundo.

Guerra, fome, doenças e animais selvagens tomarão parte na matança. Esse último grupo é interessante. As partes da Terra onde atualmente há perigo mortal de animais são poucas. O fato de que a morte por leões, tigres, ursos e outros predadores ocorrerá em grande escala indica um colapso na sociedade que causará uma grande diminuição no fornecimento de alimentos naturais disponíveis aos animais ou uma facilidade de acesso a presas humanas, ou ambos. De qualquer forma, vou tirar um momento agora para agradecer a Deus mais uma vez, porque não estarei na Terra quando os selos estiverem sendo abertos.

Antes de vermos o que acontece quando os últimos três selos são quebrados, seria bom olharmos mais uma vez para o porquê de estar acontecendo. Há duas razões pelas quais Deus traz essa grande tribulação sobre a Terra. Uma delas é trazer uma punição final àqueles que rejeitaram Sua graça e misericórdia. Essa é a justa recompensa pelo pecado deles. Paulo escreveu: "O salário do pecado é a morte, mas o dom gratuito de Deus é a vida eterna em Cristo Jesus, nosso Senhor" (Rm 6.23). Todos têm de lidar com a decisão de escolher a morte ou a vida. Aqueles que viram as costas para o dom livre da salvação, obtiveram seu castigo. É por isso que Paulo disse que a morte é o salário – ou o pagamento – para o pecado.

O Senhor não quer que ninguém passe pela tribulação, e é por isso que ela ainda está para começar. Todavia, Sua a paciência irá acabar.

> Não retarda o Senhor a sua promessa, como alguns a julgam demorada; pelo contrário, ele é longânimo para convosco, não querendo que nenhum pereça, senão que todos cheguem ao arrependimento. Virá, entretanto, como ladrão, o Dia do Senhor, no qual os céus passarão com estrepitoso estrondo, e os elementos se desfarão abrasados; também a terra e as obras que nela existem serão atingidas (2Pe 3.9-10).

Assim que a igreja for removida da Terra, os que forem deixados para trás experimentarão fisicamente a punição pela forma como viveram suas vidas.

Há outra razão para a tribulação. Ela se assemelha à primeira pelo fato de que haverá um preço severo e justo a ser pago pelo pecado. No entanto, nesse segundo caso, há uma luz no fim do túnel. Para o mundo gentio, os sete anos terminarão com um ponto final – ou talvez com um ponto de exclamação. Quando estiver terminado, está terminado. Para o judeu, no entanto, o fim da tribulação é uma vírgula, porque a história deles irá continuar. O motivo da tribulação dos gentios é a punição; dos judeus, é a disciplina. São dois conceitos semelhantes, mas com propósitos muito diferentes.

> *O motivo da tribulação dos gentios é a punição;*
> *dos judeus, é a disciplina.*

Com a punição, paga-se pelo que se fez. Com a disciplina, ainda se passa por um momento difícil, mas os objetivos do conflito são o arrependimento, o crescimento e a justiça. Há a promessa de reconciliação final. Tal reconciliação do Pai com Sua esposa, Israel, é o maior propósito dos sete anos de aflição. Jeremias deu a esse período um nome muito revelador quando escreveu: "Ah! Que grande é aquele dia, e não há outro semelhante! É tempo de angústia para Jacó; ele, porém, será livre dela" (Jr 30.7). Esse versículo nos diz qual é a tribulação e a razão dela. Deus estabeleceu Seu plano de selos, trombetas e taças para o bem de Jacó – a quem renomeou Israel (Gn 32.28) – e Ele fez isso para que, em última análise, pudesse vir a salvação a Seu povo.

Mais uma vez, note que é a hora da angústia de Jacó. Não é a hora da angústia da igreja. A igreja terá ido embora, enquanto Israel permanece.

Infelizmente, a salvação não virá para todos os povos escolhidos por Deus. Nesse tempo, muitos judeus e gentios morrerão por causa de seus pecados.

> "Em toda a terra",
> diz o Senhor,
> "dois terços dela serão eliminados e perecerão;
> mas a terceira parte restará nela.
> Farei passar a terceira parte pelo fogo,
> e a purificarei como se purifica a prata,
> e a provarei como se prova o ouro;
> ela invocará o meu nome,
> e eu a ouvirei;
> direi: 'é meu povo',
> e ela dirá: 'O Senhor é meu Deus'"
> (Zc 13.8-9).

Dois terços dos judeus serão dizimados. Isso é devastador. Tantas pessoas me vem à mente, aquelas que vejo todos os dias no meu bairro ou quando viajo para Jerusalém. Saber que elas morrerão sem nunca conhecer a verdade do Messias que se sacrificou por elas é um conceito difícil até mesmo de se cogitar. O que me anima, no entanto, é o fato de que um em cada três que hoje rejeitam Jesus como Salvador estará cantando, dançando e celebrando enquanto assistem a mim e ao restante da igreja retornar com nosso Senhor ao Monte das Oliveiras. Que dia de alegria será!

Punição para os descrentes. Disciplina para os judeus. Que motivo haveria para que a igreja passasse pela tribulação? Nenhum. Alguns postulam que é para a purificação da igreja, porém, se pudéssemos nos purificar, então, que razão há para a cruz? Não há possibilidade de perfeição para nós enquanto ainda estivermos nesta terra – apenas diferentes graus de imperfeição. Nós já fomos lavados pelo sangue de Cristo para que, quando Deus olhar para nós, nos veja como justos. Para aqueles que veem a igreja como substituta de Israel, sejam bem-vindos ao seu tempo na angústia de Jacó. Quanto a mim, passo. Tenho um casamento para ir.

Com a abertura do quinto selo, uma revelação agridoce nos é oferecida: "Quando ele abriu o quinto selo, vi, debaixo do altar, as almas daqueles que tinham sido mortos por causa da palavra de Deus e por causa do testemunho que sustentavam" (Ap 6.9). Refugiando-se sob o altar celestial estavam as almas dos cristãos mortos durante a tribulação. Muitas vezes chamados de santos da tribulação, esses serão os homens e mulheres que perceberam tarde demais que o evangelho que haviam ouvido de sua mãe, seu vizinho ou seu colega de trabalho era verdade afinal. Como receberam Cristo como seu Salvador durante a tribulação, foram então mortos por sua fé.

Por que a revelação é agridoce? É acre porque eles serão martirizados por sua fé. É doce porque mostra que ainda há esperança de salvação para nossos entes queridos após o arrebatamento. A probabilidade de salvação pós-arrebatamento pode não ser grande, porque o espírito de engano no mundo será poderoso com o Anticristo. No entanto, é óbvio que, quando o quinto selo for quebrado, o arrependimento e a reconciliação ainda podem acontecer.

Devemos notar duas coisas sobre esses santos. Primeira, eles são separados da igreja. Quando chegarem ao céu, não serão levados para suas mansões celestiais. Em vez disso, traumatizados por sua provação, eles receberão vestes brancas e serão orientados a descansar até que chegue o número completo de seus irmãos e irmãs que serão mortos por causa de Cristo (Apocalipse 6.11). Segunda, eles são simplesmente almas. Eles não terão recebido os corpos ressurretos dos quais os integrantes da igreja já desfrutarão. Eles terão que esperar até mais tarde por sua oportunidade de transformação.

O sexto selo se abrirá para a devastação em escala climática:

> Vi quando o Cordeiro abriu o sexto selo, e sobreveio grande terremoto. O sol se tornou negro como saco de crina, a lua toda, como sangue, as estrelas do céu caíram pela terra, como a figueira, quando abalada por vento forte, deixa cair os seus figos verdes, e o céu recolheu-se como um pergaminho quando se enrola. Então, todos os montes e ilhas foram movidos do seu lugar (Ap 6.12-14).

Embora seja muito fácil ler um holocausto nuclear nessa passagem, precisamos ter cuidado para manter definidas as linhas que separam a especulação do conhecimento. Poderia ser um grande evento nuclear? Certamente poderia, e se encaixaria bem nos selos de um à quatro. No entanto, também é perfeitamente possível que isso seja exatamente o que está escrito – um grande terremoto, fumaça e cinzas bloqueando o sol, e meteoros ou outros objetos não terrestres caindo do céu. O que sabemos com certeza é que seu efeito será tão horripilante que as pessoas – das grandes às pequenas – estarão orando pedindo apenas a morte, ao invés de terem que suportar mais ira.

Apocalipse 7: evangelismo na tribulação

Daqui em diante, nos moveremos um pouco mais rapidamente através do Apocalipse. Por mais que eu ame detalhar cada evento, esse não é o propósito final deste livro. No lugar de produzir um comentário analítico, o meu objetivo é que você saia com uma sensação de fluxo e veja o propósito claro de Deus dirigido a Israel. Muitos ficam nervosos com a leitura aprofundada do Apocalipse, ou acabam se perdendo em alguns dos detalhes aparentemente confusos. Minha expectativa é tirar um pouco do mistério que algumas pessoas talvez achem desanimador, para que essa parte maravilhosa e essencial da Bíblia se torne mais acessível. Em um futuro próximo, lançarei um comentário de estudo sobre o livro do Apocalipse que entrará em muito mais detalhes.

Os escritos de João são de natureza narrativa. Em outras palavras, ele relatou tudo o que viu. Ele escreveu uma narração linear sobre os eventos à medida que estes lhe foram revelados. No entanto, sua linha do tempo nem sempre é cronológica. João escrevia à medida que via o que lhe era revelado, mas Deus nem sempre mostrava as atividades na ordem em que elas irão acontecer. Em Apocalipse 7, temos uma pausa na abertura dos selos. Nessa pausa, somos apresentados a duas grandes congregações de pessoas.

Primeiro, encontramos as 144 mil testemunhas – doze mil de cada tribo de Israel. O propósito delas será espalhar o evangelho de Jesus Cristo aos que sofrem durante a tribulação. Imagine 144 mil jovens Billy Grahams judeus viajando de nação em nação, rogando às pessoas que se afastem de seu pecado e de sua rebelião e coloquem sua esperança em Jesus Cristo. Não posso deixar de ficar animado quando leio sobre esses jovens entusiasmados. Eu amo o fato de que, como eu, eles são judeus que descobriram a identidade do verdadeiro Messias. João os chama de "primícias para Deus e para o Cordeiro" (Ap 14.4). Como primícias, eles serão separados e oferecidos a Deus como a primeira parte do que será, em última análise, a salvação de todo o Israel na segunda vinda de Cristo (Rm 11.26).

Eu consigo visualizar em minha mente essa força evangelística. Jovens, da idade do meu filho mais velho, inflamados por Cristo – utilizando para espalhar o evangelho toda a paixão e energia que atualmente têm pelas coisas deste mundo. Ainda que meu filho não se torne um destes – pois ele estará comigo no céu com Cristo – conheço muitos de seus amigos. Se os 144 mil forem como eles, serão uma formidável força evangelística.

O segundo grupo que conhecemos consiste naqueles que são o produto do trabalho dos 144 mil. Uma "grande multidão que ninguém podia enumerar, de todas as nações, tribos, povos e línguas, em pé diante do trono e diante do Cordeiro, vestidos de vestiduras brancas, com palmas nas mãos" (Ap 7.9). Para o leitor, isso não é uma introdução, mas um reencontro. Nós já encontramos essa multidão no sexto selo. Esses são os santos de tribulação que estavam escondidos sob o altar e receberam vestes brancas e limpas. Agora os vemos vestindo tais vestes e, em vez de rogar por julgamento contra seus perseguidores, eles estão cantando uma canção de louvor a Deus: "Ao nosso Deus, que se assenta no trono, e ao Cordeiro, pertence a salvação" (versículo 10). A tristeza se transformará em louvor quando entrarmos na sala do trono do nosso grande Deus!

Uma vez que a igreja seja levada; para Deus, a responsabilidade de dirigir o mundo voltará a Israel. Dois povos, dois papéis – ambos amados e usados por Deus.

Antes de seguirmos em frente, note a identidade dos principais evangelistas da tribulação. Não é a igreja. Deus teve que procurar em outro lugar para encontrar Sua força de trabalho. Por quê? Porque a igreja se foi. Seus servos escolhidos selados com o Espírito já estão com Ele no céu; por isso, se volta para Seus servos escolhidos originais e os sela em suas frontes (versículo 3). Israel foi o primeiro a receber o papel de ser uma luz para as nações. Quando eles rejeitaram sua missão, a tarefa foi passada para a igreja. Uma vez que a igreja seja levada; para Deus, a responsabilidade de dirigir o mundo voltará a Israel. Dois povos, dois papéis – ambos amados e usados por Deus.

Apocalipse 8: desastres ecológicos

Silêncio. O Cordeiro abriu o sétimo selo e João esperou por um cavalo ou um terremoto ou algo assim. Entretanto, tudo ficou quieto. Como deve ter sido estranha a tensão da espera pairando no ar. Finalmente, após trinta minutos se passarem, houve movimento. João assistiu enquanto trombetas foram passadas para os sete anjos que estavam ao lado do trono. Em seguida, uma grande quantidade de incenso foi dada ao anjo encarregado do altar do incenso e a fumaça começou a subir e encher a sala. Tudo ainda estava calmo, mas todos aqueles que eram presentes estavam plenamente atentos.

João deve ter então engasgado quando, de repente, o anjo perto do altar se movimentou e saiu voando. Ele pegou um incensário, encheu-o com fogo do altar e o atirou na Terra. Ele deixou um rastro de fumaça enquanto caia pela atmosfera e atingia o chão. Uma tempestade elétrica eclodiu e um terremoto sacudiu o chão. Esse sinal sinistro pressagiou a devastação que estava prestes a acontecer: desastre ecológico em grande escala.

O primeiro anjo tocou sua trombeta e os incêndios se espalharam por mais de um terço da Terra. A segunda trombeta soou e uma rocha maciça – possivelmente um meteorito – caiu no mar, matando um terço da vida marinha e eliminando um terço de todos os navios com o tsunami resultante. Outro possível meteorito, ou talvez um míssil nuclear, caiu sobre a Terra ao terceiro toque de trombeta, contaminando um terço de toda a água potável. Quando o som da quarta trombeta ecoou pelo céu, ocorreu uma calamidade celestial de algum tipo que afetou o sol, a lua e as estrelas.

No final das primeiras quatro trombetas, a Terra estava estremecida. O aquecimento global e as mudanças climáticas foram esquecidos. As pessoas se perguntavam como a Terra poderia sobreviver à agressão que havia sofrido.

Todavia, ainda seriam tocadas três trombetas.

Apocalipse 9: um holocausto humano

A descrição do que acontece quando soa a quinta trombeta é muito perturbadora. De um grande abismo fumegante veio um exército de gafanhotos. Não era um exército de morte, mas de agonia. Eles voaram pela Terra em busca de pessoas para torturar. Evitando intencionalmente os judeus e gentios que haviam se tornado cristãos, mas ainda não haviam sido martirizados, eles atacaram todos os outros:

> Foi-lhes também dado, não que os matassem, e sim que os atormentassem durante cinco meses. E o seu tormento era como tormento de escorpião quando fere alguém. Naqueles dias, os homens buscarão a morte e não a acharão; também terão ardente desejo de morrer, mas a morte fugirá deles (Ap 9.5-6).

Como o coração de João deve ter doído quando testemunhou a miséria das massas incrédulas.

Depois que o sexto anjo tocou sua trombeta, liberou outros quatro anjos que estavam esperando no rio Eufrates. Esses anjos da morte estavam lá presos por quem sabe quanto tempo, para esse exato momento no qual seriam soltos no mundo. Quando foram libertados, seguiu-se a carnificina. Um terço de toda a humanidade foi massacrada.

Refazendo as contas: Já havíamos perdido 1,8 bilhão de pessoas na mão do cavaleiro pálido quando o quarto selo foi quebrado. Isso nos deixou com 5,4 bilhões restantes. Ainda que muitos mais tenham perecido através dos julgamentos das trombetas, continuaremos a usar esse número como nossa linha de base. Perder um terço – ou outro 1,8 bilhão – para os quatro anjos vingadores significa que ao menos metade dos 7,2 bilhões de pessoas do mundo terão morrido até o final da sexta trombeta. São mais de 3,5 bilhões de almas. É difícil até de imaginar.

Quando menosprezarmos o pecado em nossas vidas ou na vida dos outros como se não fosse nada demais, precisamos lembrar desse alucinante número. Pecado é rebelião contra o Criador. É expressar a Ele que faremos as coisas do nosso jeito e não do Dele. É dizê-Lo que somos nosso próprio deus, e que Ele pode pegar Sua Bíblia e Suas regras e arrumar algo melhor para fazer. O pecado, independentemente de quão grande ou pequeno – importa.

Esse número também é um lembrete do que devemos ao nosso Salvador. Ainda que cada pessoa arrogantemente rejeite a Deus, Jesus ainda morreu por nós. É por causa do Seu amor e do Seu sacrifício que a nós é oferecida a gloriosa oportunidade de escapar de ser um daqueles 3,5 bilhões exterminados pela ira de Deus – ou, talvez pior ainda, ser um daqueles que sobreviveram.

CAPÍTULO 10

Israel em Apocalipse – Parte 2

O Fim do Antigo e o Início do Novo

Quando entramos em Apocalipse 10, João é trazido de volta à narrativa. Em vez de simplesmente assistir, ele mais uma vez participa dos eventos.

Apocalipse 10: um momento agridoce

Na abertura do capítulo, um magnífico anjo vem do céu para a Terra:

> Vi outro anjo forte descendo do céu, envolto em nuvem, com o arco-íris por cima de sua cabeça; o rosto era como o sol, e as pernas, como colunas de fogo; e tinha na mão um livrinho aberto. Pôs o pé direito sobre o mar e o esquerdo, sobre a terra, e bradou em grande voz, como ruge um leão, e, quando bradou, desferiram os sete trovões as suas próprias vozes (Ap 10.1-3).

A chegada e o chamado desse grande ser espiritual levou os sete trovões a bradar sua própria mensagem. João estava prestes a escrever as palavras dos trovões quando uma voz chamou do céu e disse-lhe para guardar a declaração deles para si mesmo.

Entretanto, João não teve tempo de guardar seu kit de escrita, porque a ação continuou. O grande anjo estendeu a mão até onde João estava no céu, jurando por Deus e Sua criação que os mistérios desse grande Dia do Senhor que haviam sido declarados aos profetas há tanto tempo estavam prestes a ser concluídos.

A voz do céu chamou João novamente e lhe disse para ir e pegar um livro da mão estendida do poderoso anjo. Quando João fez isso, o anjo lhe disse: "Toma-o e devora-o; certamente, ele será amargo ao teu estômago, mas, na tua boca, doce como mel" (versículo 9). Por mais estranho que nos possa soar ouvir isso, para João isso causou provavelmente uma leve palpitação. Esse líder da igreja conhecia as Escrituras – desde sua educação inicial como um jovem judeu até as décadas que passou como líder da igreja de Deus. Quando lhe disseram para comer esse livro, ele deve imediatamente ter lembrado da experiência do profeta Ezequiel:

> Então, vi, e eis que certa mão se estendia para mim, e nela se achava o rolo de um livro. Estendeu-o diante de mim, e estava escrito por dentro e por fora; nele, estavam escritas lamentações, suspiros e ais. Ainda me disse: "Filho do homem, come o que achares; come este rolo, vai e fala à casa de Israel". Então, abri a boca, e ele me deu a comer o rolo. E me disse: "Filho do homem, dá de comer ao teu ventre e enche as tuas entranhas deste rolo que eu te dou". Eu o comi, e na boca me era doce como o mel (Ez 2.9–3.3).

Um pergaminho escrito por dentro e por fora era segurado por uma mão. O cronista deveria pegar e comer. João estava sendo convidado a fazer a mesma coisa. Quando Ezequiel comeu o pergaminho, sua ação serviu como uma imagem afirmando que as palavras que o profeta falava proviam do Senhor. A palavra de Deus estava agora dentro dele e, a partir de tal fonte, Ezequiel profetizou. João recebeu essa mesma afirmação. Ele ingeriu a doçura das palavras do Senhor, mas, no seu caso, o que ele ingeriu não lhe caiu bem. O que estava prestes a acontecer com os judeus e os descrentes era tão horrível – tão devastador – que tal verdade queimou em seu estômago.

Como João, somos capazes de "ingerir" a palavra de Deus e ela é doce e deliciosa. Dessa forma, aprendemos sobre quem é nosso Deus e sobre Seu desejo de que estejamos com Ele. Descobrimos e aceitamos o grande plano de salvação que advém através do sacrifício de Jesus na cruz. Provamos e vemos "que o Senhor é bom" (Sl 34.8). No entanto, quando tiramos um tempo para pensar sobre nossos entes queridos, amigos e vizinhos que suportarão os julgamentos das taças e trombetas, isso deve causar um amargor em nossos estômagos. Sabemos acerca das terríveis consequências de rejeitar a bela verdade de Deus, e isso deve nos motivar a ser diligentes em compartilhar o que nos foi revelado nas Escrituras – da mesma forma que João estava tão apaixonadamente motivado a compartilhar o que Deus diretamente o revelou.

A graça de Deus não conhece limites. Mesmo nesse tempo de punição e disciplina, o Senhor continua a chamar as pessoas ao arrependimento.

Apocalipse 11: pregadores de Jerusalém e terremoto

A graça de Deus não conhece limites. Mesmo nesse tempo de punição e disciplina, o Senhor continua a chamar as pessoas ao arrependimento. É importante nunca perder de vista o coração do Senhor em meio ao Apocalipse. Como disse Pedro, Deus não quer "que ninguém pereça, senão que todos cheguem ao arrependimento" (2Pe 3.9). Para isso, Ele primeiro enviou 144 mil para levar o evangelho ao redor do mundo. Agora, O vemos adicionando mais duas testemunhas na mistura, e esse par é único.

A partir de Jerusalém, esses dois homens pregaram sua mensagem de acusação e advertência. Eles falaram da esperança que se encontra em Jesus e da total falta de esperança para os que estão sem Ele. Como os profetas de outrora, disseram às pessoas o que elas não queriam ouvir – que são pecadoras e a punição por seu pecado está à porta. Enquanto a população ao redor do mundo assistia a esses dois homens em suas televisões, crescia sua raiva contra eles. Tendo visto os violentos incidentes de 2020 que ocorreram nos Estados Unidos, na Europa e no Oriente Médio, não é difícil imaginar a cena tumultuada em torno desses dois indivíduos. Uma multidão cheia de megafones, cânticos infames e gestos obscenos irá cercá-los e os pressionará cada vez mais. Em seguida, quando um bandido mascarado inevitavelmente os atacar, a multidão irá receber uma terrível surpresa. Quando atacados, "sai fogo da sua boca e devora os inimigos; sim, se alguém pretender causar-lhes dano, certamente, deve morrer" (Ap 11.5).

Provavelmente serão necessários apenas alguns atentados contra a vida de tais homens para que as pessoas percebam que é melhor manter as mãos longe deles. No entanto, isso não significa que elas ouvirão esses dois porta-vozes de Deus. As testemunhas passarão para o Plano B, buscando chamar a atenção do povo. Elas terão a "autoridade para fechar o céu, para que não chova durante os dias em que profetizarem. Além disso, terão autoridade sobre as águas, para convertê-las em sangue, bem como para ferir a Terra com toda sorte de flagelos, tantas vezes quantas quiserem" (versículo 6). Todavia, mesmo com tamanha demonstração do poder de Deus, poucos se arrependerão.

João então escreveu:

> Quando tiverem, então, concluído o testemunho que devem dar, a besta que surge do abismo pelejará contra elas, e as vencerá, e matará, e o seu cadáver ficará estirado na praça da grande cidade que, espiritualmente, se chama Sodoma e Egito, onde também o seu Senhor foi crucificado (Ap 11.7-8).

Note que foi só depois de haverem completado a tarefa que Deus lhes dera é que a besta triunfará sobre eles. A besta não detinha poder para impedi-los de fazer a vontade de Deus. Tudo o que ela poderia fazer era triunfar sobre eles tão somente no tempo em que Deus os entregasse a ela. E, mesmo assim, a vitória permaneceu com Deus e as testemunhas.

Mas, depois dos três dias e meio, um espírito de vida, vindo da parte de Deus, neles penetrou, e eles se ergueram sobre os pés, e àqueles que os viram sobreveio grande medo; e as duas testemunhas ouviram grande voz vinda do céu, dizendo-lhes: "Subi para aqui". E subiram ao céu numa nuvem, e os seus inimigos as contemplaram (Ap 11.11-12).

Depois de três dias, elas foram ressuscitadas, assim como Jesus. Então, subiram ao céu, assim como Jesus. E, se o povo já não estivesse atordoado o suficiente após esses eventos, um terremoto devastador imediatamente atingiu Jerusalém, destruindo um décimo da cidade.

Apocalipse 12: a nação que não morrerá

Israel é a nação que não morrerá – não importa o quanto outras nações tenham tentado eliminá-la no passado. A existência contínua dos judeus é um testemunho do poder e do plano de um Deus Todo-Poderoso. Nesse capítulo, o Senhor mostra Seu plano – passado e futuro – para Seu povo. Por quê? Porque a salvação final deles é o principal propósito de todo esse período de abalo na Terra.

Em Apocalipse 12, enquanto João observava, um sinal interessante apareceu no céu. Ele viu uma mulher, uma criança e um dragão. A mulher representava Israel, a criança era Jesus e o dragão era Satanás. O dragão tentou devorar a criança, que havia acabado de nascer da mulher. Mas a criança, Jesus, foi "arrebatada" para o céu. Em outras palavras, Satanás tentou acabar com Jesus levando os judeus e romanos a crucificar a "criança". Porém, Jesus foi ressuscitado dos mortos e ascendeu de volta à Sua casa no céu. Enquanto isso, a mulher, Israel, foi protegida no deserto por três anos e meio.

Essa proteção divina pode ser vista no fato de que nós judeus ainda estamos vivos após 2.000 anos de tentativas diabólicas de destruir-nos durante a era da igreja. No entanto, a passagem também fala de um número muito específico de dias os quais Israel, como nação, será protegida no deserto. O deserto, nesse contexto, é literal – um lugar rochoso, arenoso e estéril. E o tempo é literal: três anos e meio.

Ao falar da relação entre o Anticristo e Israel durante os sete anos da tribulação, Daniel disse:

> Ele fará firme aliança com muitos, por uma semana; na metade da semana, fará cessar o sacrifício e a oferta de manjares; sobre a asa das abominações virá o assolador, até que a destruição, que está determinada, se derrame sobre ele (Dn 9.27).

A palavra hebraica traduzida por "firmar" é *hegbir*, e significa mais do que apenas "concordar" ou "fazer". Essas palavras são muito estáticas. Em vez disso, a palavra é prospectiva e possui a ideia de "aumentar". Se eu pedisse a um dos meus filhos para aumentar o volume na televisão, usaria a palavra *hegbir*.

Isso se aplica à confirmação do pacto com o Anticristo. O amor e admiração que os judeus têm pela besta aumentarão durante a primeira metade da semana, ou três anos e meio. A paz reinará. Mas então o Anticristo se mostrará como ele realmente é. Os judeus perceberão que esse homem não é o Messias. Eles entenderão que foram enganados e fugirão de Jerusalém durante a tribulação. Esse segundo período de três anos e meio é o que João viu nessa visão, quando Deus protegerá Seu povo porque ainda não se cansou deles.

Apocalipse 13: anticristo um e dois

Representações populares do Anticristo em filmes o retratam como um personagem assustador e sinistro – parte homem, parte diabo. Mas isso é apenas Hollywood em sua pior ignorância bíblica. Até o diabo sabe que você abarca mais pessoas com mel do que com vinagre. Ele sabe que, para atrair os ingênuos com seus enganos, deverá se disfarçar de "anjo de luz" (2Co 11.14). Essa é a mesma tática que ele usa com seu lacaio, o Anticristo.

Dessa vez, João viu duas bestas. A primeira – a que emerge do mar – não se põe a aterrorizar o mundo. Ela não tinha chifres, cascos, garfo e cauda pontiaguda. Do contrário, possuía muita personalidade e carisma. As pessoas se sentiam atraídas por ela. Após a cura milagrosa de um ferimento que sofrera na cabeça, ela lançou o charme e o mundo embarcou.

> Então, vi uma de suas cabeças como golpeada de morte, mas essa ferida mortal foi curada; e toda a terra se maravilhou, seguindo a besta; e adoraram o dragão porque deu a sua autoridade à besta; também adoraram a besta, dizendo: "Quem é semelhante à besta? Quem pode pelejar contra ela?" (Ap 13.3-4).

Durante quarenta e dois meses – três anos e meio – esse Anticristo aceitou o louvor e a adoração das nações, incluindo, como acabamos de ver, Israel.

Enquanto João continuava a ver o desenrolar da cena, uma segunda besta apareceu – essa saindo da Terra. Tal besta, na verdade um segundo anticristo, é chamada de falso profeta. Assim como um verdadeiro profeta aponta as pessoas para o verdadeiro Deus, o falso profeta apontará as pessoas para um falso deus:

> Exerce toda a autoridade da primeira besta na sua presença. Faz com que a terra e os seus habitantes adorem a primeira besta, cuja ferida mortal fora curada. Também

opera grandes sinais, de maneira que até fogo do céu faz descer à terra, diante dos homens. Seduz os que habitam sobre a terra por causa dos sinais que lhe foi dado executar diante da besta, dizendo aos que habitam sobre a terra que façam uma imagem à besta, àquela que, ferida à espada, sobreviveu (Ap 13.12-14).

É também essa segunda besta que assumirá o controle do sistema financeiro global. Para comprar ou vender qualquer coisa, uma pessoa terá de receber uma marca na mão direita ou na testa. A marca é o nome da besta, sendo representada numericamente – 666. A ideia de algum tipo de indicador individual mundial sendo usado no comércio já foi estranha um dia, ou pelo menos foi algum grande mistério; mas hoje, isso não é mais verdade. A tecnologia de chips digitais pessoais já está disponível. O comércio começou a passar do dinheiro para os cartões de crédito e agora está progredindo para nossos telefones. Não vai demorar muito até que se dê o próximo passo lógico – chips identificadores pessoais embutidos.[20]

Apocalipse 14: explosão de evangelismo

Em novembro de 1942, após muitas derrotas, as forças britânicas finalmente conseguiram sua primeira grande vitória, rechaçando o marechal nazista Erwin Rommel e seu exército de tanques Panzer. Essa vitória militar levou o primeiro-ministro britânico Winston Churchill a se dirigir à Câmara dos Comuns com otimismo cauteloso. Ele lhes disse: "Esse não é o fim. Não é nem o começo do fim. Mas é, talvez, o fim do começo".[21] Quando a narrativa de João se afastou

---

20 Oscar Schwartz, "The Rise of Microchipping: Are We Ready for Technology to Get under the Skin?", The Guardian, 8 de novembro de 2019. Disponível em: https://www.theguardian.com/technology/2019/ nov/08/the-rise-of-microchipping-are-we-ready-for-technology-to-get-under-the-skin.

21 The Churchill Society London, Churchill's Speeches, acessado em 30 de outubro. Disponível em: http://www .churchill-society-london.org.uk/EndoBegn.html.

dos julgamentos das trombetas na conclusão do Apocalipse 9, esse foi o fim do início da ira de Deus que estava sendo derramada sobre sua criação. Aqui, no capítulo 14, estamos, agora, no início do fim.

Isso começa de forma bastante positiva com um olhar de volta aos 144 mil evangelistas. Aqui eles são identificados como as "primícias para Deus e para o Cordeiro" (Ap 14.4). Que alegria há em saber que haverá uma "explosão de evangelismo" durante a tribulação como resultado desses homens derramando o evangelho da salvação. Embora ser cristão venha a tornar-se extremamente difícil durante esse tempo – com o mais sofrido martírio – podemos nos alegrar que a besta e seus seguidores serão capazes tão somente de tocar os corpos físicos desses santos da tribulação. Suas almas estarão seguras com seu Salvador.

Em seguida, uma voz chamou João, do céu, com uma mensagem muito sinistra. Relembrando a mensagem de Paulo "para mim, o viver é Cristo, e o morrer é lucro" (Fp 1.21), essa voz ordenou a João: "Escreve: 'Bem-aventurados os mortos que, desde agora, morrem no Senhor'. 'Sim', diz o Espírito, 'para que descansem das suas fadigas, pois as suas obras os acompanham'" (Ap 14.13). Para os santos da tribulação, viver significará sofrimento e miséria. Mas também significará a possibilidade de atrair outros para o reino de Deus. E o martírio significará descanso da dor.

Acredito que todos nós temos a capacidade de suportar sofrimento e perseguição, considerando que três condições sejam verdadeiras: primeira, saibamos que é apenas por um tempo; segunda, estejamos realizando algo que valha a pena; terceira, haja uma recompensa no final. Era esse o caso de Paulo. Ele sabia que chegaria um momento no qual sua vida acabaria. A dor e a perseguição que suportava não durariam pela eternidade. Além disso, ele estava realizando algo que valia a pena, sabendo que veria "frutos" do seu trabalho (Fp 1.22) por tanto tempo quanto permanecesse nesta terra. Por fim, ele estava certo de que, quando finalmente partisse desta vida, estaria "com Cristo" (1.23), o que ele prontamente admitiu que seria "incomparavelmente melhor". Esse tempo chegaria, porém, não ainda.

Os santos da tribulação saberão e entenderão que há um limite de tempo para o Dia do Senhor. Ou suas vidas serão tiradas, ou testemunharão a segunda vinda de Cristo. Contudo, enquanto isso, eles estarão espalhando o evangelho, usando seu tempo restante nesta terra da maneira mais importante e produtiva possível. O tempo todo, eles saberão que sua recompensa um dia será ver Seu Salvador face a face e passar a eternidade na presença Dele. Se você pensar sobre isso, não há diferença entre a situação deles e a nossa, exceto pelo fato de que eles servirão ao Senhor em um mundo que estará sistematicamente caindo aos pedaços e prestes a ficar muito pior.

Apocalipse 15: a pausa que revigora

Esse é um capítulo de preparação e louvor. É uma respiração profunda antes de começar a série final de julgamentos. João viu diante de si um mar de vidro brilhando com reflexos flamejantes. Naquele vidro estava um coro de santos da tribulação – harpa na mão, prontos para louvar Seu Deus. Curiosamente, João descreveu esses santos como "os vencedores da besta" (Ap 15.2). Talvez alguém pense: "Espere, essas pessoas estão todas mortas. Que vitória é essa?". Devemos lembrar que a vitória definitiva não é encontrada no reino físico, mas no espiritual. A besta pode ter tomado seus corpos, mas suas almas eternas estão seguras na presença de seu Deus.

É por isso que eles serão capazes de cantar:

> Grandes e admiráveis são as tuas obras,
> Senhor Deus, Todo-Poderoso!
> Justos e verdadeiros são os teus caminhos,
> ó Rei das nações!
> Quem não temerá
> e não glorificará o teu nome, ó Senhor?
> Pois só tu és santo;
> por isso, todas as nações virão
> e adorarão diante de ti,

porque os teus atos de justiça se fizeram manifestos (versículos 3-4).

Enquanto observamos o que acontece a seguir, é importante lembrar as palavras desses santos: "Justos e verdadeiros são os teus caminhos". Deus age exclusivamente com justiça. Embora possamos nos encolher ou até chorar pela destruição que está prestes a recair sobre a Terra, devemos lembrar que esta é completamente justificada e procedente. Ao lermos a descrição de João sobre as sete taças sendo passadas para sete anjos, devemos ter em mente que a ira contida nessas taças é merecida e justa.

Apocalipse 16: o caminho para o Armagedom

Esse é um dos capítulos mais tristes e trágicos da Bíblia. O conjunto final de julgamentos – as taças de juízo – serão liberadas para devastar a ecologia da Terra e os corpos físicos das pessoas. São os juízos dessas taças que pavimentarão o caminho para a grande batalha final do Armagedom.

As cinco primeiras taças foram derramadas, uma após a outra. Primeiro, úlceras horrendas eclodiram naqueles que tinham a marca da besta. Na sequência, veio a destruição de toda a vida marinha, seguida pelo envenenamento de toda a água. A quarta taça trouxe um calor escaldante do sol. Quando o povo gritou em desespero, o Senhor os tirou o sol, mergulhando a Terra na escuridão absoluta e claustrofóbica.

Será que o povo da Terra finalmente entende a dica e se arrepende? Tudo, menos isso. Após a quarta taça, eles "blasfemaram o nome de Deus, que tem autoridade sobre estes flagelos, e nem se arrependeram" (versículo 11). Haverá tanta cegueira espiritual e lavagem cerebral que não se voltarão para Deus. Ao invés de se arrependerem, irão blasfemar. Esse ódio absoluto ao Senhor moverá os reis da Terra a se reunirem para guerrearem contra Ele em sua cidade sagrada. Espíritos demoníacos "se dirigem aos reis do mundo inteiro com o fim de ajuntá-los para a peleja do grande Dia do Deus Todo-Poderoso... Então, os ajuntaram no lugar que em hebraico se chama Armagedom" (versículos 14,16).

Armagedom. Esse é o único lugar nas Escrituras onde lemos essa palavra. É, na verdade, um lugar lindo que recebe uma má reputação por causa daquilo que um dia acontecerá lá. Minha casa tem vista para essa exuberante região fértil – também conhecida como o Vale de Jezreel. É maravilhoso pensar que, um dia, os exércitos do mundo se reunirão além da minha varanda em preparação para marchar até Jerusalém – 100 quilômetros ao sul – para a grande batalha.

Quando a sétima taça foi derramada, a destruição foi grande. Um terremoto gigantesco abalou o mundo, mudando a geografia e destruindo a Babilônia. A isso se seguiu uma tempestade de granizo que derrubou pedras de 50 quilos, eliminando inúmeras pessoas, animais e estruturas. De novo, qual foi a resposta? "Os homens blasfemaram de Deus, porquanto o seu flagelo era sobremodo grande" (Ap 16.21).

Imagine viver isso. Se você acha que viver nessa época de coronavírus já é angustiante, isso não é nada comparado ao que está por vir. Lembre-se, não são apenas hipóteses. Não é uma linguagem figurativa. São eventos reais que acontecerão com pessoas reais. Você consegue imaginar seu pai, cônjuge ou filho passando por tais angústias? Isso não o motiva a fazer tudo o que pode para garantir que eles entendam como evitar a ira de Deus, aceitando Seu livre dom de graça?

Há um lado positivo que podemos colher desse capítulo de sofrimento. Quando João vê o sétimo anjo derramar sua taça, ele ouve uma voz do céu – a voz de Deus em seu trono – bradando uma palavra simples: "Gegonen!". Traduzida, essa palavra grega significa "Feito está!". Com a sétima taça, a ira de Deus sobre a Terra ficará satisfeita. Enquanto o julgamento espiritual ainda permanece, o preço físico está pago.

Apocalipse 17-18: colapso da religião mundial e falência da economia global

Esses são os dois únicos capítulos que uniremos, pois andam de mãos dadas. Aqui é onde encontramos a queda final da Babilônia. Ao longo de grande parte das Escrituras, a Babilônia é apresentada como a antítese de Jerusalém. Ela é um centro de adoração idólatra, enquanto Jerusalém tem o templo de Deus. As origens da Babilônia são baseadas na confusão e divisão encontradas na Torre de Babel, enquanto as origens de Jerusalém são baseadas na clara e eterna aliança de Deus com Abraão. Babilônia é um centro do pecado; Jerusalém está separada para a santidade. Babilônia está destinada à destruição, Jerusalém será a eterna Cidade Santa.

Se Jerusalém é a cidade de Deus, então, como antítese, Babilônia é a cidade de Satanás. O que vemos nos capítulos 17 e 18 é um prenúncio da destruição final do diabo e de seus caminhos.

Primeiramente, no capítulo 17, testemunhamos a queda do sistema religioso mundial que controlava as estruturas políticas e econômicas globais. A mulher sentada na besta levou as massas à idolatria religiosa. No entanto, o seu domínio sobre os corações das pessoas entrará em colapso sob a dominação das potências mundiais.

Então, no capítulo 18, Deus destrói o sistema político e econômico no breve período de sessenta minutos: "Ai! Ai! Tu, grande cidade, Babilônia, tu, poderosa cidade! Pois, em uma só hora, chegou o teu juízo" (Ap 18.10). Você se recorda do colapso da economia americana no início do coronavírus? Em pouco tempo, os EUA passaram de uma das melhores economias da história do país para o desemprego em massa, um mercado de ações desabando e empresas fechando em todo o país. Isso não é nada comparado ao que espera a economia global em Apocalipse 18. O colapso do mercado de ações em 1929 e a Grande Depressão parecerão brincadeira de criança.

Apocalipse 19: um maravilhoso casamento

Do capítulo 4 de Apocalipse até agora, seguimos a narrativa da disciplina de Israel e da punição dos descrentes. No capítulo 19, a igreja volta para a história, e quando ela retorna, o faz em beleza e força.

A narrativa de João deixa a Terra e volta para os eventos no céu. O que ele ouviu quando chegou lá foi um coral de aleluias. *Aleluia* significa "Deus seja louvado" ou "Louvado seja o Senhor". É um grito de ação de graças, louvor, afirmação, reverência e alegria. João primeiramente ouviu tal alegre exclamação de uma grande multidão (19.1,3), depois dos vinte e quatro anciãos e das quatro criaturas (versículo 4), e depois novamente de uma grande multidão (versículo 6). Todos estavam louvando o Senhor, exclamando Sua grandeza. Qual o motivo de tamanha celebração? A destruição da prostituta de Satanás, a Babilônia, e o casamento da noiva de Cristo, a igreja.

Não sabemos como será essa cerimônia de casamento celestial de Cristo com Sua noiva. Cada cultura possui suas próprias tradições para o casamento, sendo que a maioria delas são muito emocionantes e bonitas. É provável que o que nós, como igreja, experimentaremos na união com nosso Salvador seja diferente de tudo o que possamos pensar ou imaginar. Amor além da compreensão, beleza além da medida.

Celebrando essa união, a voz da multidão bradou: "Aleluia! Pois reina o Senhor, nosso Deus, o Todo-Poderoso. Alegremo-nos, exultemos e demos-lhe a glória, porque são chegadas as bodas do Cordeiro, cuja esposa a si mesma já se ataviou[22]" (versículos 6-7). João então descreveu a noiva: "foi dado [a ela] vestir-se de linho finíssimo, resplandecente e puro. Porque o linho finíssimo são os atos de justiça dos santos" (versículo 8). A noiva, saindo da cerimônia, estava agora pronta para a grande festa matrimonial.

Deve ter sido, para João, uma experiência surreal ver a noiva, sabendo que ele próprio estava em algum lugar naquela massa de pessoas. Será que ele viu a si mesmo ostentando seu novo corpo

---

22 Enfeitar, embelezar.

ressurreto? Teria ele cruzado olhares com o futuro João, com o seu futuro eu sorrindo conscientemente para ele?

O encontro de João com a noiva foi avassalador. Em certo momento, ele ficou tão emocionado com o que estava testemunhando que se prostrou em adoração ao anjo que estava com ele. O anjo foi rápido em detê-lo. "Vê, não faças isso; sou conservo teu e dos teus irmãos que mantêm o testemunho de Jesus; adora a Deus. Pois o testemunho de Jesus é o espírito da profecia" (versículo 10). Há grandes homens e mulheres nesta Terra. Há seres espirituais poderosos ao nosso redor. Todavia, não há ninguém e nada que seja digno de nossa adoração além de Deus, nosso Pai, e Seu Filho, Jesus Cristo.

Agora que conhecemos a noiva, é hora de apresentar o noivo:

> Vi o céu aberto, e eis um cavalo branco. O seu cavaleiro se chama Fiel e Verdadeiro e julga e peleja com justiça. Os seus olhos são chama de fogo; na sua cabeça, há muitos diademas; tem um nome escrito que ninguém conhece, senão ele mesmo. Está vestido com um manto tinto de sangue, e o seu nome se chama o Verbo de Deus; e seguiam-no os exércitos que há no céu, montando cavalos brancos, com vestiduras de linho finíssimo, branco e puro. Sai da sua boca uma espada afiada, para com ela ferir as nações; e ele mesmo as regerá com cetro de ferro e, pessoalmente, pisa o lagar do vinho do furor da ira do Deus Todo-Poderoso. Tem no seu manto e na sua coxa um nome inscrito:

Rei dos Reis e Senhor dos Senhores (Versículos 11-16).

Isso é tremendo! Jesus Cristo, em toda Sua glória, voltará à Terra na segunda vinda. E voltaremos juntos, reunidos atrás Dele e prontos para a batalha. Eu sempre disse que, quando Jesus voltar pela primeira vez, nós vamos querer vê-Lo de frente. Vamos vê-Lo face a face, enquanto Ele nos reúne nas nuvens, no arrebatamento. Na segunda vinda, vamos querer vê-Lo de costas. Se o virmos de costas, isso significa que O estamos seguindo, enquanto Ele vai para a batalha. Se O virmos de frente na segunda vinda, então seremos nós a quem Ele virá combater, e é melhor corrermos!

Nunca há dúvida quanto ao resultado da grande batalha. Como vencer um inimigo todo-poderoso? Você não vence. Jesus terá a vitória. As forças inimigas serão destruídas, e a besta e o falso profeta serão os primeiros a serem lançados no lago de fogo.

Nesse momento, a igreja estará de volta à Terra, com todos em seus novos corpos ressuscitados. Quem mais permanecerá no mundo? Haverá os santos da tribulação que, de alguma forma, conseguiram sobreviver até o fim sem serem martirizados. E haverá os judeus, o povo de Deus, a quem Ele poupou até agora. Esse é o grande momento o qual anseio testemunhar – o momento de que Paulo fala em Romanos, quando escreve: "Todo o Israel será salvo, como está escrito: Esta é a minha aliança com eles, quando eu tirar os seus pecados" (Rm 11.26-27). Esse avivamento em massa ocorrerá quando os judeus finalmente reconhecem o Messias, a quem haviam rejeitado, por quem Ele realmente é. Cada homem, mulher e criança se renderão voluntariamente a Jesus Cristo, fazendo Dele seu Salvador e seu Senhor. Que dia glorioso será!

Apocalipse 20: planeta Terra sob nova direção

Com Cristo de volta à Terra, o mundo estará sob nova direção. Até esse ponto, Satanás tinha autoridade sobre este planeta. Jesus o chamou de "o príncipe" deste mundo (Jo 12.31) e Paulo se referiu a ele como "o deus deste século" (2Co 4.4). Mas o tempo do diabo nesta Terra acabou – em grande parte. João assistiu quando um anjo se aproximou de Satanás:

> Ele segurou o dragão, a antiga serpente, que é o diabo, Satanás, e o prendeu por mil anos; lançou-o no abismo,

fechou-o e pôs selo sobre ele, para que não mais enganasse as nações até se completarem os mil anos. Depois disto, é necessário que ele seja solto pouco tempo (Ap 20.2-3).

Isso dá início ao reino milenar. Por mil anos, Cristo reinará de Jerusalém. Será um tempo de paz e justiça. A justiça, contudo, não vai durar. Ainda que Satanás não esteja por perto, haverá pessoas que ainda vivem em corpos de carne. Ainda que o diabo não esteja por perto para "coagir o indivíduo a fazer algo", haverá pessoas que possuem a inclinação natural pecaminosa para ir em frente e fazê-lo de qualquer maneira. É por isso que, quando Satanás for libertado de volta no mundo, após seu milênio em cativeiro, encontrará um público pronto na descendência perdida daqueles judeus e santos sobreviventes da tribulação que entraram no reino milenar em seus corpos mortais.

Satanás organizará uma rebelião que se manifestará em uma segunda batalha de Gogue e Magogue. Mais uma vez, a derrota dos rebeldes será rápida e certa. Todos os que estão contra Deus serão dizimados e o diabo será lançado no lago de fogo para se juntar à besta e ao falso profeta. Nesse momento, Satanás acha que tem poder, mas o único poder que ele tem é o que Deus lhe concede. Quando seu tempo acabar, ele estará acabado.

Apocalipse 20 termina com o julgamento vindo do Grande Trono Branco, que veremos no próximo capítulo deste livro.

Apocalipse 21: de volta à prancheta

Quando o pecado entrou no mundo, a morte veio junto. Isso incluiu a morte espiritual, que resultou na separação da humanidade para com um Deus santo e na morte física, o que levou a uma deterioração de toda a criação. Em Apocalipse 21, como o velho céu e a velha terra estão contaminados, sem possibilidade de salvação, Deus voltará à prancheta e criará um novo céu e uma nova terra, então a nova Jerusalém descerá do céu.

"Eis que faço novas todas as coisas" (Apocalipse 21.5), dirá o Senhor, do Seu trono. Não temos o menor vislumbre de como será o Céu e a Terra 2.0. No entanto, se de alguma forma eles forem como a Nova Jerusalém, então serão mais que espetaculares. Sobre a cidade sagrada aperfeiçoada, João escreve:

> A estrutura da muralha é de jaspe; também a cidade é de ouro puro, semelhante a vidro límpido. Os fundamentos da muralha da cidade estão adornados de toda espécie de pedras preciosas. O primeiro fundamento é de jaspe; o segundo, de safira; o terceiro, de calcedônia; o quarto, de esmeralda; o quinto, de sardônio; o sexto, de sárdio; o sétimo, de crisólito; o oitavo, de berilo; o nono, de topázio; o décimo, de crisópraso; o undécimo, de jacinto; e o duodécimo, de ametista. As doze portas são doze pérolas, e cada uma dessas portas, de uma só pérola. A praça da cidade é de ouro puro, como vidro transparente. Nela, não vi santuário, porque o seu santuário é o Senhor, o Deus Todo-Poderoso, e o Cordeiro. A cidade não precisa nem do sol, nem da lua, para lhe darem claridade, pois a glória de Deus a iluminou, e o Cordeiro é a sua lâmpada (versículos 18-23).

Como os olhos idosos de João devem ter brilhado, refletindo as joias enquanto resplandeciam a luz de Cristo. Podemos não saber como será o novo céu e a nova terra, mas podemos ter certeza de uma coisa – não ficaremos desapontados.

Apocalipse 22: pronto ou não, aqui vou eu

Esse último capítulo do Apocalipse relembra a promessa do Senhor de retornar para os Seus. De certa forma, o último capítulo nos traz de volta ao nosso tempo – à nossa realidade – e fala do amor de Deus, da esperança para o cristão, do salário do pecado, que é a morte e, claro, do dom gratuito da vida eterna. Ele fala da profecia revelada no livro e da urgência de nossa tarefa como embaixadores de Cristo. Jesus disse: "Eis que venho sem demora. Bem-aventurado aquele que guarda as palavras da profecia deste livro" (Ap 22.7).

Jesus estava falando tais palavras para as igrejas do primeiro século, mas Ele também está falando conosco. Nós somos a noiva e o Espírito está em nós. Precisamos esperar ansiosamente que Ele venha e nos leve para ficar com Ele. "O Espírito e a noiva dizem: 'Vem!'. Aquele que ouve, diga: 'Vem!'. Aquele que tem sede venha, e quem quiser receba de graça a água da vida" (versículo 17). Precisamos nos juntar a esse coral com nossos clamores para que Jesus venha em breve.

A propósito, só porque você quer que Jesus venha, isso não quer dizer que você tenha sido derrotado pelo mundo. Esse desejo pelo retorno de Cristo é uma atitude que devemos ter o tempo todo. Lembro-me de quando estava muito deprimido durante minhas primeiras semanas no exército. Eu não queria ficar lá nem mais um minuto. Era muito difícil, muito duro. Todas as noites, durante meu turno de guarda, eu pedia a Jesus para voltar. "Sinceramente, Senhor – a qualquer momento agora. Estou pronto!". Para mim, pensar no retorno de Cristo era reconfortante. Havia uma canção que eu costumava cantar: *Ana hazor na Yeshua, Melech HaYehudim*, ou "Por favor, volte, Yeshua, Rei dos Judeus". O meu apelo era realmente de coração. "Estou pronto assim que estiveres pronto, Senhor Jesus!".

A promessa do que está por vir deve ser um
grande incentivo para todos nós na igreja.

O pecado deve ser punido, porém a graça de Deus é grande. Ninguém nesta Terra precisa sofrer os terrores descritos no Apocalipse. Infelizmente, há tantos que escolherão suportar a tribulação ao rejeitar a livre oferta de salvação de Jesus através da fé Nele. Para aqueles de nós na igreja, este livro bíblico deve servir como um impulso para nos ocuparmos das coisas de Nosso Pai, até que sejamos levados para o túmulo ou para as nuvens.

A promessa do que está por vir deve ser um grande encorajamento para todos nós na igreja.

Paulo escreveu aos tessalonicenses:

> Deus não nos destinou para a ira, mas para alcançar a salvação mediante nosso Senhor Jesus Cristo, que morreu por nós para que, quer vigiemos, quer durmamos, vivamos em união com ele. Consolai-vos, pois, uns aos outros e edificai-vos reciprocamente, como também estais fazendo (1Ts 5.9-11).

Não estaremos aqui para os juízos derramados durante a tribulação. Estaremos com nosso Salvador. Estar em Sua presença e contemplar Seu rosto deve ser motivação suficiente para ecoarmos as palavras do idoso apóstolo, escritor e amigo do Salvador: "Amém! Vem, Senhor Jesus!" (versículo 20).

PARTE 4:
DOIS POVOS, UMA FAMÍLIA

CAPÍTULO 11

Quem vai para onde?

Um lugar para cada um e cada um em seu lugar

Quem vai aonde? Essa é uma pergunta que a maioria das pessoas faz em algum momento de suas vidas. Quando morremos, para onde vamos? Alguns vão para cima e outros para baixo? Acabamos entrando novamente em um ciclo de uma nova vida – quem sabe melhorando um pouco da próxima vez? Todos nós acabamos no mesmo lugar – ou seja, todas as estradas religiosas levam ao céu? Existe, para os judeus, um plano diferente de salvação do que há para a igreja – um para o povo da antiga aliança e outro para o da nova? Como funciona tudo isso?

Na maioria das vezes, as pessoas tentam evitar perguntas sobre a morte. Na verdade, elas preferem não pensar de forma alguma sobre morrer. É um assunto desconfortável, até um pouco assustador. Todavia, há momentos em que todos somos confrontados com o que acontece após a morte. Isso acontece especialmente em funerais. Muitas vezes você ouvirá as pessoas dizendo que os seus entes queridos estão olhando para elas do céu, andando ao lado delas e as protegendo, ou se tornando um dos mais novos anjos de Deus. Não podemos culpá-las por se agarrarem a tais esperanças em seus esforços para lidar com o luto. Infelizmente, contudo, são apenas ideias de bem-estar que não contêm apoio teológico.

Poucas perguntas são mais importantes do que aquelas sobre a vida após a morte, pois a morte, para todos nós, essencialmente nos espera na próxima esquina. Para onde vamos quando morremos? Alguns estão fazendo essa pergunta porque perderam seus pais. Alguns perguntam sobre o que acontecerá com os descrentes que conhecem. Alguns estão curiosos sobre o que aconteceu com as pessoas do Antigo Testamento em comparação àquelas sobre quem leram no Novo Testamento. Há até aqueles que estão desesperados para saber onde estão seus queridos animais de estimação mortos. Se você está incluído nesse último grupo, preciso que você saiba de antemão que este livro não lhe dará a resposta sobre onde seu pônei de assistência emocional está habitando, agora que ele comeu seu último torrão de açúcar.

O que vem a seguir para nós quando esta vida acabar? E quanto a todos aqueles que já foram antes?

Tudo estava bem – até a queda

Deus fez da Terra um lugar maravilhoso para a habitação da humanidade. O céu não foi feito inicialmente para as pessoas. A terra firme era a morada destinada a nós. Desde o cabelo em nossas cabeças até os calos em nossos pés, fomos programados, projetados e destinados para passar nosso tempo neste terceiro planeta a partir do Sol.

E que lugar Deus nos deu! Inicialmente, era perfeito em todos os sentidos. No primeiro dia, depois de criar a luz, "viu Deus que a luz era boa" (Gn 1.4). A cada ato sucessivo de criação, esse mesmo adjetivo de perfeição era declarado. Terra – boa. Mar – bom. Vegetação – boa. Tudo foi criado em seu estado ideal.

Na fundação da Terra, ninguém tinha medo de um tornado, de um furacão ou de uma inundação. Não havia gripes, coronavírus ou cânceres. Nenhum colapso financeiro estava no horizonte e ninguém temia que a guerra eclodisse de repente. Adão e Eva receberam um lugar maravilhoso e Deus lhes disse para aproveitar.

A Terra foi dada aos dois primeiros humanos não só para que nela vivessem, mas para que a dominassem. Se os leões estivessem ficando muito agitados, Adão simplesmente precisaria dizer: "Ei, leões, venham aqui. Sentem-se. Eu quero que vocês se comportem e parem de assustar todos os coelhos". Os leões obedeceriam e os coelhos respirariam aliviados.

Entretanto, a melhor parte para Adão e Eva era que Deus habitava com eles. Ele descia do alto para ter comunhão com a humanidade. Você consegue imaginar? Depois de um longo dia de trabalho, Deus deixava Seu trono para passear no Jardim. O primeiro casal desfrutava de uma comunhão perfeita com o Criador. Todavia, Adão e Eva decidiram que isso não era suficiente. Outra pessoa chegou com uma nova mensagem que era mais emocionante. A serpente contou uma mentira, e eles literalmente engoliram. Eles quebraram a confiança, a comunhão, aquilo que os fazia a joia da coroa da criação – a imagem de Deus dentro deles.

Que decepção. Esse primeiro pecado colocou a humanidade em um curso que nos afastou cada vez mais de Deus. Como uma avalanche deslizando por uma montanha, a devastação e a destruição cresceram a cada geração sucessiva. Finalmente, depois de haver se passado muitos anos:

> Viu o Senhor que a maldade do homem se havia multiplicado na terra e que era continuamente mau todo desígnio do seu coração; então, se arrependeu o Senhor de ter feito o homem na terra, e isso lhe pesou no coração (Gn 6.5-6).

Deus deu uma oportunidade após outra para que as pessoas ouvissem as advertências Dele e endireitassem seus corações – uma inundação, chuva de fogo e enxofre, uma nova nação escolhida para ser um testemunho vivo Dele. Entretanto, nada era capaz de penetrar os corações cauterizados pelo pecado da humanidade.

O amor de Deus estende a mão

Mas, então, algo mudou. Dois mil anos atrás, Deus enviou Seu Filho para redimir a nós pecadores – todos nós rebeldes que viramos as costas para Ele: Deus nos estendeu a mão. Se eu fosse Deus, não teria feito isso. Eu provavelmente teria vasculhado as letras miúdas no contrato, tentando encontrar uma cláusula de saída para garantia pactual que diz "nunca mais haverá dilúvio mundial". Ainda bem que não sou Deus.

Em vez de atacar, Deus se sacrificou. Ele fez isso porque Ele é amor. Ele ama com um amor sem fim. As pessoas O desapontam, mas Ele continua a amá-las. As pessoas O odeiam, mas Ele continua a amá-las. As pessoas O traem, mas Ele nunca deixa de amá-las.

O amor de Deus O levou a enviar Seu único Filho para morrer na cruz a fim de que tenhamos perdão e redenção do nosso merecido julgamento. Então, Ele enviou o Espírito Santo para nos encher e selar, marcando-nos como Seus pertencentes e fazendo nascer a igreja. E, um dia, o Pai enviará Seu Filho novamente para tirar-nos desta terra, a fim de estar com Ele no céu. Isso irá restaurar aquela comunhão um a um que foi perdida há tanto tempo no Jardim.

Imagine aquele dia em que seremos tirados desta terra para encontrar nosso Salvador no ar. Iremos nos reunir brevemente com Ele e todos os cristãos da era da igreja. Então, subiremos ao lugar que Ele passou 2.000 anos nos preparando. Não temos ideia de como será, mas podemos ter certeza de que ficaremos surpresos e maravilhados.

Depois disso, vem o único passo em todo esse plano maravilhoso que me intriga. Sete anos depois de nos levar para ficar com Ele, o Pai enviará Seu Filho – com todos nós da igreja – de volta à Terra. Por que temos que voltar? Jesus está trabalhando na minha mansão há dois milênios e, assim que eu desempacotar as caixas da minha mudança, tenho que voltar aqui? Senhor, não poderias nos dar algumas centenas de anos para desfrutar de nossa nova casa antes de deixarmos tudo para trás por um tempo?

Deus, entretanto, tem um motivo para voltarmos. Há ainda mais do Seu plano que Ele quer realizar através de Sua igreja. Esse também é o momento no qual todos os israelenses serão salvos. Isso não ocorre porque Deus diz: "Ei, você é meu povo, vamos ignorar todos os pecados que cometeu no passado. Nada demais, todo mundo comete erros". Lembre-se, Jesus disse: "Eu sou o caminho, e a verdade, e a vida; ninguém vem ao Pai senão por mim" (Jo 14.6). Essa palavra "ninguém" inclui todas as pessoas de todos os tempos passados e futuros. Os pecados só podem ser removidos através do sangue de Cristo. Ele é a única maneira de reconciliação com Deus.

Quando nós na igreja voltarmos à Terra, reinaremos com Cristo por mil anos. Então Deus trará o julgamento final sobre o mundo – um tempo que é angustiante só de pensar. Quando o pecado for tratado de uma vez por todas, Ele irá formar os novos céus e uma nova terra, e fará descer do céu a Nova Jerusalém.

A morte não é o fim

Eu lhe forneço essa linha do tempo para enfatizar que quando você morre – se você morrer – não é o fim. Há muito mais além do que a Bíblia promete para o futuro. E se você tem uma relação com Cristo, todo esse futuro é bom e todo ele envolve Deus. O plano Dele sempre foi a comunhão conosco e a eternidade é sinônimo de passar tempo com nosso Criador.

Há quem diga que a ideia de uma vida após a morte na presença de Deus não é encontrada no início do judaísmo. Eles dizem que o conceito foi adicionado em um ponto posterior no desenvolvimento do sistema de crenças dos judeus. Isso, contudo, não é verdade. O livro de Jó é o mais antigo da Bíblia. Estima-se que seu autor tenha pegado sua caneta na época dos patriarcas, algo entre 1900 e 1700 a.C. Ainda naquele início de nossa linha do tempo histórica, o sofrido protagonista da história antecipava que um dia veria Deus face a face:

> Porque eu sei que o meu Redentor vive e por fim se levantará sobre a terra. Depois, revestido este meu corpo da minha pele, em minha carne verei a Deus. Vê-lo-ei por mim mesmo, os meus olhos o verão, e não outros; de saudade me desfalece o coração dentro de mim (Jó 19.25-27).

Jó ansiava pelo dia no qual conheceria seu Redentor pessoalmente. Ele não disse: "Olha, um dia eu vou experimentar espiritualmente a poderosa presença do meu Redentor ao meu redor". Ou: "Alegoricamente, eu vou contemplá-lo como representante de alguma verdade maior". No lugar disso, afirmou: "o meu Redentor vive... Vê-lo-ei por mim mesmo". Ele não disse que veria alguma representação de Deus ou alguma visão em parábola. Ele não teria que se contentar em ver Deus em circuito fechado de televisão. Um dia, em carne e osso, seus olhos contemplarão o Redentor. Quando penso naquele dia, também sinto meu coração ansiando junto com o de Jó.

Embora a vida após a morte soe maravilhosa para os cristãos, para os incrédulos o futuro não é tão rosado. Para os cristãos, ela é sinônimo de comunhão; para os incrédulos, é sinônimo de punição. No período em que eu estava no exército, quando tínhamos vontade de quebrar algumas regras, normalmente o fazíamos no fim de semana. Pensávamos que, por ser o Shabat, os comandantes estariam ocupados e teríamos maior chance de nos safar com o que havíamos planejado. No entanto, um dos meus comandantes sempre nos lembrava: "Há uma noite em que o Shabat acaba". Em outras palavras, você pode se divertir agora, mas saiba que em algum momento virá a punição. Era sua maneira de nos dizer que, se fizéssemos algo errado, devíamos estar prontos para sofrer as consequências.

Houve uma noite de Shabat em que sofrer as consequências significou realizar um funeral para uma guimba de cigarro. O comandante tinha vindo inspecionar nosso quartel e lá no meio do pátio havia uma guimba de cigarro de alguém. Bastou isso para provar a ele que, ao invés de limpar nossos aposentos, como nos disseram para fazer, havíamos feito nossas próprias coisas. Ele nos fez pegar delicadamente aquela pequena bituca de cigarro do chão e colocá-la cuidadosamente em uma maca. Então a levamos pela porta e começamos a conduzi-la em marcha circular pelo meio do deserto por duas horas. Então, aquele pequeno pedaço de papel, filtro e tabaco recebeu um serviço funerário completo seguido de um enterro adequado. E só para ter certeza de que havíamos entendido a lição, o comandante deu prosseguimento a nossa escolta fúnebre até que o sábado à tarde se transformasse em domingo de manhã. Quando o sol nasceu e passamos de volta pelo pequeno monte de terra que marcou o local do enterro do nosso pequeno companheiro falecido, eu adquiri uma compreensão especial da passagem sobre Maria chegando ao túmulo na manhã de domingo (ver João 20.1).

A maioria das pessoas está levando a vida na brincadeira, como se fosse o dia do Shabat e o comandante estivesse em casa com sua família, ignorando o fato de que o pôr do sol está chegando. Hebreus 9.27 diz: "Aos homens está ordenado morrerem uma só vez, vindo, depois disto, o juízo". Em outras palavras, se você está achando que uma vez que esteja morto está tudo acabado, não está. Depois desta vida, é hora do juízo. Quando Ana celebrou a Deus por a ter abençoado com um filho, ela orou: "O Senhor é o que tira a vida e a dá; faz descer à sepultura e faz subir" (1Sm 2.6). Quando seu corpo é colocado no túmulo, isso não é o fim. Deus põe fim a todas as vidas, e Ele trará de volta todas as vidas.

O plano futuro para Israel

Há um futuro para os cristãos e os incrédulos – uma eternidade consciente onde desfrutaremos das recompensas ou sofreremos as consequências das decisões que tomamos nesta vida. Há um terceiro grupo de pessoas para quem Deus criou um futuro distinto – a nação de Israel. Em Daniel 12, o anjo que visitava o profeta falou com ele, dizendo: "Nesse tempo, se levantará Miguel, o grande príncipe, o defensor dos filhos do teu povo" (Dn 12.1). "Teu povo" está claramente falando de Israel. Isso fica evidente pela identificação, dois capítulos antes, de que Miguel é o arcanjo que serve como o príncipe de Israel.

A eternidade é para todos: aqueles que creem
e incrédulos, judeus e gentios. E como no mercado imobiliário, o fator
mais importante é localização, localização e localização.

Um Tempo de Angústia está Chegando

A mensagem trazida a Daniel não foi uma boa notícia: "Haverá tempo de angústia, qual nunca houve, desde que houve nação" (Dn 12.1). Esse tempo de angústia são aqueles sete anos de miséria e tristeza dos quais temos falado, conhecidos como a tribulação. É esse período de sofrimento que, em última análise, levará à salvação de Israel.

O anjo continuou:

> Nesse tempo, se levantará Miguel, o grande príncipe, o defensor dos filhos do teu povo, e haverá tempo de angústia, qual nunca houve, desde que houve nação até àquele tempo; mas, naquele tempo, será salvo o teu povo, todo aquele que for achado inscrito no livro. Muitos dos que dormem no pó da terra ressuscitarão, uns para a vida eterna, e outros para vergonha e horror eterno. Os que forem sábios, pois, resplandecerão como o fulgor do firmamento; e os que a muitos conduzirem à justiça, como as estrelas, sempre e eternamente (Dn 12.1-3).

Há um futuro para Israel. Deus não se cansou do povo judeu. Haverá uma tentativa de destruí-los que superará todas as tentativas anteriores, algumas das quais foram significativas. No entanto, pela misericórdia de Deus, a nação sobreviverá e passará para o reino milenar. Alguns dos judeus que entrarem nesse reinado de mil anos de Jesus farão parte do reavivamento em massa dentro da nação no final da tribulação. Alguns serão aqueles "que dormem no pó da terra [os quais] ressuscitarão" (versículo 2).

A eternidade é para todos: aqueles que creem e incrédulos, judeus e gentios. E como no mercado imobiliário, o fator mais importante é localização, localização e localização.

A Ressurreição está Chegando
Certo dia, um grupo de saduceus veio testar Jesus. Os saduceus eram das famílias sacerdotais e, portanto, a nata da hierarquia socioeconômica de Israel. Ao contrário dos fariseus, que realmente odiavam Jesus e tudo o que Ele representava, tais indivíduos apenas pensavam que Jesus estava abaixo deles. Para eles, Jesus era algum caipira de um fim de mundo, a cidade de Nazaré. Eles provavelmente pensaram que poderiam, rápido e facilmente, colocar esse caipira em Seu lugar apropriado e ainda chegar ao country club a tempo de tomar um champanhe no fim da tarde. Eles então se reuniram e inventaram uma história que, tinham certeza, seria um tropeço para Jesus. Dessa forma, o fariam parecer o tolo que acreditavam que Ele era.

A tática que os saduceus decidiram usar foi fazer uma pergunta sobre a ressurreição. Essa era a questão teológica chave que os diferenciava dos fariseus. Os saduceus não acreditavam em vida após a morte, os fariseus sim. Não seria interessante que, nesse caso, Jesus acabasse do lado dos fariseus, aqueles que fizeram um juramento de matá-lo?

Esse grupo de saduceus disse a Jesus: "Mestre, Moisés nos deixou escrito que, se morrer o irmão de alguém, sendo aquele casado e não deixando filhos, seu irmão deve casar-se com a viúva e suscitar descendência ao falecido" (Lc 20.28). Eles começaram com a lei. Tática brilhante. "Você concorda com a lei, não é, rabino?". O que mais Jesus poderia dizer, senão sim? Em suas mentes, Jesus seria forçado a pisar no laço deles, então, eles iriam pegá-lo.

Eles continuaram:

> Ora, havia sete irmãos: o primeiro se casou e morreu sem filhos; o segundo e o terceiro também desposaram a viúva; igualmente os sete não tiveram filhos e morreram. Por fim, morreu também a mulher. Esta mulher, pois, no dia da ressurreição, de qual deles será esposa? Porque os sete a desposaram (Lc 20.29-33).

Bingo! Gol, cesta, ponto! Humilhe o adversário e vá comemorar! Em um cenário que soa como uma reviravolta na trama poliândrica para um velho musical, *Sete Noivas para Sete Irmãos*, os saduceus haviam dado um nó górdio teológico e conjugal. Você quase pode imaginá-los presunçosamente se inclinando para trás e cruzando seus braços com olhares arrogantes e condescendentes em seus rostos.

A resposta de Jesus é linda. "Errais, não conhecendo as Escrituras nem o poder de Deus" (Mt 22.29). Você pode imaginar a mudança em seus rostos quando esse carpinteiro galileu lhes disse que eles não apenas desconhecem suas Bíblias, mas também não têm ideia de como Deus trabalha. Ele – dizendo isso a eles! Eu adoraria ter sido uma mosca na parede do Templo, vendo esse diálogo se desenrolar.

Todavia, Jesus não se contentou em parar no insulto. Ele foi corajoso o suficiente para tentar colocá-los na linha.

> Os filhos deste mundo casam-se e dão-se em casamento; mas os que são havidos por dignos de alcançar a era vindoura e a ressurreição dentre os mortos não casam, nem se dão em casamento. Pois não podem mais morrer, porque são iguais aos anjos e são filhos de Deus, sendo filhos da ressurreição (Lc 20.34-36).

"Os que são havidos por dignos", disse Ele, implicando que, pelo fato de os saduceus não acreditarem na vida após a morte, eles não estarão lá para a ressurreição. "Desculpe, saduceus, vocês não são suficientemente elite para serem convidados para essa festa".

Jesus estava lhes dizendo que eles haviam entendido tudo errado. De fato, há algo depois que esta vida acaba. Ele estava dizendo: "Pessoal, vocês acham que depois do seu casamento aqui na Terra, Deus iria puni-los com o casamento no céu?".

(Espere! Pegue o livro de volta – isso é apenas uma piada!).

Jesus lhes disse que a forma como a vida é aqui e como a vida será no céu é muito diferente. Do outro lado da morte, não seremos marido e esposa. Os filhos e filhas da ressurreição serão muito mais semelhantes a anjos. O céu não será um lugar de casamento, lutas interpessoais e tensão sexual.

Isso nos diferencia de tantas outras crenças. Aos jovens muçulmanos dizem: "Exploda-se, e você terá setenta e duas virgens". Que promessa, como é espiritual! A ênfase deles não é na santidade, não é em Deus. É essa mesma luxúria da carne que já causa tantos problemas aqui na Terra. A concupiscência dos olhos, a concupiscência da carne, e o orgulho pecaminoso da vida não serão importados para a perfeição do céu.

Jesus cravou o prego final no caixão dos saduceus quando concluiu:

> E que os mortos hão de ressuscitar, Moisés o indicou no trecho referente à sarça, quando chama ao Senhor o Deus de Abraão, o Deus de Isaque e o Deus de Jacó. Ora, Deus não é Deus de mortos, e sim de vivos; porque para ele todos vivem (Lc 20.37-38).

Se eles realmente quisessem adorar o deus dos mortos, poderiam se curvar ao falso deus Hades. No entanto, se eles querem adorar o verdadeiro Deus – o Deus dos vivos – então devem adorar o Deus de Abraão, Isaque e Jacó. E se Ele é o Deus dos vivos, então Abraão, Isaque e Jacó devem estar vivos em algum lugar. Quem sabe? Se as crenças de vocês estiverem corretas, saduceus, vocês podem acabar conhecendo-os algum dia.

Ao longo de seu ministério, Jesus deixou claro que há mais na vida do que apenas nosso tempo nesta terra. O que nos traz de volta à nossa pergunta original: Quando a morte chega, o que acontece a seguir? Quem vai para onde? Um velho ditado diz: "Um lugar para cada coisa, e cada coisa em seu lugar". Nosso Deus ama a ordem. Ele ordena a história e ordena o futuro. Ele ordena as estações e ordena nossos dias. Ele ordena o céu, ordena o inferno e Ele formulou um plano para determinar quem, em última análise, habitará cada um deles.

Deus faz os planos

Na ordem que Deus estabeleceu, há vários períodos de tempo. Isso inclui o tempo do Antigo Testamento e o tempo do Novo Testamento. Ele também explicita a era da igreja, da tribulação e do reino milenar. Como eu sei sobre esses períodos de tempo? Através da Bíblia. A Bíblia mostra quando o Antigo Testamento terminou. A Bíblia nos diz quantos anos se passaram até que Deus falou novamente. A Bíblia demonstra em suas últimas palavras que o Novo Testamento está completo. A era da igreja, da tribulação e do milênio são todas advindas das páginas da palavra de Deus.

Esse fluxo do futuro não se originou na Oficina da Imaginação de Amir. Eu não estava um dia sentado em minha varanda olhando para o Vale de Megido, quando, de repente, veio a minha mente: *Não seria ótimo se algo realmente grande acontecesse lá fora naqueles setores férteis de terras agrícolas? Não sei, talvez uma grande batalha de algum tipo. Poderia ser no final de um tempo realmente difícil – uma adversidade insignificante. Não, mais do que adversidade, uma verdadeira tribulação. Uma vez que acabe, talvez ela possa levar a um longo período de bons tempos. Cem anos? Não, muito pouco. Quinhentos? Quase, mas ainda não é isso. Mil anos! É isso – mil anos de bons tempos – tão bons que até leões vão querer se deitar com cordeiros.* Não há livro de Amir na Bíblia. Eu não sou um profeta. Eu nunca iria querer ser um profeta. Eu não gosto do sabor de gafanhotos e não fico bem em pele de camelo. Todos esses períodos que mencionei vêm diretamente da palavra de Deus. É por isso que nunca temos que adivinhar, imaginar ou duvidar.

O Primeiro e o Segundo Nascimentos

Se vamos falar sobre o que acontece depois de morrermos, primeiro precisamos discutir o nascimento. Sem o nascimento, não há morte. Na Bíblia, encontramos dois tipos de nascimento. O primeiro nascimento é da água. Todos começamos como grandes nadadores. Isso porque por nove meses ficamos boiando no útero de nossa mãe. Em seguida, a água é rompida e a piscina é esvaziada. Assim que acaba a água, é sinal de que é tempo de se mudar. Então, saímos.

Agora, se você acha que esse lindo bebezinho é puro e sem pecados, como a neve levada pelo vento, pode dar adeus a esse pensamento. Davi disse: "Eu nasci na iniquidade, e em pecado me concebeu minha mãe" (Sl 51.5). Desde o início, estávamos mergulhados em pecado. Em Romanos, Paulo disse: "Assim como por um só homem entrou o pecado no mundo, e pelo pecado, a morte, assim também a morte passou a todos os homens, porque todos pecaram" (5.12; cf. Gn 6.5; Ef 2.1-3). O pecado de Adão colocou uma mancha na humanidade que é levada de geração em geração. Apenas não nascemos santos, e passamos nossas vidas demonstrando falta de santidade.

Quando levo as pessoas para Nazaré em meus passeios, muitas vezes nos dirigimos a uma área comercial onde temos acesso a uma vista de onde costumava ser a cidade antiga. Ao longo de um vale, podemos ver a topografia da infância de Jesus. Hoje, toda a encosta é construída, com casas, áreas comerciais e igrejas, mas com um pouco de imaginação, ainda podemos visualizar o menino correndo e brincando. Com os olhos de nossa mente, podemos ver o adolescente andando pelas ruas empoeiradas com seus amigos e ajudando seu pai terreno no negócio de carpintaria.

Enquanto todos nós estamos reunidos naquela área de visualização, eu sempre reservo tempo para também ensinar ao grupo sobre o que aconteceu naquela cidade certa noite. Falamos de uma reunião noturna que Jesus teve com um certo fariseu que veio até Ele. Eu digo a eles: "Vocês sabem que nenhum de vocês nasceu de novo? Na verdade, ninguém nasceu de novo. Para nascer de novo, você deve primeiro nascer. Então, uma vez que você nasce, pode nascer de novo".

O que quero dizer é que há um primeiro nascimento – o nascimento em pecado. Por causa dessa natureza pecaminosa herdada, somos, por natureza, filhos da ira. Jesus disse a Nicodemos, seu visitante noturno:

> Porque Deus amou ao mundo de tal maneira que deu o seu Filho unigênito, para que todo o que nele crê não pereça, mas tenha a vida eterna. Porquanto Deus enviou o seu Filho ao mundo, não para que julgasse o mundo, mas para que o mundo fosse salvo por ele. Quem nele crê não é julgado; o que não crê já está julgado, porquanto não crê no nome do unigênito Filho de Deus (Jo 3.16-18).

Observe as palavras "já está julgado". Cada um de nós estava, outrora, nessa categoria. Todos conduzíamo-nos de acordo com os desejos de nossa carne. Entretanto, mesmo sem nossos pecados posteriores, ainda estaríamos no campo do "já está julgado", porque havíamos nascido nesse campo. Somente através da fé em Jesus somos trazidos para fora do "já está julgado" e introduzidos no "não é julgado".

Esse primeiro nascimento é o nascimento da carne. O segundo nascimento, no entanto, é o do Espírito. Quando o pecado é perdoado e retirado, algo surpreendente acontece. Jesus disse: "Em verdade, em verdade vos digo: quem ouve a minha palavra e crê naquele que me enviou tem a vida eterna, não entra em juízo, mas passou da morte para a vida" (Jo 5.24). A sua decisão de crer em Deus e confiar em Jesus para sua salvação muda completamente sua história. Onde antes só havia morte em seu futuro, agora há vida.

Quando Jesus esteve com a mulher samaritana, lhe disse:

> Mulher, podes crer-me que a hora vem, quando nem neste monte, nem em Jerusalém adorareis o Pai. Vós adorais o que não conheceis; nós adoramos o que conhecemos, porque a salvação vem dos judeus. Mas vem a hora e já chegou, em que os verdadeiros adoradores adorarão o Pai em espírito e em verdade; porque são estes que o Pai procura para seus adoradores (Jo 4.21-23).

Jesus estava dizendo a ela que as regras para o jogo mudaram. Não importa mais *onde* você adora, mas *como* você adora. Não importa se é no Templo, pode até não ser em Jerusalém. Sob as novas regras, você não precisa ir a lugar nenhum para ser um verdadeiro adorador, desde que O esteja adorando em espírito e em verdade – com seu coração e sua mente.

Quando nascemos do ventre de nossa mãe – nascidos apenas da água – já viemos ao mundo condenados. Então, veio o segundo nascimento do Espírito, e fomos feitos novos. "Se alguém está em Cristo, é nova criatura; as coisas antigas já passaram; eis que se fizeram novas" (2Co 5.17; cf. Tt 3.4-5). Não é à toa que Jesus disse a Nicodemos: "Importa-vos nascer de novo" (Jo 3.7). Não é *deveria*, mas *importa*. É o novo nascimento que faz toda a diferença.

Primeira e Segunda Mortes

Há um primeiro nascimento e há um segundo nascimento. Da mesma forma, há uma primeira morte e uma segunda morte. A primeira morte é aquela que todos nós experimentaremos, todos exceto aqueles cristãos que ainda estiverem vivos na Terra no momento do arrebatamento. Essa primeira morte é a consequência natural do pecado. Você pode estar pensando: *O que você quer dizer com "eu vou morrer"? Paulo disse que eu passei da morte para a vida*. Isso é verdade, você foi feito espiritualmente novo. Todavia, você ainda está em seu corpo original – você é novo por dentro, mas com a mesma embalagem antiga. O corpo corruptível é exatamente isto – corruptível – e está sujeito a doenças e deterioração. A Bíblia refere-se a ele como seu "corpo de humilhação" (Fp 3.21).

"Mas, Amir, eu me alimento direito e malho todos os dias". Ótimo, então você vai morrer saudável. Você será um belo cadáver. Você pode malhar a seu bel-prazer, em seguida, sair da academia e ser atropelado por um carro no estacionamento. A consequência natural do pecado é a primeira morte, e ela está vindo para todos nós.

Para o descrente, essa primeira morte é algo a ser muito temida. Jesus disse: "Não temais os que matam o corpo e não podem matar a alma; temei, antes, aquele que pode fazer perecer no inferno tanto a alma como o corpo" (Mt 10.28). Se você não acredita em Jesus como seu Salvador e Senhor, então a morte deve aterrorizar você. Há um Deus e há um julgamento chegando. Você pode agir como se nenhum deles existisse, mas isso não muda o fato de que eles existem e de que você um dia será responsabilizado por sua vida nesta terra.

Cada pessoa...experimentará a ressurreição.
As únicas diferenças entre elas serão no tempo de sua
ressurreição e para o que elas serão ressuscitadas.

Jesus contou a história de um homem rico e um homem pobre. O homem rico viveu sua vida desfrutando de sua riqueza, não se importando com ninguém além de si mesmo. O homem pobre, Lázaro, sofreu todos os dias de sua estada nesta terra. Lázaro morreu e foi "levado pelos anjos para o seio de Abraão; morreu também o rico e foi sepultado. No inferno, estando em tormentos, levantou os olhos e viu ao longe a Abraão e Lázaro no seu seio" (Lc 16.22-23). Ambos morreram e ambos foram para Hades. No entanto, havia uma separação no Hades entre o lugar de tormento e o seio Abraão. Eles podiam se ver, mas não podiam se encontrar – não que Lázaro quisesse tentar. Ele estava no lado bom, no lado da fé – o lugar de paz, segurança e conforto. O homem rico estava do outro lado da divisória, do lado incrédulo – o lugar de tristeza, arrependimento e sofrimento.

Para muitos, é uma revelação saber que, antes da morte de Jesus, o que cria e o incrédulo iriam ambos para o Hades. Isso pode ser um conceito difícil de entender, porque tendemos a associar Hades com o inferno. Contudo, são dois lugares diferentes. O inferno é o lago do fogo – um lugar de castigo eterno – que não entra em cena até o julgamento final no fim dos tempos. O Hades, no entanto, é um local temporário de espera. Imagine a sala de espera para o seu médico, tirando as plantas de plástico e as revistas de 2014. Não é seu destino final – é apenas o lugar onde você mata o tempo até que a porta se abra e seu nome seja chamado. Não sabemos onde fica essa sala de espera pós-morte. Ela fica lá em cima ou lá embaixo? É um lugar físico ou é uma habitação espiritual? As únicas pistas que extraímos da história de Jesus têm a ver com a disposição estrutural e os estados físicos e emocionais dos habitantes.

O que acontecerá quando a porta da sala de espera for aberta? Ressurreição. Cada pessoa, não importa de que lado da sala de espera elas estejam, experimentará a ressurreição. As únicas diferenças entre elas serão no tempo de sua ressurreição e para o que elas serão ressuscitadas

É importante notar que o que não está atrás da porta é uma segunda chance. Não há segunda chance de salvação pós-morte. Isso também não é purgatório. Você não vai construir um caminho para fora do seu destino final ao ser atormentado por alguns milhares de anos. A sua chance de salvação morre quando você morre.

Antes da cruz, todos tomavam o mesmo caminho para o Hades, mas por saídas diferentes. Depois da cruz, o destino daquele que crê. Quando Jesus estava sofrendo e à beira da morte, um dos ladrões pendurados em uma cruz ao Seu lado disse: "Jesus, lembra-te de mim quando vieres no teu reino. Jesus lhe respondeu: Em verdade te digo que hoje estarás comigo no paraíso" (Lc 23.42-43). Essas palavras foram um divisor de águas. Antes da cruz, quando os fiéis se ausentavam do corpo, eles se tornavam presentes no seio de Abraão. Agora, sabemos que "deixar o corpo... [é] habitar com o Senhor" (2Co 5.8). Instantaneamente. Olhos fechados aqui, olhos abertos lá, e você vê a face de Jesus.

Dois tipos de pessoas, dois destinos

Em última análise, há dois tipos de pessoas: aqueles que creem e descrentes. Há também duas categorias de fiéis: aqueles antes da cruz e aqueles depois. Cada um foi ou irá para um destino temporário diferente quando morrer. Incrédulos de todos os tempos vão para o lado de tormento no Hades, fiéis do Antigo Testamento foram para o lado feliz no Hades, e os cristãos da era da igreja entram na presença do Senhor.

A maioria de nós morrerá – talvez mais cedo, talvez mais tarde – porém há alguns de nós que não morrerão, pois seremos arrebatados. Se você crê em Jesus, ambas as opções são ótimas. Paulo encorajou os coríntios com estas palavras:

> Temos sempre bom ânimo, sabendo que, enquanto no corpo, estamos ausentes do Senhor; visto que andamos por fé e não pelo que vemos. Entretanto, estamos em plena confiança, preferindo deixar o corpo e habitar com o Senhor (2Co 5.6-8).

A Morte Não Mais Detém o Poder de nos Atormentar
"Entendo isso, Amir, mas eu ainda não quero morrer". Muito bem, então não morra. Eu recomendaria doses pesadas de vitamina C e talvez embrulhar sua casa com plástico bolha. No entanto, se a morte um dia o encontrar e você tiver Jesus como seu Salvador, então vá corajosamente para aquela noite escura sabendo que a glória da luz de Deus está às portas.

Louve o Senhor, não temos opções ruins. Essa magnífica verdade causou uma luta pessoal interior em Paulo. Ele escreveu:

> Para mim, o viver é Cristo, e o morrer é lucro. Entretanto, se o viver na carne traz fruto para o meu trabalho, já não sei o que hei de escolher. Ora, de um e outro lado, estou constrangido, tendo o desejo de partir e estar com Cristo, o que é incomparavelmente melhor (Fp 1.21-23).

Essa é a gloriosa vida do cristão. Estou pressionado entre a vida e a morte. Eu realmente quero ir, para estar com o meu Salvador. Todavia, como Ele ainda me mantém aqui, por enquanto, passarei o tempo que me resta vivendo para Ele.

Até agora, só lidamos com a primeira morte. Há também uma segunda morte. A primeira morte é a consequência física do pecado. A segunda morte é a consequência espiritual do pecado. O que é a morte? É uma desconexão da fonte da vida. Onde não há vida, há morte.

Fisicamente, começamos com a vida, e depois caminhamos em direção à morte. Espiritualmente, no entanto, nascemos mortos. Ainda que nossos corpos estejam animados e gozemos de nossas plenas faculdades, por dentro estamos mortos em "delitos e pecados" (Ef 2.1). A morte espiritual é eterna. Nascemos espiritualmente mortos, vivemos espiritualmente mortos, e quando nossa vida física termina, nossa morte espiritual continua pela eternidade. Tal como acontece com a morte física, o pecado é a causa de nossa morte espiritual. Ela é o que nos separa de Deus, que é a fonte da vida. Portanto, se ainda carregamos nossos pecados, não temos vida porque não estamos conectados à fonte dela.

É aí que entra a boa notícia. Fisicamente, só passaremos da vida para a morte. Espiritualmente, através de Jesus Cristo, a porta se abre para que passemos da morte para a vida. O Salvador disse: "Em verdade, em verdade vos digo: quem ouve a minha palavra e crê naquele que me enviou tem a vida eterna, não entra em juízo, mas passou da morte para a vida" (Jo 5.24). A morte da qual Ele falou aqui é a segunda morte. Não há mais julgamento reservado para nós, tornamo-nos parte do "não é julgado". Como disse o pai do filho pródigo: "Era preciso que nos regozijássemos e nos alegrássemos, porque esse teu irmão estava morto e reviveu, estava perdido e foi achado" (Lc 15.32).

É só através de Cristo que podemos ser poupados da segunda morte. Ele é o único com o poder e autoridade para manter o comando sobre a morte e o Hades. Jesus disse: "[Eu sou] aquele que vive; estive morto, mas eis que estou vivo pelos séculos dos séculos e tenho as chaves da morte e do inferno" (Ap 1.18). No julgamento final, Jesus usará essas chaves.

> Deu o mar os mortos que nele estavam. A morte e o além entregaram os mortos que neles havia. E foram julgados, um por um, segundo as suas obras. Então, a morte e o inferno foram lançados para dentro do lago de fogo. Esta é a segunda morte, o lago de fogo (Ap 20.13-14).

Jesus abrirá as portas da Morte e do Hades, ressuscitará aqueles que estão sendo mantidos lá aguardando julgamento final e então enviará cada pessoa para seu destino final.

E, sim, eu disse que Ele irá ressuscitar até mesmo aqueles que estão no Hades. Assim como há dois nascimentos e duas mortes, há duas ressurreições. Quando Jesus se levantou do túmulo, começou algo novo. Ele foi a primeira pessoa a viver, morrer, viver novamente e nunca mais morrer. Lázaro, o filho da viúva e todos os outros que voltaram dos mortos, acabaram morrendo novamente. Somente Jesus nunca voltou para o túmulo. Consequentemente, Ele foi o primeiro fruto da primeira ressurreição.

Com o tempo, outros O seguirão. A próxima ressurreição ocorrerá no arrebatamento e entregará novos corpos incorruptíveis aos santos da era da igreja (Jo 14.1-4), seguidos imediatamente pelos cristãos que ainda estiverem vivos na Terra naquele momento (1Co 15.50-54; 1Ts 4.15-18). Durante a tribulação, no que certamente será um espetáculo da mídia, as duas testemunhas serão ressuscitadas (Ap 11.11-12). Em seguida, na segunda vinda de Cristo, os santos do Antigo Testamento (Dn 12.1-2,13; Is 26.19) e os mártires da tribulação (Ap 20.4-6) se revestirão de sua nova carne aperfeiçoada. Tudo isso faz parte da abençoada primeira ressurreição.

Por fim, no final dos tempos, virá a segunda ressurreição. Assim como ocorre com a segunda morte, você não quer fazer parte da segunda ressurreição.

> Vi um grande trono branco e aquele que nele se assenta, de cuja presença fugiram a terra e o céu, e não se achou lugar para eles. Vi também os mortos, os grandes e os pequenos, postos em pé diante do trono (Ap 20.11-12).

No céu, há uma pilha de livros. Esses são os livros da vida, que contêm uma lista de todos aqueles que já nasceram. Quando você entra no mundo, seu nome é escrito. Então, conforme você vive, tudo o que você faz ou diz ou pensa é registrado. Estou falando *de tudo*. Você está preocupado com o Facebook e o Big Brother invadindo sua privacidade? Eles não têm nada nesses livros.

Junto desses livros há outro:

> Ainda outro livro, o Livro da Vida, foi aberto. E os mortos foram julgados, segundo as suas obras, conforme o que se achava escrito nos livros. Deu o mar os mortos que nele estavam. A morte e o além entregaram os mortos que neles havia. E foram julgados, um por um, segundo as suas obras. Então, a morte e o inferno foram lançados para dentro do lago de fogo. Esta é a segunda morte, o lago de fogo. E, se alguém não foi achado inscrito no Livro da Vida, esse foi lançado para dentro do lago de fogo (Ap 20.12-15).

Há os livros da vida e há *o* Livro da Vida. Esse volume foi escrito com o sangue de Jesus; portanto, não pode ser apagado. Se o seu nome não for encontrado lá, acabou. O lago de fogo é seu destino final.

Em que lugar você estará?

Então, quem vai para onde? Na era do Antigo Testamento, tanto os fiéis quanto os infiéis iam para o Hades – os fiéis para o seio de Abraão (o lado bom) e os infiéis para o lugar de tormento. Após a cruz, os incrédulos continuaram a ser atormentados no Hades, mas os cristãos começaram a ir diretamente para a presença de Deus. No arrebatamento, os cristãos da era da igreja que já morreram vão direto para a ressurreição, seguidos pelos cristãos que ainda estiverem vivos. Os santos do Antigo Testamento serão ressuscitados na segunda vinda, com os mártires da tribulação. O resto do Hades será ressuscitado para o julgamento no final do milênio. Os descrentes serão julgados como indignos e enviados para o lago de fogo por toda a eternidade. Os cristãos se verão celebrando a chegada da Nova Jerusalém nos novos céus e na nova terra.

Há um lugar para todos, e todos estarão em seu lugar. A questão é, em que lugar você estará? Se você não tem certeza de que experimentou seu segundo nascimento, então você não pode saber com certeza se você tomará parte na primeira ressurreição. Há uma maneira, no entanto, de você poder saber com certeza. Paulo escreveu à igreja em Roma:

> Se, com a tua boca, confessares Jesus como Senhor e, em teu coração, creres que Deus o ressuscitou dentre os mortos, serás salvo. Porque com o coração se crê para justiça e com a boca se confessa a respeito da salvação (Rm 10.9-10).

Tudo isso significa que se você realmente acredita que Jesus é quem Ele disse ser – o Messias prometido, o próprio Deus – e você se compromete como seu Senhor, aquele a quem você irá se esforçar para seguir durante toda a sua vida, você será salvo da segunda morte e da segunda ressurreição. A sua eternidade estará segura. Você desfrutará para sempre da companhia do Deus Criador em seu novo céu e nova terra.

CAPÍTULO 12
Uma sinistra estratégia
O Enganador e o Enganado

Por quê?
Agora que temos as histórias e futuros paralelos, mas distintos, de Israel e da igreja – agora que vimos claramente que Deus escolheu Seus dois povos, Seus propósitos para os dois povos, e Seus planos os dois povos – é hora de chegarmos a uma pergunta desconfortável, porém necessária. Por que ao longo da história tem havido um esforço global tão coeso para, no mínimo, marginalizar o povo judeu e, no máximo, erradicá-lo completamente? Para responder a essa pergunta, precisamos revisitar aquele que está liderando o esforço para mudar Israel do status de "escolhido" para "esquecido" ou "abandonado".

Dwight L. Moody escreveu: "A Bíblia vai mantê-lo longe do pecado, ou o pecado vai mantê-lo longe da Bíblia".[23] Essa é uma afirmação tão simples, mas profunda. Em essência, ele está dizendo que quanto menos você sabe sobre as coisas de Deus, mais você está pronto para ser enganado por aquele que finge ser Deus. Quem é que finge ser Deus? Satanás. Não seria preciso mais do que algumas sessões em um divã com um bom psiquiatra para que o diabo

---

23 D.L. Moody, conforme mencionado por J.H. Carstens, "The Greatness of the Bible," The Standard, 18 de junho de 1910, p.7.

fosse diagnosticado com um gigantesco e incurável complexo de deus. No livro de Isaías, Deus acusa Satanás, dizendo:

> Tu dizias no teu coração:
> Eu subirei ao céu;
> acima das estrelas de Deus
> exaltarei o meu trono e no monte da congregação me assentarei, nas extremidades do Norte;
> subirei acima das mais altas nuvens
> e serei semelhante ao Altíssimo (Is 14.13-14).

Satanás queria estar em pé de igualdade com Deus, mas o ser criado nunca pode se igualar ao Criador. Como resultado de sua arrogância descabida, ele foi expulso do céu e condenado. Agora, vive para dois propósitos: primeiro, para de alguma forma frustrar o plano de Deus, que, como vimos em Apocalipse, termina com ele no lago de fogo. Segundo, se ele for incapaz de escapar de seu destino, levar consigo o máximo de almas possível para a punição eterna. Sua metodologia para alcançar ambos os objetivos é a mesma: o engano.

Ao falar do diabo, Jesus disse: "Ele foi homicida desde o princípio e jamais se firmou na verdade, porque nele não há verdade. Quando ele profere mentira, fala do que lhe é próprio, porque é mentiroso e pai da mentira" (Jo 8.44). Satanás é o pai das mentiras, o que faz sentido. Ele é o oposto de Deus em todas as coisas. Logo, se Jesus é a Verdade (Jo 14.6), então Satanás é um mentiroso. O plano dele é enganar o mundo. E o principal alvo de seu engano é Israel. Por quê? Primeiro, porque se ele puder destruir Israel, então o plano final de Deus para a salvação da nação não poderá acontecer. E se o plano de Deus não for realizado exatamente como ele estabeleceu, então ficará provado que a palavra de Deus está errada. A verdade, de repente, torna-se uma mentira. Segundo, Satanás odeia o que Deus ama. Israel é querido pelo Senhor. Como vimos em um capítulo anterior, Ele se refere à nação como Sua amada esposa. Se Satanás puder ferir o que Deus ama, então ele fere o próprio Deus.

Estratégias de Satanás contra Israel

Como é esse plano para enganar o mundo em relação a Israel? As estratégias de Satanás são muito simples: primeiro, ele fará com que as nações queiram se livrar de Israel. Segundo, ele fará os cristãos pensarem que Deus se cansou de Israel. Terceiro, ele fará com que os israelenses se cansem de serem perseguidos e abandonem as coisas de Deus. Essas estratégias são muito básicas, mas incrivelmente astutas, e Satanás tem trabalhado nelas de forma constante por milhares de anos.

Faça as Nações Quererem se Livrar de Israel
Muitas vezes na Bíblia, vemos Deus usando nações ímpias para punir Israel. No entanto, no minuto em que essas nações terminam de fazê-lo, Ele se volta para estas e as julga. *Espere, Deus,* pensamos. *Como isso pode ser justo? Elas só estavam fazendo o que o Senhor queria que elas fizessem.* Ficamos confusos quando olhamos apenas para as ações e não para as origens das ações. A rejeição a Deus por parte dessas nações não foi causada pelo Todo-Poderoso. Ele não plantou nelas um espírito de rebelião ou um desejo de adoração aos ídolos. Essas nações escolheram seu caminho para longe da verdade por conta própria.

Da mesma forma, o ódio dessas nações contra Israel não veio de Deus, porque Deus é amor. Implantar ódio seria ir contra Seu caráter. Se o ódio é o oposto do amor, então Sua fonte deve ser o oposto de Deus – o diabo. Ele é o único que engana as pessoas para que aceitem tal animosidade contra outros em seus corações. Deus, que detém a sabedoria e o poder de tomar qualquer coisa ruim e usá-la para o bem, é capaz de usar esse ódio pecaminoso para realizar Sua vontade. Isso faz parte da magnificência de Deus. Assim como José disse a seus irmãos: "Vós, na verdade, intentastes o mal contra mim; porém Deus o tornou em bem, para fazer, como vedes agora, que se conserve muita gente em vida" (Gn 50.20). Isso não é desculpa para as ações dos que odeiam. O pecado ainda é pecado, e o pecado não expiado sempre deve ser punido.

Podemos ver Satanás enganando as nações e Deus usando isso para o bem desde o tempo dos faraós egípcios. Eles queriam destruir os judeus matando as crianças do sexo masculino, mas Deus as resgatou através de Suas poderosas obras. Logo que os hebreus fugiram do Egito, os egípcios novamente queriam eliminá-los, mas Deus abriu um caminho através do Mar Vermelho – um caminho que posteriormente se fechou sobre o exército egípcio e suas carruagens, trazendo julgamento sobre a nação por seus pecados. Mesmo quando o povo judeu estava a caminho da Terra Prometida, as nações vieram atrás deles. Os amalequitas e outros tentaram cumprir as ordens de Satanás.

Uma vez que os israelitas estavam na Terra Prometida, o diabo manteve seus ataques. Ele usou os filisteus, um povo que se originou nas ilhas gregas. Quando a seca e a fome atingiram suas terras, eles subiram em seus barcos e partiram para um local melhor. Isso os trouxe primeiro para o Egito, depois para Gaza, na costa leste do Mediterrâneo. Por fim, eles se deslocaram para o interior da terra de Canaã – Israel.

No início, os filisteus viveram lado a lado com os israelitas. Mas então eles começaram a dizer: "Opa, parece que há uma oportunidade muito fácil aqui. Trouxemos nosso ferro conosco, mas esses israelitas atrasados ainda vivem na Idade do Bronze". Então os filisteus passaram a tentar assumir o controle. Em certo momento, eles enviaram um de seus heróis – um homem gigantesco com uma espada e uma lança enormes – para insultar os israelitas. "Você me mata, nós pertencemos a vocês. Se eu o matar, vocês pertencem a nós. Quem vai tentar?". No exército israelita, ninguém aceitou, então foi preciso que um jovem que estava visitando seus irmãos se identificasse e dissesse: "Deus e eu vamos aceitar o seu desafio, valentão". Uma pedra lisa na testa mais tarde, a ameaça dos filisteus havia desaparecido.

Após os filisteus, os assírios atacaram e levaram todo o norte de Israel. Depois vieram os babilônios, que destruíram o Templo de Salomão e deportaram o resto dos judeus, mandando-os para o exílio. Em seguida, após a permissão dos persas para que os judeus retornassem à Judeia, Alexandre, o Grande, apareceu. Ele veio como uma bola de demolição por todas as terras, tomando para si tudo o que ficava ao alcance de seus olhos. Parte de sua agenda era promover a adoração aos deuses gregos, um objetivo que seus sucessores também levaram a sério. A adoração a outros deuses caiu muito bem entre as nações que já eram politeístas, mas não tanto com os judeus. Quando o povo de Israel se recusou a curvar-se diante do panteão de deuses gregos, o exército helenístico entrou no Templo, profanou-o, sacrificou um porco no altar e tentou forçar os judeus a se curvarem. Isso iniciou uma revolta que levou os gregos a serem expulsos do país. Os judeus então rededicaram o Templo – um evento que é lembrado todos os anos na celebração do Chanucá.

Roma vem, em seguida, ocupando o vácuo imperial. Inicialmente, os romanos não queriam se livrar dos judeus. Eles só queriam terra e estavam bastante contentes em deixar os povos que conquistavam fazer suas próprias coisas – desde que pagassem seus impostos e não se rebelassem. Os romanos, todavia, logo descobriram que o povo judeu tinha dura cerviz e não queria ser governado por ninguém. Em 70 d.C., os romanos vieram e destruíram o Segundo Templo. Então, após uma revolta em 135 d.C., liderada por Simon bar Kokhba, o imperador Adriano arrasou Jerusalém, perseguiu os judeus restantes e mudou o nome da terra para Syria Palaestina. Assim, nasceu o nome *Palestina*.

No entanto, de alguma forma, mesmo depois de todas essas tentativas de Satanás e de seus mandatários, os judeus permaneceram vivos. Anos mais tarde, depois que os judeus começaram a voltar para Jerusalém, os bizantinos vieram. Com eles, veio uma nova tática que duraria séculos, até hoje. Em vez de exterminar os judeus com exércitos invasores, eles começaram a espalhar mentiras sobre estes – coisas horríveis que faziam com que qualquer um que ouvisse as histórias violentas e sangrentas desejasse matar os judeus. Agora, a perseguição não era apenas política, mas pessoal.

Depois dos bizantinos, veio a cruz. E quem trouxe a cruz? Os cruzados. Talvez você não saiba disto, mas a cruz é um grande problema para o judeu. Quando ele vê a cruz, sua mente é levada para uma história muito sangrenta. Os cruzados – principalmente os cavaleiros católicos cristãos da Europa Ocidental – marcharam para o Oriente Médio e decapitaram milhares de judeus. Não só isso, eles também pegaram comunidades judaicas inteiras, trancaram-nas em suas sinagogas, incendiaram os edifícios e queimaram as pessoas vivas. Dizem que em 1099, quando os cruzados chegaram, fluíram rios de sangue pelas ruas de Jerusalém. Se há uma coisa que muçulmanos e judeus compartilham é o ódio aos cruzados. Esses cavaleiros vieram usando o símbolo final do sacrifício amoroso de Cristo e começaram a fazer tudo aquilo que fosse contrário àquele perfeito amor.

A perseguição não ficou apenas dentro e ao redor da Terra Santa. Em 1492, no mesmo ano em que o rei Fernando e a rainha Isabel enviaram Colombo para navegar pelo oceano azul, também emitiram uma proclamação para expulsar todos os judeus da Espanha. Esse banimento veio após vários anos de severa perseguição sob a infame Inquisição Espanhola. Portugal seguiu o exemplo quatro anos mais tarde, em 1496. Em toda a Europa, ocasionalmente, massacres violentos e perseguições faziam as comunidades judaicas mudarem de um local para outro.

No início do século 20, um novo ataque ocorreu com a publicação dos *Protocolos dos Sábios de Sião*. Esse livro, completamente fictício, detalhava o suposto plano secreto dos judeus para dominar o mundo e instigava as pessoas para que parassem essa trama sinistra, antes que fosse tarde demais. Publicado pela primeira vez na Rússia, *os Protocolos* se espalharam pela Europa, levando ao massacre de muitos judeus. Ele chegou até aos Estados Unidos, onde Henry Ford, fundador da Ford Motor Company, financiou a impressão e distribuição de meio milhão de cópias desse maligno e mentiroso livro. É incrível como um livro possa causar tanto terror e destruição. Os ouvidos das pessoas estão sempre prontos para ouvir as palavras enganosas do diabo.

Em meio a tal ambiente antissemita, um austríaco che poder na Alemanha. No início, Adolf Hitler tentou encorajar os judeus a deixar as terras alemãs. Todavia, à medida que ele expandia o Terceiro Reich, continuava encontrando mais e mais judeus ao cruzar cada nova fronteira. Então, decidiu se livrar deles de uma vez por todas. Para conseguir essa Solução Final, ele precisou convencer os alemães de que os judeus não eram, na verdade, pessoas.

Imagine morar em um belo condomínio fechado onde todos os vizinhos se dão bem. Ao seu lado vive um garotinho que tem um lindo gato persa que ele adora. Um dia, você está no seu quintal e vê o gato correndo em direção à rua. Ao mesmo tempo, um carro está descendo a estrada indo direto para o gato. Você ajudaria? Claro – até vocês, amantes de cães, fariam tudo o que pudessem para salvar a bola de pelos felina. Por quê? Porque é a coisa certa a se fazer, e vai deixar o garoto feliz. No entanto, e se o seu vizinho estiver reclamado que há um rato enorme e nojento na casa dele que tem mordido a família, sugado o sangue deles, comido a sua comida e espalhado doenças? Se você visse aquele rato indo para a rua e um carro vindo diretamente em direção a ele, você iria intervir para ajudar? Claro que não. Na verdade, você provavelmente encorajaria o motorista a ir mais rápido.

Isso é exatamente o que Hitler fez com o povo alemão. Usando filmes, rádio e imprensa, ele convenceu os alemães de que os judeus não passavam de ratos que estavam comendo a comida deles, sugando seu sangue e espalhando doenças. Se os alemães não se livrassem dos judeus, os judeus certamente acabariam com os alemães. Através de uma constante onda de propaganda, a humanidade dos judeus foi removida aos olhos de milhões de pessoas no Terceiro Reich. Uma vez que a humanidade foi removida, campos de concentração e câmaras de gás logo vieram em seguida.

Após o fim da Segunda Guerra Mundial, o Estado de Israel nasceu em 1948. Imediatamente, cinco exércitos árabes vieram para Israel de todos os lados. E os ataques não foram só de fora. Árabes locais se rebelaram e mataram judeus dentro das fronteiras de Israel também. Mas isso acabou com o povo judeu? Claro que não. Deus mais uma vez protegeu Seu povo, dando-lhes uma vitória milagrosa. A estratégia de Satanás não pode e nunca vai parar o plano de Deus.

Em 1973, no Iom Kipur – o Dia da Expiação, o dia mais sagrado do ano judaico – um exército de coalizão liderado pelo Egito e pela Síria iniciou um ataque coordenado contra Israel. Era uma assimetria terrível, com os exércitos árabes mobilizando forças equivalentes em tamanho às da OTAN e da Europa, na fronteira de Israel. Havia 1.400 tanques sírios no fronte norte enfrentando os míseros 100 tanques de Israel. Na fronteira sul, o Egito trouxe 600 mil soldados apoiados por 2.000 tanques e 550 aeronaves. Israel não tinha quase nada para ficar no caminho deles. No total, as forças inimigas tinham mais de um milhão de tropas – o que equivale a quase um terço de toda a população de Israel na época. Imagine isso – seria como se os Estados Unidos de repente fossem invadidos por um exército de 110 milhões de soldados.

Quando o ataque teve início, a primeira-ministra israelense Golda Meir pegou o telefone e ligou para o presidente dos EUA, Richard Nixon. Mesmo sendo 3 horas da madrugada, Nixon atendeu a chamada. Meir disse a ele: "Sr. Presidente, se você não nos ajudar, Israel não sobreviverá nem 24 horas".

Depois de uma pausa, o presidente respondeu: "Golda, todas as noites, quando eu era jovem, minha mãe costumava ler histórias bíblicas para mim à noite. Uma noite, enquanto ela lia, fez uma pausa e disse: 'Richard, quero que me prometa que se você chegar ao ponto de poder salvar a vida do povo judeu, nunca hesitará em fazê-lo'. Então, minha mãe voltou a ler a história, e ela nunca mais falou sobre isso. Agora, com este telefonema, eu entendo pela primeira vez por que me tornei o presidente dos Estados Unidos". Nixon desligou o telefone e, nas 24 horas subsequentes, o maior transporte aéreo de armamentos desde a Segunda Guerra Mundial aconteceu. Todas as bases militares dos EUA no Oriente Médio foram mobilizadas e Israel sobreviveu à guerra de 1973.

Algo na mãe de Nixon, por ela ser afetada pela palavra de Deus, a fez entender que o papel do cristão é estar do lado de Israel. Satanás busca destruir, Deus busca preservar. Os Estados Unidos têm estado no papel de preservador de Israel por muitos anos; como resultado, Deus abençoou a América do Norte. Tudo remonta à aliança abraâmica, quando o Senhor disse que irá abençoar aqueles que abençoam os descendentes de Abraão e amaldiçoar aqueles que não o fizerem. Acredito que grande parte do sucesso da presidência de Donald Trump está diretamente relacionada à maneira como ele respeitou e apoiou Israel.

Mais tarde, veio a Guerra do Golfo de 1990-1991, quando Saddam Hussein lançou trinta e nove mísseis SCUD em cidades de Israel. Os iraquianos tinham como alvo especialmente Tel Aviv – a nossa área mais populosa. Apesar dos danos materiais causados por esses mísseis balísticos táticos, milagrosamente, apenas uma vida foi perdida – e isso por causa de um ataque cardíaco.

Em seguida, a revolta palestina – a Intifada – ocorreu. Todavia, não foi a violência que mais nos assustou, mas a educação. As crianças palestinas eram e estão sendo ensinadas a odiar os judeus usando materiais de aprendizagem que não são muito diferentes da velha propaganda nazista. Ainda que Israel seja forçado a matar terroristas, fazemos isso com a consciência completa de que em Gaza e na Cisjordânia, os palestinos estão criando novas gerações de terroristas a cada dia.

Ainda hoje, há regimes que prometem destruir o Estado de Israel. O inimigo é consistente em suas tentativas de se livrar do povo judeu. Nenhuma outra nação enfrentou esse tipo de perseguição constante por tanto tempo. Isso não pode ser explicado naturalmente, o que temos visto acontecendo são ataques espirituais. Algumas pessoas culpam os islâmicos, mas Maomé não estava por perto quando os amalequitas vieram atrás de Israel. Os muçulmanos não estavam lá implorando ao faraó para matar todos os bebês meninos. O Islã é apenas mais uma arma no baú de guerra espiritual na grande luta de Satanás para enganar as nações a fim de destruir o que Deus ama.

> *Deus tem dois povos, e ambos são por Ele*
> *amados, além de possuírem um brilhante*
> *futuro em Sua economia.*

Faça os Cristãos Acreditarem que Deus Está Cansado de Israel
    Aqui é onde chegamos à parte mais triste deste livro. É aqui onde vemos o quão profundamente muitos na igreja foram vítimas do engano do inimigo. O meu objetivo neste livro não foi pegar os argumentos da Teologia da Substituição e desmascará-los um a um. Na verdade, a minha missão não tem sido provar a vocês o quão errado é esse sistema de crenças, mas demonstrar, através da palavra de Deus, o quão impossível é que a Teologia da Substituição esteja certa. De Gênesis à Apocalipse, vimos o plano de Deus para a nação de Israel. E de Mateus a Apocalipse – e até mesmo em muitos lugares do Antigo Testamento – vimos o plano de Deus para a igreja. Deus tem dois povos, e ambos são por Ele amados, além de possuírem um brilhante futuro em Sua economia. É por isso não ser surpresa que o enganador esteja tão determinado a criar divisão e inimizade entre aqueles os quais Deus escolheu.
    O que acontece quando Satanás ataca o corpo fisicamente? Muitas vezes, ele se torna mais forte e mais unido. É isso que tem acontecido durante toda a era da igreja, mais recentemente na perseguição que ocorre em países como China, Nigéria e Sudão do Sul. Na igreja ocidental, onde há pouca ou nenhuma perseguição, o inimigo toma um rumo diferente. Ao invés de atacar por fora, ele se move furtivamente até o nosso meio e nos rasga por dentro. Falsos ensinamentos, falsas doutrinas e falsos profetas enfraquecem e dividem o corpo. Em lugar de nos enraizarmos na Bíblia, distorcemos, enfraquecemos e minimizamos a verdade de Deus para nos tornarmos mais palatáveis para o mundo.
    Um evento fundamental ocorreu na palavra de Deus quando o Senhor começou algo novo com Abraão. Ele decidiu que iria abençoar a semente de Abraão, Isaque e Jacó; e, através deles, entregar três dons incríveis para as nações: a fé em um só Deus, a Palavra de Deus e o Filho de Deus. Não é de se surpreender que

Satanás tivesse uma ideia diferente. Ele não tinha interesse em permitir a disseminação de uma crença em um só Deus, a criação da Palavra de Deus e a encarnação do Filho de Deus para o bem das nações. O problema é que ele não podia impedir Deus de executar seu plano. Novamente, quando a criatura vai contra o Criador, perderá todas as vezes.

Como Satanás não conseguiu parar os planos de Deus, ele decidiu distorcê-los. Ele não conseguia parar a crença em um só Deus; por isso, usou seus poderes de engano para perverter a visão das pessoas sobre esse Deus. Para muitos, Deus se tornou um ser raivoso, cujo único desejo é bater na cabeça das pessoas quando elas quebram uma de suas muitas regras invasivas. Para outros, Deus se transformou em um ursinho de pelúcia grande e fofinho. Ele não quer condenar ninguém ou dizer-lhes que o que estão fazendo é errado. Ao invés disso, Ele é um gigante, carente, distribuidor de abraços, pronto para se aconchegar conosco sempre que decidirmos dar a Ele um pouco de tempo. Satanás fez o mesmo com a visão das pessoas sobre o Filho de Deus. Ele distorceu sua percepção do verdadeiro Cristo, transformando-O em alguém cujo único desejo é que todos se sintam especiais e aceitos, e que você e eu caminhemos por aí com um sorriso em nosso rosto 24 horas por dia, 7 dias por semana. Se você está feliz, então Jesus está feliz.

Essa mesma distorção ocorreu com a Palavra de Deus, particularmente no que diz respeito à forma como os cristãos enxergam o povo judeu. Como vimos anteriormente, a Teologia da Substituição diz que Deus outrora escolheu Israel para ser "a menina do seu olho" (Zc 2.8), mas então Israel errou. As pessoas se rebelaram; adoraram ídolos e, o pior de tudo, rejeitaram o Messias. Por causa desses pecados flagrantes, Deus não está mais interessado nelas. Ele as condenou, e agora elas estão fora de cena. E quanto a todas as promessas dadas a Israel ao longo do Antigo Testamento? Elas pertencem à igreja – o "novo Israel".

Essa não é uma crença nova. Ainda na igreja do primeiro século, Paulo já previa tal heresia chegando. Ele percebeu que todos os seus ensinamentos sobre como não estarmos mais sob a lei, e sim sob a graça, poderiam levar as pessoas a acreditar que acabou – Deus se cansou de Israel. Então, ele abordou essa questão claramente, sem equívocos e sem hesitações. "Pergunto: terá Deus, porventura, rejeitado o seu povo? De modo nenhum! Porque eu também sou israelita da descendência de Abraão, da tribo de Benjamim. Deus não rejeitou o seu povo, a quem de antemão conheceu" (Rm 11.1-2). Leia isso três ou quatro vezes. Se você acredita na Teologia da Substituição, leia sete ou oito vezes, até que isso fique grudado em sua mente. Deus não é inconstante. Ele não é caprichoso. Ele não muda de ideia. Ele não descarta seu povo!

Satanás, contudo, é um mentiroso e o pai das mentiras. Ele é bom no que faz. E desde o início da igreja, ele encontrou aqueles que estão prontos para aceitar seus enganos.

Inácio de Antioquia, um teólogo entre o final do primeiro século e o início do segundo século, ensinou que qualquer um que celebrasse o festival da Páscoa se alinhava com aqueles que mataram Jesus. No segundo século, Justino Mártir, outro pai da igreja, afirmou que a aliança de Deus com os judeus não era mais vinculante e que os gentios haviam tomado o lugar deles. Na mesma época, Irineu alegou que os judeus haviam sido deserdados da graça de Deus.

No século seguinte, Tertuliano responsabilizou os judeus pela morte de Jesus e disse que, como resultado, o Pai os rejeitou. Depois veio Orígenes, que não só foi responsável por alegorizar grande parte das Escrituras, como também disse que a crucificação de Jesus era inteiramente culpa dos judeus. Isso levou a um tom antissemita deplorável em seus escritos.

Com o tempo, o ódio e a violência continuaram a progredir.

O século 4º foi muito difícil para os judeus em relação à igreja. Em 305, o Concílio de Elvira, na Espanha, proibiu os cristãos de se associarem ao povo judeu. Isso incluía tudo, desde o casamento com um judeu, compartilhar uma refeição com um judeu, até simplesmente abençoar um judeu. Vinte anos depois, no Concílio de Niceia, na Turquia, os líderes da igreja decidiram separar a celebração da ressurreição de Jesus da festa judaica das primícias e, em lugar dela, alinhá-la ao festival pagão da Páscoa.[24] Para justificar isso, eles afirmaram: "Foi declarado que é particularmente indigno que a mais sagrada de todas as festas siga o costume dos judeus, que sujaram as mãos com os mais temerosos dos crimes... E, consequentemente, ao adotar por unanimidade esse modo, desejamos, queridos irmãos, separar-nos da companhia detestável dos judeus...".[25] Não é de se admirar que os judeus não estivessem entrando na igreja em resposta ao amor de Jesus visto em Seu povo.

Ainda no século 4º, Eusébio olhou para todas as bênçãos e maldições nas Escrituras, e declarou audaciosamente que as bênçãos pertenciam aos gentios e as maldições aos judeus. João Crisóstomo escreveu: "A sinagoga não é apenas um bordel e um teatro, é também um covil de ladrões e abrigo para animais selvagens... Eles vivem para seus ventres, eles ficam pasmos de desejo pelas coisas deste mundo, a sua condição não é melhor do que a de porcos ou cabras".[26] Os judeus são apenas animais selvagens, não são melhores do que porcos ou cabras? Uau! Acho que Crisóstomo não recebeu muitos convites de bar mitzvá.

Eu poderia continuar, mas não vou. Muitos que seguem a Teologia da Substituição olham para trás e dizem: "Veja, até os pais da igreja acreditavam que Deus rejeitou os judeus. Quem é você agora para dizer que Ele não o fez?". É porque a minha teologia não depende dos pais da igreja. Eles acertaram muitas coisas e erraram muitas coisas. Além disso, se você vai citar Inácio, Justino Mártir e Orígenes para mim, eu vou responder com o apóstolo Paulo. Como

---

24 O autor não se refere à Pascoa judaica (Pessach), mas à Pascoa que em inglês é chamada de Easter. Antigos pagãos europeus, nessa data, celebravam a deusa Ostera, ou Esther [N. do T.].

25 "Council of Nicea I: Text - IntraText CT", intratext.com, acessado em 31 de outubro de 2020. Disponível em: http://www.intratext.com/IXT/ENG0425/_PY.HTM.

26 Roger Pearse, "John Chrysostom, Against the Jews, Homily 1," Tertullian.org, acessado em 21 de outubro de 2020. Disponível em: http://www.tertullian.org/fathers/chrysostom_adversus_judaeos_01_homily1.htm.

alguém pode ler Romanos 9 e 11 e os consistentes temas de redenção direcionados a Israel ao longo dos profetas, e ainda dizer que Deus abandonou aqueles que Ele chamou de Seus? Deus é 100% fiel às Suas promessas e ao Seu povo. Essa verdade é fundamental para nossa fé.

Faça com que os Israelenses Fiquem Cansados de Ser Perseguidos
A terceira estratégia que Satanás usa para enganar o mundo e tornar Israel irrelevante é deixar os próprios israelenses cansados de serem perseguidos. Ele quer esgotá-los. Desgastá-los. Fazê-los ficar tão fartos de estar na linha de frente que farão o que for preciso para se tornarem populares e se darem bem com o resto do mundo. Paz a qualquer custo, não importa o quê. E a estratégia está funcionando brilhantemente. Na verdade, a palavra hebraica *shalom,* que significa "paz", é a palavra mais comum encontrada nas canções israelenses. Somos um povo que está cansado de todo o conflito e simplesmente quer se relacionar bem. Se houvesse uma exclamação nacional judaica, seria um suspiro profundo.

Não é surpresa para a maior parte das pessoas que antes de 1948, veio 1947. Naquele ano, anterior à independência de Israel, a ONU ofereceu um plano para a divisão da terra entre árabes e judeus. Esse mapa era altamente favorável aos árabes. Eles receberam Jerusalém, as montanhas da Judeia e Samaria, a área muito estratégica da Alta Galileia e partes do deserto. Era um acordo terrível para o povo judeu, mas eles estavam tão exaustos depois do Holocausto que vergaram: "Claro, vamos aceitar". Graças ao Senhor, os árabes disseram: "Não".

Durante a Guerra dos Seis Dias, em 1967, as tropas israelenses chegaram até o Monte do Templo. Elas haviam tomado Jerusalém de volta dos jordanianos e reunificado a cidade. E elas poderiam ter continuado. Elas poderiam ter ido até o Monte do Templo e plantado a bandeira israelense. Estava em seu poder remover a Cúpula da Rocha e arrasar a Mesquita de Al-Aqsa, e em seu lugar erguer o Terceiro Templo. Porém, elas não o fizeram. Não era a hora – o tiro sairia pela culatra de forma muita intensa. Em vez disso, o primeiro-ministro e o ministro da defesa deixaram o Monte do Templo nas mãos dos muçulmanos, e mais uma vez ofereceram aos árabes um Estado palestino – que eles, é claro, rejeitaram. Israel estava disposto a desistir do lugar mais sagrado de todo o judaísmo, porque o povo estava muito cansado para outra luta.

Há uma foto de 1993, do gramado da Casa Branca, em que o primeiro-ministro israelense, Yitzhak Rabin, está apertando as mãos do presidente da OLP, Yasser Arafat, tudo sob o olhar atento e sorridente do presidente dos EUA, Bill Clinton. Gosto de chamar a imagem de: "O Bom, o Mau e o Feio", mas não quero dizer quem é quem. Essa foto foi tirada para celebrar a assinatura dos Acordos de Oslo, que deveriam trazer paz ao Oriente Médio. A paz veio? Claro que não. Na verdade, tudo o que conseguimos foi uma camisa que dizia: "o nosso primeiro-ministro foi à Casa Branca. Tudo o que trouxe de volta foi essa péssima foto dele apertando a mão de um homem que é responsável por matar milhares de judeus". Não é surpresa que se essa camisa realmente existisse, provavelmente não seria um sucesso de vendas. Contudo, apenas imagine: o líder da nossa nação apertou a mão de um assassino e terrorista cujo principal objetivo na vida era levar o povo judeu para o Mar Mediterrâneo. Para ver o quanto estávamos cansados.

Em 2004, após anos de lavagem cerebral de que Gaza e Cisjordânia pertencem aos palestinos, finalmente compramos a mentira de que bastava evacuarmos as áreas para termos paz. Então, Israel retirou os colonos e assentamentos judeus da Faixa de Gaza e demoliu as casas. Demos a terra aos palestinos livre de qualquer encargo. Por quê? Porque pensamos, *Paz! Finalmente!*

Sabe o que os palestinos fizeram? Todos os assentamentos que foram evacuados foram substituídos por um acampamento terrorista. E agora, ainda hoje, muitos mísseis voam de Gaza para Israel. Estes são os presentes gratuitos deles para nós. É como eles mostram sua gratidão. Você pensa que iríamos aprender, mas estamos muito cansados.

Em junho de 2006, o cabo das Forças de Defesa Israelenses (IDF – Israel Defense Forces), Gilad Shalit, foi sequestrado por uma incursão militar palestina no território israelense. Durante os 1.934 dias seguintes, ele foi mantido em uma masmorra do Hamas em Gaza, enquanto as IDF tentavam resgatá-lo e o governo tentava negociar sua libertação. Finalmente, um acordo foi feito e, em troca desse cabo, Israel libertou para o Hamas 1.027 prisioneiros – muitos deles terroristas que tinham sangue judeu nas mãos. Para se ter ideia do quanto estamos cansados de conflitos. Lembro-me de ter ficado muito comovido enquanto via o helicóptero, carregando Shalit para casa, voar bem acima da minha casa. A nação inteira estava em lágrimas. Essa foi uma troca insana – 1.027 por 1. Mas estamos tão cansados de qualquer um do nosso povo sofrendo, que faremos o que for preciso para alcançar a paz.

Essa é a atitude que levará Israel a aceitar as propostas do Anticristo. Quando ele vier com sua mensagem de *shalom,* a nação judaica estará ansiosamente pronta para recebê-lo, porque tudo o que queremos é ser amados e aceitos. O nosso compromisso com o chamado de Deus para sermos separados – ser santos – há muito se foi. Agora, nosso desejo é ser um dos membros da gangue.

As estratégias de Satanás são simples, e estão funcionando muito bem.

Israel e a Igreja

Por que há tanta inimizade entre as nações e Israel? E por que – no passado e até hoje – tantos na igreja têm um desdém pelas primeiras pessoas escolhidas por Deus? A resposta para o *porquê* é direcionada para um *por quem*. O inimigo quer garantir que os judeus sejam vistos como abandonados e esquecidos por Deus. Mais uma vez, infelizmente, há muitos na igreja que são rápidos em acreditar em suas mentiras.

> *É também nosso dever proteger a verdade das Escrituras, dentro da igreja, das doutrinas enganosas que removem os judeus do coração do Criador.*

Da mesma forma que a igreja foi eternamente escolhida por Deus para ser Seu povo, assim também o foram os judeus. Nós da igreja precisamos reconhecer essa verdade. É nossa responsabilidade deixar as nações saberem que Israel é amado por Deus. É também nosso dever proteger a verdade das Escrituras, dentro da igreja, das doutrinas enganosas que removem os judeus do coração do Criador. Finalmente, é nosso prazer e nosso desafio encontrar maneiras de confortar Israel.

Em Isaías, lemos: "Consolai, consolai o meu povo, diz o vosso Deus. 'Falai ao coração de Jerusalém, bradai-lhe'" (Is 40.1-2). No texto hebraico original, a palavra "conforto" está no modo imperativo. Em outras palavras, é um comando. Deus então está ordenando que alguém conforte o Seu povo. Durante anos eu me perguntei, *a quem Deus estava dando essa ordem?* Então me deparei com 2ª Coríntios 1, e tudo ficou claro para mim. Paulo escreveu:

> Bendito seja o Deus e Pai de nosso Senhor Jesus Cristo, o Pai de misericórdias e Deus de toda consolação! É ele que nos conforta em toda a nossa tribulação, para podermos consolar os que estiverem em qualquer angústia, com a consolação com que nós mesmos somos contemplados por Deus (2Co 1.3-4).

Há apenas um grupo de pessoas no planeta Terra que recebeu a capacidade de dar conforto, inclusive a Israel: os cristãos que compõem a igreja. Esse é o nosso trabalho. Essa é a nossa alegria.

Como é esse conforto? É isso o que exploraremos em nosso capítulo final.

CAPÍTULO 13

As bênçãos dos abençoadores

Como a Igreja pode apoiar Israel?

Pocotó. *Pocotó.* O homem se esforçou para levantar o rosto do chão arenoso enquanto tentava se concentrar no som. O simples ato de levantar a cabeça não foi tarefa fácil. Os inchaços na parte de trás de seu crânio, onde o porrete havia acertado, pareciam pesos de cem quilos empurrando seu rosto para baixo. Gemendo, ele forçou uma mudança de perspectiva, dando aos seus olhos inchados um vislumbre de um homem sobre um burro. Mas esse não era um homem comum – suas roupas de viagem finas e seu animal de carga obviamente bem-criado deixavam muito claro que este era um dos separados. Tal transeunte era um sacerdote, um servo do Templo. Um sentimento de alívio inundou o homem. Se havia alguém que podia ajudá-lo, certamente seria esse homem de Deus. Todos os seus medos de ser deixado ao relento durante a noite, exposto aos elementos e aos animais selvagens, desapareceram. Lágrimas brotaram em seus olhos já molhados.

"Socorro", ele conseguiu dizer enquanto tossia. "Por favor, ajude".

Contudo, o sacerdote não parou. Ele nem se virou para olhar. O homem, esparramado no chão, sabia que não havia maneira de não ser visto. Ele estava bem na beira da estrada estreita onde os ladrões violentos o haviam deixado.

"Ajude-me", ele disse ofegante. "Por favor, não me deixe".

Entretanto, logo o barulho de cascos foi desaparecendo, substituído por um silêncio sepulcral. O mundo do homem desvaneceu novamente em escuridão.

A dor o fuzilou de lado. Ele gritou e involuntariamente se afastou. Olhando para cima, viu um homem pulando para trás com um cajado na mão. Por mais surpreso que ele ficasse por ser despertado dessa forma, esse visitante parecia igualmente surpreso ao ver que o homem estendido no chão estava vivo. Rapidamente juntando dois e dois, ele percebeu que o visitante havia acabado de espetá-lo em busca de sinas de vida, cutucando o que deve ter sido uma costela quebrada ou duas. Todavia, apesar da dor, ele ficou aliviado. Mais uma vez, esse não era um homem qualquer – suas roupas tribais e acessórios eram de um levita. Talvez ele não trabalhasse no Templo, mas ainda era um homem de Deus. O homem em apuros estava salvo.

Então, o levita começou a recuar. Em seu rosto estava um olhar de repulsa, medo e nojo. Ele continuou a se afastar, até chegar ao outro lado da estrada, onde se virou e se apressou em seu caminho em direção a Jericó. Desesperança e desamparo tomaram conta do homem, e soluços assolaram e contorceram o seu corpo machucado.

Mais tempo se passou e essa vítima inocente sabia que atrás dele, do outro lado das colinas, o sol logo estaria se pondo. Pensar naquilo que poderia acontecer o fazia tremer. Ele começou a orar e logo perdeu a consciência mais uma vez.

Uma mão gentil balançou seu ombro. Ele sorriu, imaginando que era sua esposa despertando-o em uma daquelas raras manhãs nas quais ele era capaz de dormir após o nascer do sol. Então, a dor bateu, e ele despertou bruscamente. Abriu os olhos e o terror tomou conta de si. Uma olhada no indivíduo se inclinando sobre ele e o homem não teve dúvida de que estava prestes a ser roubado novamente – talvez espancado, talvez morto. Olhando para ele, com uma expressão de falsa preocupação, estava um samaritano.

"Acalme-se, acalme-se", insistiu o samaritano enquanto o homem ferido tentava recuar.

"Tire as mãos de mim! Não tenho mais nada! Eles levaram tudo – eu juro!".

"Relaxe, meu amigo. Estou aqui para ajudar", disse o outro homem com um sorriso de compaixão. "Eu tenho um pouco de bálsamo na minha bolsa que vai ajudar. Portanto, deixe-me colocá-lo sobre o meu burro e descer até Jericó. Você não vai sobreviver à noite aqui sozinho".

Levou apenas um momento para que o homem ferido pesasse suas opções e percebesse que havia apenas uma. De forma relutante, no início, ele deixou o samaritano começar a aplicar a pomada medicinal e enfaixar suas feridas. Logo, sua reticência se transformou em gratidão e ele começou a agradecer ao estrangeiro uma e outra vez. Foi uma longa e dolorosa viagem até Jericó, mas, por fim, o homem se viu em uma cama dentro de uma pousada e sendo atendido por um médico adequado.

A responsabilidade da igreja

Quando Jesus contou essa história, Seu ponto era demonstrar que devemos amar de forma sacrificial todas as pessoas, não importa quem elas sejam. Quando a lemos, nosso foco tipicamente fica centrado no bom samaritano e no fato de que ele fez a coisa certa. Tendemos a gastar muito menos tempo com o sacerdote e o levita que fracassaram em fazer o que deveriam ter feito. Não é que eles ignorassem o que era certo e o que era errado. A moralidade de ajudar versus não ajudar não estava em questão para esses homens mergulhados na lei. Eles sabiam exatamente o que deveriam fazer, mas simplesmente optaram por não o fazer. Na carta escrita pelo irmão de Jesus, Tiago, lemos: "Aquele que sabe que deve fazer o bem e não o faz nisso está pecando" (4.17). Em outras palavras, os pecados de omissão são tão pecaminosos quanto os pecados de comissão. O sacerdote e o levita sabiam a coisa certa a fazer, então, não a fazendo, pecaram.

Portanto, se Deus deixou claro que a igreja tem a responsabilidade de apoiar Israel, enquanto os cristãos viram as costas para o povo judeu, então a que conclusão devemos chegar? Mais uma vez, pecados de omissão ainda são pecados. A pergunta fundamental é a seguinte: a igreja tem hoje uma responsabilidade para com os judeus?

Ao longo deste livro, apresentei o caso bíblico de que Israel é, sem dúvida, uma nação que o Senhor escolheu por uma razão e por uma época. No entanto, o engano em relação a Israel é predominante em todos os Estados Unidos e em todo o mundo, e ele pode ser rastreado até o pecado original de Gênesis 3. Desde o momento em que o destino de Satanás foi selado, ele se indispôs com Israel. A influência dele ainda é grande atualmente.

Todos os dias recebo centenas e centenas de mensagens de texto, mensagens no Facebook e comentários no YouTube. Você ficaria surpreso com quantas destas são cheias de obscenidades vulgares. Todos os dias, quando me levanto, leio atentamente esses lindos desejos de "bom dia". Pouco tempo atrás recebi uma mensagem de um homem que alegava ser cristão. A sua sugestão amorosa era que, como Israel era a fonte da maioria dos problemas do mundo, os Estados Unidos deveriam apenas bombardear nossa pequena nação – problema resolvido! E ele é apenas um de muitos com um ódio virulento contra Israel.

Em algum lugar ao longo do caminho, tomou conta da igreja a mentira de que Israel hoje é de alguma forma diferente do Israel do Antigo Testamento. Embora o Israel da Bíblia seja algo a ser reverenciado, o Israel de hoje pode ser combatido, boicotado e destruído. A suposição é de que, naquela época, Israel continha o povo escolhido por Deus. Hoje, no entanto, Israel não é diferente de qualquer outra nação cheia de ateus e seguidores de uma falsa religião.

Alguns anos atrás, um proeminente teólogo americano com enorme número de seguidores pregou um sermão sobre o lugar de Israel na economia de Deus. Ele disse: "As promessas feitas a Abraão, incluindo a promessa da terra, serão herdadas como um presente eterno apenas pelo Israel verdadeiro, espiritual, não pelo Israel desobediente e incrédulo... Pela fé em Jesus Cristo, o Messias judeu, gentios tornam-se herdeiros da promessa de Abraão, incluindo a promessa da terra... Portanto, o presente Estado laico de Israel não pode reivindicar um atual direito divino à terra, porém, eles e nós devemos buscar uma solução pacífica não baseada nos direitos divinos atuais, mas nos princípios internacionais de justiça, misericórdia e viabilidade prática".[27]

Isso é um total disparate. Essa é a raiz do problema. Quando você tira os direitos divinos de Israel, o chamado divino e o destino divino e, no lugar disso, insere a linguagem atual dos "princípios internacionais de justiça, misericórdia e viabilidade prática", a palavra de Deus é substituída pelos costumes do mundo. E quais são os princípios morais de justiça e misericórdia de nossa sociedade global? É a moral da interrupção da vida de bebês. É a da celebração da homossexualidade e da confusão de gênero. Todos os dias os padrões mundiais de justiça e misericórdia estão se afastando cada vez mais da palavra de Deus. Como Paulo escreveu: "Seja Deus verdadeiro, e mentiroso, todo homem" (Rm 3.4). Devemos usar a palavra de Deus como nosso único padrão, não importa o quanto ela possa ir contra a definição de justiça de nossa cultura. E devemos tomar as palavras das Escrituras por seu valor de face, mesmo que elas não se encaixem em nossas noções doutrinárias preconcebidas.

Deus escreveu a Bíblia para ser entendida por homens e mulheres desde os mais sábios até os mais simples. É por isso que, tanto quanto possível, devemos usar uma hermenêutica simples e literal para entender as Escrituras. O que você lê na Bíblia quase sempre significa exatamente o que parece significar. Você não precisa de um PhD em estudos bíblicos para ser capaz de discernir a verdade

---

[27] John Piper, "Israel, Palestine and the Middle East". Desiring God, 7 de março de 2004. Disponível em: https://www.desiringgod.org/messages/israel-palestine-and-the-middle-east.

por trás das histórias de Moisés e dos Salmos de Davi, da sabedoria de Salomão e das profecias de Isaías, das narrativas de João e da doutrina de Paulo. É claro que podemos entender melhor várias partes das Escrituras quando aprendemos mais sobre os contextos históricos e culturais dos escritos. No entanto, descobrir o contexto cultural não tornará acessível, repentinamente, algum significado secreto, código bíblico ou interpretação alegórica. Infelizmente, esse desejo de encontrar significados mais profundos através da alegorização das Escrituras começou há séculos com Orígenes e ainda pode ser encontrado na hermenêutica daqueles como o pastor mencionado anteriormente. Essa é essencialmente a hermenêutica do "embora pareça bastante óbvio que isso é o que a Bíblia diz, em quem você vai acreditar – em mim ou nos seus próprios olhos mentirosos?"

Dois povos escolhidos

Deus não poderia ser mais claro a respeito de não ser aquele que abandona os que a Ele pertencem. O profeta Samuel declarou: "O Senhor, por causa do seu grande nome, não desamparará o seu povo, porque aprouve ao Senhor fazer-vos o seu povo" (1Sm 12.22). Onde há lugar para o "Sim, mas..." nessa declaração? Até mesmo na declaração de advertência de Samuel no final desse discurso em particular, a ameaça de punição pela maldade se estende àquela geração e seu rei, não ao povo judeu como um todo.

"Mas, Amir, era uma época diferente. Foi antes dos judeus rejeitarem o Messias". Verdade. No entanto, como já vimos inúmeras vezes, Paulo nos diz que absolutamente nada mudou entre Deus e Israel. "Pergunto: terá Deus, porventura, rejeitado o seu povo? De modo nenhum! Porque eu também sou israelita da descendência de Abraão, da tribo de Benjamim. Deus não rejeitou o seu povo, a quem de antemão conheceu" (Rm 11.1-2). É preciso um jogo muito hábil de Twister doutrinário para fazer uma distorção do tipo "mão direita no azul, pé esquerdo no verde" nesse pronunciamento direto e nítido.

> *Deus usou Israel para anunciar a Si mesmo*
> *ao mundo gentio e está usando a igreja para*
> *atrair Israel de volta para Si.*

Os judeus são o povo escolhido por Deus. A igreja é o povo escolhido por Deus. Por que tantos têm de insistir que só pode haver um? Atualmente, apenas a igreja está seguindo o caminho da justiça. Todavia, honestamente, isso não é novidade para Israel. Quando foi, na história de Israel, que os judeus estiveram totalmente comprometidos com Deus? Certamente não foi quando eles estavam vagando no deserto. Não durante o tempo dos juízes ou mesmo nos dias dos reis. Lembra quando Davi fugiu do Rei Saul? Sua esposa, Mical, pegou um ídolo que por acaso estava na casa e colocou na cama de Davi com um pelo de cabra para enganar os guardas do rei Saul.

Até mesmo quando o povo de Israel voltou do exílio, eles trocaram um sistema de crenças falsas por outro – abandonando a sua adoração aos ídolos para começar a adorar a lei. Se depois da história de rebelião e apatia de Israel em relação a Deus Ele nunca os abandonou, por que pensaríamos que com um Israel moderno rebelde e apático seria diferente? E se Deus não abandonou Israel, por que nós, como seguidores de Deus, concluímos que podemos tratar o povo judeu com algo que não seja amor?

Embora tenhamos enfatizado a distinção entre Israel e a igreja ao longo deste livro, devemos também reconhecer nossa interconexão. Deus usou Israel para anunciar a Si mesmo ao mundo gentio e está usando a igreja para atrair Israel de volta para Si.

> Quanto ao evangelho, são eles inimigos por vossa causa; quanto, porém, à eleição, amados por causa dos patriarcas; porque os dons e a vocação de Deus são irrevogáveis. Porque assim como vós também, outrora, fostes

desobedientes a Deus, mas, agora, alcançastes misericórdia, à vista da desobediência deles, assim também estes, agora, foram desobedientes, para que, igualmente, eles alcancem misericórdia, à vista da que vos foi concedida. Porque Deus a todos encerrou na desobediência, a fim de usar de misericórdia para com todos (Rm 11.28-32).

Sim, Israel é uma nação incrédula. Entretanto, tudo isso faz parte do plano de Deus. O chamado nacional irrevogável de Deus aos judeus estabelece as bases para Seu chamado espiritual irrevogável à igreja. Seu amor infalível pelo povo judeu, apesar dos pecados e fracassos deles, é o que nos dá confiança de que Seu amor nunca nos falhará, apesar de nossos próprios pecados e falhas. Essa interconexão vai nas duas direções. É a misericórdia de Deus para com a igreja – ainda que através de nossa desobediência –, que mostra ao Israel centrado na lei que a misericórdia Dele é maior do que os pecados deles. Se "Deus prova o seu próprio amor para conosco pelo fato de ter Cristo morrido por nós, sendo nós ainda pecadores" (Rm 5.8), então, como podemos, como povo de Deus, fazer algo menor do que amar de forma sacrificial o povo de Israel, enquanto ele ainda está em seus pecados?

O amor infalível de Deus pelo povo judeu,
apesar dos pecados e fracassos deles, é o que nos
dá confiança de que o amor Dele nunca nos falhará,
apesar de nossos próprios pecados e falhas.

Seja Deus verdadeiro e mentiroso todo homem – Ele nunca abandonará aqueles a quem chamou de Seus. A nossa responsabilidade como cristãos é amar o que Deus ama. Deus ainda ama o Seu povo originalmente escolhido. Aqueles na igreja que rejeitam Israel devem ter cuidado. Se nos descobrirmos contrários ao que Deus ama ou odiarmos o que Ele ama, não demorará muito para começarmos a amar aquilo que é contrário a Deus e Ele odeia.

O que a igreja não deve fazer

A igreja foi chamada para amar e apoiar Israel. No entanto, há aqueles que levam seu amor por Israel um pouco longe demais. Primeiro, há alguns que, em seu desejo de ver todo o Israel salvo agora, em vez de no final da tribulação, jogaram uma boia salva-vidas para o povo judeu. Eles inventaram o conceito de um pacto duplo, um para os gentios e outro para os judeus. Para os gentios da nova aliança, a salvação é pela graça "mediante a fé; e isto não vem de vós; é dom de Deus; não de obras, para que ninguém se glorie" (Ef 2.8-9). Mas para os judeus que rejeitaram Cristo e, portanto, a graça que vem de Sua obra na cruz, Deus em Seu amor por Seu povo lhes permite a salvação através da obediência à antiga lei da aliança.

O próprio Jesus, no entanto, certa noite, negou qualquer possibilidade de uma visão de dupla aliança, quando um fariseu O fez uma visita clandestina. Em uma declaração que acabou com qualquer chance de salvação por mérito pessoal, Jesus disse a este líder religioso judeu:

> Em verdade, em verdade te digo que, se alguém não nascer de novo, não pode ver o reino de Deus... E do modo por que Moisés levantou a serpente no deserto, assim importa que o Filho do Homem seja levantado, para que todo o que nele crê tenha a vida eterna. Porque Deus amou ao mundo de tal maneira que deu o seu Filho unigênito, para que todo o que nele crê não pereça, mas tenha a vida eterna." (Jo 3.14-16).

Não há ressalvas. Não há distinções entre judeu e gentio. As palavras "alguém" e "todo o que" são inclusivas. A salvação só vem através da fé em Jesus Cristo.

A segunda maneira pela qual as pessoas amam e apoiam Israel indevidamente é caindo na armadilha da "imitação é a forma mais sincera de lisonja". Muitos gentios dizem que querem se tornar judeus. E, deixe-me dizer-lhe, eles podem se tornar muito militantes em seu pseudojudaísmo. Há pessoas que ficam muito desapontadas comigo quando olham para o meu prato de café da manhã e veem tiras de um certo glorioso produto de porco alinhado ao lado dos meus ovos. "Como você pode, Amir? Você é judeu!". Eu digo a elas que se quiserem começar a seguir as leis alimentares judaicas, sigam em frente. Deixem meu café da manhã em paz!

A Bíblia não nos mostra nem um único caso no Antigo ou no Novo Testamento em que uma pessoa é salva por guardar a lei. Na verdade, a Bíblia deixa claro que ninguém pode cumprir perfeitamente a lei. E porque a lei é sagrada em sua totalidade, se você infringir uma, quebra todas elas. Só há um que cumpriu a lei, e esse é Jesus. Deus não nos deu a lei para que pudéssemos satisfazê-la. A lei foi dada para entendermos que precisamos de um Salvador – e que não podemos lidar sozinhos com nosso pecado.

Ainda assim, o que algumas pessoas fazem? Elas sugerem que os gentios devem começar a guardar a lei e todas as festas. Claro, a salvação vem pela graça através da fé, mas depois você também precisa fazer isso e aquilo. Elas promovem uma doutrina de salvação Jesus-mais. Essas pessoas estão entendendo Romanos 11 totalmente ao contrário. Paulo escreveu: "Pela transgressão [dos judeus], veio a salvação aos gentios, para pô-los em ciúmes" (Rm 11.11). Para muitos cristãos, em vez de deixar sua salvação pela graça provocar os judeus ao ciúme, eles estão deixando a adesão dos judeus à lei provocá-los ao ciúme.

O que a igreja deve fazer

Se esses são os *nãos*, então o que são os *sins?* Como a igreja deve apoiar seus companheiros de eleição divina?

Orar
Em primeiro lugar, a igreja deve estar em oração por Israel. Há três orações que os cristãos devem oferecer pela nação judaica. As

duas primeiras são encontradas no Salmo 122: "Orai pela paz de Jerusalém! 'Sejam prósperos os que te amam. Reine paz dentro de teus muros e prosperidade nos teus palácios'" (versículos 6-7). Primeiro, ore por paz. Apesar de todos os acontecimentos negativos em 2020, esse foi um ano produtivo para a paz de Israel com o mundo árabe. No momento em que isto está sendo escrito, com a ajuda dos Estados Unidos, Israel normalizou as relações com os Emirados Árabes Unidos, Bahrein, Sudão e Marrocos. E, ao que tudo indica, a Arábia Saudita será a próxima. Deus está ouvindo as orações de Sua igreja.

A segunda oração que encontramos nessa passagem é pela prosperidade de Israel. Quando olhamos para Israel hoje, comparado com quando declarou independência há 72 anos, é impossível não ver a mão de Deus operando. Israel é líder mundial em energia, tecnologia, agricultura, medicina e tantas outras áreas. Nunca, na história do mundo, uma nação floresceu tão rapidamente, especialmente em meio à constante oposição internacional. Isso só pode ser obra de um Deus que considera Israel como "a menina do seu olho" (Dt 32.10).

Também podemos ver nesse salmo a natureza retroativa do apoio a Israel. Quando amamos a nação e desejamos a ela paz e prosperidade, nós também prosperaremos. Acredito que desde o momento em que o Presidente Truman reconheceu a recém-declarada nação de Israel em 1948, os Estados Unidos têm sido os maiores beneficiários dessa promessa.

Nossa terceira oração pelo povo judeu é por sua salvação. Sim, haverá um reavivamento nacional no final da tribulação. Porém, enquanto isso, devemos estar em oração para que Deus resgate mais e mais judeus de ter que suportar a angústia de Jacó, salvando-os agora através da fé no perdão que é encontrado no sangue de Cristo derramado na cruz. Eu sou um daqueles judeus que não teve que esperar para ser capaz de reconhecer aquele que eu preguei na cruz. Tenho experimentado a liberdade que vem em deixar de lado as minhas obras e, em vez disso, confiar na obra de meu Salvador.

Enquanto esperamos por esse reavivamento final, oremos por reavivamento agora na nação de Israel.

Proclamar

A segunda maneira pela qual as igrejas podem apoiar Israel é pregar a verdade sobre o amor contínuo de Deus pelo povo judeu. Já falamos de pastores desorientados que ensinam que Deus rejeitou Israel. No entanto, há outro grupo de pastores que contribuem para a ignorância bíblica de seu rebanho – aqueles que nunca pregam sobre Israel. Como aquele tio embaraçoso e mal-educado que ninguém gosta de convidar para a ceia de Natal, Israel moderno tornou-se persona non grata em muitas das igrejas de hoje. Ao ignorar Israel, perdemos uma oportunidade ideal para ensinar sobre o amor longânimo de Deus, a fonte inesgotável que é o Seu perdão e a certeza de nossa salvação que nos traz paz. Pastores, não negligenciem Israel. Celebrem a nação como a demonstração do poder de Deus que ela é. Permita que o seu povo veja, através de Israel, que Deus ainda é um Deus que opera milagres.

Doar

Uma maneira final de mostrar amor por Israel é apoiar financeiramente o povo judeu. "Espere um segundo, Amir. Eu não me lembro de ter lido isso na Bíblia". Bem, está lá, não estou inventando. Quando Paulo finalizava sua carta para a igreja em Roma, ele encorajou os cristãos de lá a doar à igreja judaica em Jerusalém.

> Agora, estou de partida para Jerusalém, a serviço dos santos. Porque aprouve à Macedônia e à Acaia levantar uma coleta em benefício dos pobres dentre os santos que vivem em Jerusalém. Isto lhes pareceu bem, e mesmo lhes são devedores; porque, se os gentios têm sido participantes dos valores espirituais dos judeus, devem também servi-los com bens materiais (Rm 15.25-27).

Usando as igrejas da Macedônia e da Acaia (Filipos, Tessalônica, Bereia e Corinto) como exemplos, Paulo desafiou os cristãos romanos a apoiar financeiramente seus irmãos e irmãs judeus. Por quê? Porque eles os deviam. Dos judeus, os gentios receberam "valores espirituais". É justo que, em troca, os gentios abençoem os judeus com "bens materiais". Nós, cristãos, também somos destinatários desses "valores espirituais", como descrito no último capítulo. Por que pensaríamos que somos diferentes dos romanos?

Eu não estou dizendo que você deve pegar o seu talão de cheques e fazer um de 50 dólares para o Estado de Israel. Embora tenha certeza de que o ministro da Economia de Israel ficaria grato, nossa nação provavelmente pode sobreviver sem o seu sacrifício. Esse também não é o meu apelo para que você apoie a Behold Israel. Se Deus o levar nessa direção, então louvado seja o Senhor; Ele é bom. No entanto, há muitos outros missionários e ministérios que também estão ministrando diretamente às necessidades do povo judeu.

Eu tenho um amigo pastor que gosta de dizer à sua congregação: "Se, no seu tempo de oração, você sentir Deus o chamando para outra igreja; para mim não há problema nenhum nisso. Eu não me importo em qual igreja você está servindo, desde que você esteja servindo na igreja de Deus". Sinto o mesmo quando se trata de cristãos apoiando o povo judeu.

Como você encontra um ministério para apoiar?

Ore. Esse é o passo mais importante que você pode dar.

Faça seu dever de casa. Há muitos ministérios suspeitos lá fora.

Encontre um ministério que abençoe diretamente as pessoas escolhidas por Deus. O ministério pode apoiar os fisicamente necessitados, os materialmente necessitados ou os espiritualmente necessitados – Deus pode trabalhar através de todos eles. Lembre-se, muitos descrentes precisam ver o amor de Cristo antes que estejam prontos para ouvir sobre o amor de Cristo.

Doe. Ore e ouça a Deus. Ele deixará claro sobre o que está chamando você para fazer.

Os descrentes precisam ver o amor de Cristo antes de estarem prontos para ouvir sobre o amor de Cristo.

Uma promessa maravilhosa

Deus nunca deixará nem abandonará o que é Seu. Como judeu, recebo grande conforto em saber que Ele não esqueceu meu povo e que, no final, Ele irá atraí-los para Si mesmo. E, como um membro fiel da igreja de Deus, obtenho grande conforto em saber que o mesmo Deus que não abandonará Israel não me abandonará – não importa quais sejam meus defeitos ou minhas falhas. Em vez disso, todos nós, judeus e gentios, Israel e a igreja, podemos guardar a maravilhosa promessa dada a Israel quando o povo atingiu o fundo do poço:

> As misericórdias do Senhor são a causa de não sermos consumidos, porque as suas misericórdias não têm fim; renovam-se cada manhã. Grande é a tua fidelidade (Lm 3.22-23).

Behold Israel

Behold Israel é uma organização sem fins lucrativos fundada e liderada pelo israelense Amir Tsarfati. Sua missão é fornecer relatórios confiáveis e precisos sobre os desenvolvimentos em Israel e na região circunvizinha.

Através do site Behold Israel, do aplicativo gratuito, das mídias sociais e dos ensinamentos em vários idiomas, o ministério atinge comunidades em todo o mundo. Os ensinamentos de Amir, *in loco,* explicam o papel central de Israel na Bíblia e apresentam a verdade sobre os acontecimentos atuais em meio ao viés, contrário a Israel, da mídia global.

Aprenda mais em **BeholdIsrael.org**

Compartilhando propósitos e conectando pessoas
Visite nosso site e fique por dentro dos nossos lançamentos:
www.gruponovoseculo.com.br

Editora Ágape
@agape_editora
@editoraagape
editoraagape

gruponovoseculo.com.br

Edição 1ª
Fonte: Arnhem